内蒙古财经大学实训与案例教材系列丛书
丛书主编　金　桩　徐全忠

证券投资经典案例解析

主　编　祁小伟
副主编　红　花　惠诗濛

中国财经出版传媒集团
经济科学出版社
Economic Science Press

图书在版编目（CIP）数据

证券投资经典案例解析/祁小伟主编．—北京：经济科学出版社，2018.12

ISBN 978－7－5218－0057－9

Ⅰ.①证… Ⅱ.①祁… Ⅲ.①证券投资－案例 Ⅳ.①F830.91

中国版本图书馆 CIP 数据核字（2018）第 283391 号

责任编辑：范庭赫
责任校对：王苗苗
责任印制：李 鹏

证券投资经典案例解析

主 编 祁小伟

副主编 红 花 惠诗濛

经济科学出版社出版、发行 新华书店经销

社址：北京市海淀区阜成路甲 28 号 邮编：100142

总编部电话：010－88191217 发行部电话：010－88191522

网址：www.esp.com.cn

电子邮件：esp@esp.com.cn

天猫网店：经济科学出版社旗舰店

网址：http://jjkxcbs.tmall.com

北京密兴印刷有限公司印装

787×1092 16 开 14.75 印张 320000 字

2019 年 6 月第 1 版 2019 年 6 月第 1 次印刷

ISBN 978－7－5218－0057－9 定价：45.00 元

前　言

《证券投资经典案例解析》编写的目的就是为了推进《证券投资学》课程教学改革，进一步完善教学内容和提高教学手段。传统的《证券投资学》课程以课堂教学为主，相关案例资料的收集和准备都是非常费时的一件事情，为此我们精选了12个案例，力求涵盖证券市场的主要理论，培养学生课前课后主动研读案例的习惯。

《证券投资经典案例解析》是教辅资料，有三个特点：一是经典性。我们选择的12个案例都是大家非常熟悉的企业或事件，采用的资料和数据都是公开发表的，我们只是对资料进行了梳理和分析，以启发学生对理论的理解。二是趣味性。《证券投资学》讲授的是比较枯燥的理论，而案例则具有故事情节，通过真实情景再现，加上我们的典型化处理，提高学生进入证券市场的兴趣，并激发他们独立思考、质疑和解决问题的能力。三是实用性。12个案例都是我国证券市场已经发生和正在发生的事件，与《证券投资学》教程的内容密切相关，能够起到促进教学的目的。

《证券投资经典案例解析》由内蒙古财经大学金融学院祁小伟教授主编，负责案例的选取和案例结构的布局，并对全书进行了总纂。红花博士和惠诗濛博士对全书提出了很好的建议，并进行了逐字逐句的修改。金融学院部分硕士研究生参加了本书的写作，他们从资料的收集整理到案例的完善都做了大量的工作，他们是2016级孙晓霞、杜莉、李奕博、乌日娜、陈奕璇、白璐、韩玉叶、李融、青兰、李潇、郭美琪、肖一鸣，2017级的高燕来和艾领。

感谢内蒙古财经大学教务处和金融学院对本书出版的支持，感谢经济科学出版社编辑的努力。

祁小伟
2018年11月

目 录
CONTENTS

案例1：阿里巴巴艰难上市路与102年愿景

2014年9月19日，阿里巴巴有限责任公司（以下简称“阿里”）在美国主板市场——纽约证券交易所成功上市，仅在IPO阶段获得融资近250亿美元，创造了全球最大IPO。对于像中国这样国企占据绝对优势的市场里，阿里作为纯粹的民营企业能够获得如此大的成就，不得不说是民营企业的成功。回顾阿里上市过程，可以算是百转千回了。

一、阿里巴巴集团背景介绍

阿里巴巴集团创立于1999年，宣称持续发展最少102年，跨越三个世纪。阿里是靠18个人、东拼西凑的50万元创业资本起步的草根企业，在短短18年间，依然成长为一个世界级的电子商务帝国。在2017年10月11日开幕的“阿里巴巴－2017杭州·云栖大会”上，阿里宣布成立全球研究院——达摩院，未来三年投入1000亿元进行基础科学研发①，逐步实现由电商生态圈发展为影响世界、服务世界的经济体。

（一）创始人团队

马云，1964年9月10日生于浙江省杭州市，祖籍浙江省嵊州市（原嵊县）谷来镇，是阿里巴巴集团的主要创始人。1988年毕业于杭州师范学院外语系，同年担任杭州电子工业学院英文及国际贸易教师，1995年创办中国第一家互联网商业信息发布网站“中国黄页”，1998年出任中国国际电子商务中心国富通信息技术发展有限公司总经理，1999年创办阿里巴巴，并担任阿里集团CEO、董事局主席。

蔡崇信，祖籍浙江省湖州市南浔区双林镇，出生于中国台湾。耶鲁大学经济学学士及耶鲁法学院法学博士学位。在阿里巴巴团队中，拥有很强的法律和财务背景。蔡崇信1999年抛下美国一家投资公司副总裁的职位，加入阿里巴巴集团，是公司的创始人之一，并于当年作为先遣部队成立阿里巴巴集团香港总部。负责国际市场推广、业务拓展及公司财务运作。2005年，蔡崇信负责协商收购雅虎中国及雅虎对阿里巴巴集团的投资。此次谈判中，阿里巴巴集团获得了雅虎在中国的运营权，同时雅虎美国以10亿美

① 阿里成立全球研究院达摩院：未来投资1000亿，http：//news.zol.com.cn/659/6594120.html。

元现金入股，获得阿里巴巴集团40%的股份。2015年7月将任口碑网董事局主席。于2013年5月出任阿里巴巴集团执行副主席。此前，蔡崇信一直担任集团首席财务官及董事会成员。自2015年9月起，担任阿里健康非执行董事。蔡崇信现担任多家获阿里巴巴集团投资公司的董事职务。

蒋芳，毕业于杭州电子工学院，在进入阿里之前是马云的学生，毕业之后追随老师一起创业。于1999年加入阿里巴巴集团，是阿里巴巴18位创始人之一，曾任阿里巴巴总经理助理，廉正部门的主管，阿里巴巴集团副总裁。2009年9月，马云突然宣布包括自己在内的18位创始人集体辞去元老身份，阿里巴巴将改用合伙人制度。蒋芳成为阿里巴巴合伙人。2016年4月11日，任阿里巴巴集团首席人才官（CPO）。2017年1月13日，任命蒋芳担任张勇的国际业务特别助理兼阿里巴巴集团副首席人力官。

戴珊，1999年加入阿里巴巴集团，为公司创始人之一。她自2014年6月起担任首席客户服务官。2009~2014年，即担任现职前，戴珊曾任淘宝网和阿里巴巴的人力资源资深副总裁，以及阿里巴巴集团副首席人才官及首席人才官。

金建杭，1999年加入阿里巴巴集团，为公司创始人之一。他于2014年8月获任命为阿里巴巴集团总裁。出任现职前，金建杭曾于2009年9月~2014年7月以及2007年3月~12月担任企业事务部资深副总裁，负责中国国内的公共事务。

（二）集团发展历程[①][②]

1. 初步成长期（1999~2002年）

阿里巴巴于1998年12月在开曼群岛注册成立。1999年3月，马云以50万元和其他17人在杭州创建了营运公司阿里巴巴中国，开启网上电子商务B2B交易。成立后，由于缺乏发展资金，1999年10月阿里巴巴集团分别与软银、高盛、富达等著名机构签订融资协议，获取2500万美元的融资，以实现阿里巴巴集团公司的快速发展。

2. 快速发展期（2003~2007年）

这一阶段阿里巴巴不断推出新的业务，2003年创办淘宝网，开始电子商务C2C业务，2004年推出支付宝，正式进军电子支付领域。同年，阿里软件研发中心成立，主要为企业研发电子商务相关软件的服务。2005年，阿里开始与雅虎合作，成立中国雅虎。阿里巴巴集团因此成为全国最大的互联网公司。2006年10月，阿里巴巴集团投资口碑网，口碑网与阿里巴巴集团旗下淘宝网、雅虎中国等子公司信息共享，打造共同的会员交流平台，不管是消费者还是商家均可在交流平台上发布消费指南、评论、促销等相关信息，实行口碑营销。2007年1月在杭州和上海创立阿里软件。同年，阿里巴巴集团研究中心成立。阿里巴巴网络广告交易平台成立。至此，阿里形成了包括诚信体

---

① 荆林波、刘波等：《阿里巴巴集团考察：阿里巴巴业务模式分析》，经济管理出版社2009年版，第1~6页。

② 刘鹰、项松林、方若乃等：《阿里巴巴模式：改变游戏规则，在释放草根创新力中成长》，中信出版社2014年版，第3~4页。

系、市场、搜索、软件和支付五个方面的集团框架，快速成长为中国经济不可或缺的电子商务经济体。2007 年阿里巴巴在香港上市前其业务具体情况如表 1 – 1 所示。

表 1 – 1　　2006 年重整之后的业务框架

事业群	业务系列	负责人	最终管理者
C 事业群	雅虎中国	谢文	CEO 马云
	淘宝网	孙彤宇	
	支付宝	陆兆禧	
	竞价收入部	雅虎中国副总经理	
	集团广告销售部	谢文	
B 事业群	企业电子商务	卫哲	COO 李琪
	阿里软件（筹）	王涛	

2007 年阿里巴巴集团组织框架如图 1 – 1 所示。

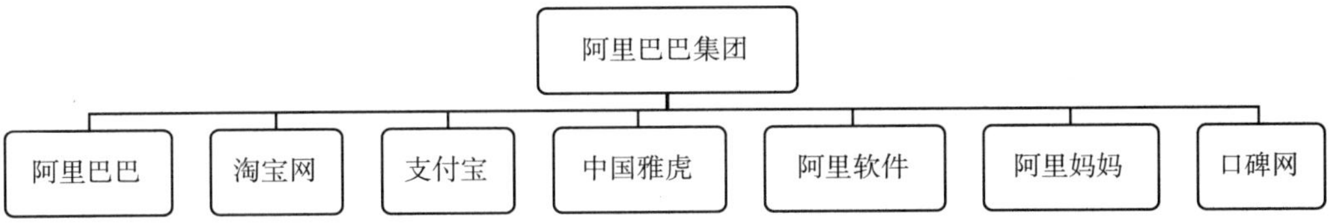

图 1 – 1　阿里巴巴集团组织框架（2007 年）

3. 业务整合期（2008 ~ 2012 年）

进入 2008 年以来，为了适应外部市场环境及集团运营、发展的需要，阿里巴巴集团的新兴业务与平台整合并进，搭建了一个融合了买家、卖家、支付、物流、金融、搜索、营销的一体化网上商务生态系统。如表 1 – 2 所示。

表 1 – 2　　2008 年阿里巴巴集团业务调整时间表

时间	网络平台	业务调整
2008 年 2 月	淘宝网、支付宝	进入无线互联网市场，新增移动电子商务
2008 年 4 月	淘宝网	正式推出 B2C 业务
2008 年 6 月	雅虎口碑	电子商务、社区和通信业务的本地和全网搜索生活服务平台
2008 年 9 月	淘宝网	整合网上交易 C2C 与网络广告交易

2008 年 9 月，阿里巴巴集团框架如图 1 – 2 所示。

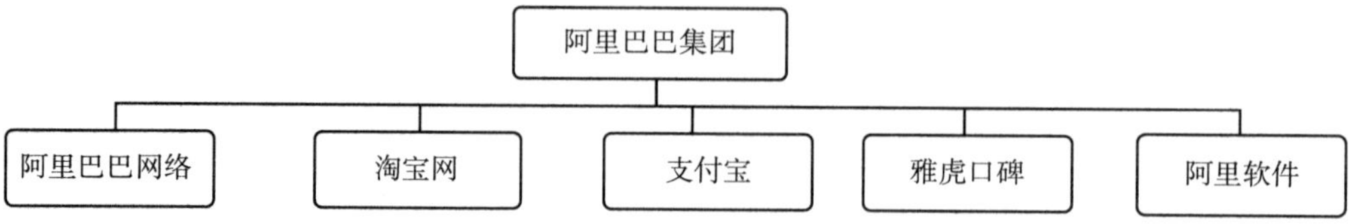

图 1-2　阿里巴巴集团组织框架（2008 年）

与此同时，阿里研究中心成立。研究中心通过以阿里巴巴集团海量数据为基础进行整理分析，解剖中小企业电子商务案例，深度研究网络购物模式、消费特点及电子商务行业发展趋势并发布报告。2009 年 9 月，阿里巴巴集团庆祝创立十周年，同时成立阿里云计算。为了获取技术支持与相关资源，阿里巴巴集团宣布收购中国领先的互联网基础服务供应商中国万网（中国最大的域名服务商）。将集团旗下的阿里云与万网合并，组成新的阿里云公司，为用户提供更为便捷和完整的一站式云计算服务。2010 年 11 月，阿里巴巴集团收购深圳市一达通企业服务有限公司，以获取一达通为中小企业提供的覆盖通关、物流、金融的一整套进出口服务，扩展阿里巴巴集团的进出口业务；同年，集团推出一站式搜索引擎——一淘，为中国消费者提供全面的网络购物信息。

4. 新的发展期（2013 年至今）

2013 年 9 月，阿里巴巴集团正式推出社交网络手机客户端来往。2014 年 2 月，作为天猫平台延伸方案的天猫国际正式推出，让国际品牌直接向中国消费者销售产品。2014 年 9 月 19 日，阿里巴巴集团于纽约证券交易所正式挂牌上市，股票代码“BABA”。2015 年 8 月 10 日，阿里巴巴集团与苏宁云商集团股份有限公司共同宣布达成全面战略合作。根据协议，阿里巴巴集团将投资约 283 亿元人民币参与苏宁云商的非公开发行，占发行后总股本的 19.99%，成为苏宁云商的第二大股东。与此同时，苏宁云商将以 140 亿元人民币认购不超过 2780 万股的阿里巴巴新发行股份。2017 年 2 月 28 日，重庆市政府与阿里巴巴、蚂蚁金服签订战略合作协议。三方将在云计算、大数据、电商、物流、新型智慧城市、普惠金融服务等领域加强合作。

现在阿里巴巴的业务包括电子商务服务、蚂蚁金融服务、菜鸟物流服务、大数据云计算服务、广告服务、跨境贸易服务、前六个电子商务服务以外的互联网服务。

二、阿里巴巴上市融资历程

（一）2007 年阿里巴巴集团分拆上市①

1. 2007 年香港上市准备阶段

2006 年，阿里巴巴集团启动了上市准备工作。9 月，阿里巴巴在开曼群岛和英属维

① 荆林波、刘波等：《阿里巴巴集团考察：阿里巴巴业务模式分析》，经济管理出版社 2009 年版，第 1 ~6 页。

尔京群岛分别注册成立 Alibaba. com Limited（以下简称“开曼公司”）和 Alibaba. com Investment Holding Limited（以下简称“投资公司”），开曼公司作为上市主体，100%控股投资公司。2006年底，Alibaba. com China Limited（以下简称“中国阿里”）和杭州阿里巴巴广告有限公司（以下简称“杭州阿里”）分别在香港和内地注册成立。中国阿里控股境内公司，而杭州阿里作为与阿里巴巴网络科技订有架构合同的经营中国交易市场的平台存在。

2007年1月，投资公司先后将阿里巴巴集团相关子公司收购至旗下，包括中国台湾阿里、日本阿里和中国香港阿里等。而中国阿里收购阿里巴巴网络科技上海公司和北京新雅在线信息技术有限公司，另外还收购了阿里巴巴网络技术和阿里软件的全部股权。

阿里巴巴集团B2B业务的一部分核心资产被中国香港阿里收购，中国香港阿里成为经营阿里巴巴国际交易市场网站的营运公司。另一部分B2B资产被杭州阿里收购，杭州阿里成为经营阿里巴巴中国交易市场网站的营运公司。其中，阿里巴巴网络科技与杭州阿里签订架构合约，作为外资公司的阿里巴巴网络科技通过杭州阿里来经营中国交易市场网站。杭州阿里由马云和谢世煌分别持有80%和20%权益，由开曼公司承担经济风险，列入合并报表范围，实质上是上市公司的全资附属公司。2007年7月，公司架构重组完成，先后向阿里巴巴集团支付了4. 14亿元。

2. 上市情况

2007年7月底，开曼公司向香港联交所递交上市申请。10月12日，作为上市主体的开曼公司进行股本变换：法定股本由原来5万美元（5万股）增至80万港元（80亿股），已发行股本由1美元增至48. 25万港元（48. 25亿股）。2007年10月23日，阿里巴巴网络有限公司在香港联交所上发布招股公告。2007年11月6日，阿里巴巴在香港联交所上市，股票代码：HK1688。上市当天，开盘价达到30港元，尾盘收于39. 5港元，较发行价涨192%，一度创下了港股2007年新股首日涨幅之最。阿里巴巴的融资额131亿港元，在全球互联网融资榜上排在第二位。

（1）阿里巴巴上市公司股权结构。

招股说明书显示，阿里巴巴网络公司全球发售858901000股，其中发售227356500新股，阿里巴巴集团发售631544500旧股。香港公开发售128835500股，占全球发售总股数的15%，国际部则发售730065500股。阿里巴巴网络公司控股股东雅虎、软银、管理层及其他股东分别持有集团公司39. 0%、29. 3%、31. 7%的股权，集团公司占上市公司83%的股权，以此推算，雅虎、软银分别持有32. 27%、24. 32%的股份。雅虎以基础投资者身份买进1. 2%的股份，雅虎持股比例应为33. 57%，成为第一大股东；软银为第二大股东。八大基础投资者：雅虎增持1. 2%，AIG认购0. 4%，鸿海精密工业认购0. 4%，思科0. 2%，中国工商银行0. 2%，合计3. 6%，占公开发售的20%。阿里巴巴高管理层持股比例合计为12. 79%。阿里巴巴股票发行情况及管理层持股比例具体如表1-3、表1-4所示。

表 1-3　　阿里巴巴股票发行情况

项目	内容
全球发售股份数	858901000
国际发售股份数	730065500
香港发售股份数	128835500
最高发售价	13.50 港元
面值	0.0001 港元
股份代号	1688

资料来源：阿里巴巴（01688）招股说明书，2007 年 10 月。

表 1-4　　阿里巴巴的董事及高管持股

董事	职位	持股比例（%）	持股数（亿股）	市值（亿港元）
马云	主席	6.9842	3.5287	47.64
蔡崇信	创办人	3.37	1.7026	22.99
卫哲	CEO	1.0762	0.5437	7.34
武卫	CFO	0.2149	0.1086	1.47
戴珊	副总裁	0.5382	0.2719	3.67
谢世煌	战略发展主管	0.4535	0.2291	3.09
彭翼捷	副总裁	0.0832	0.042	0.57
崔仁辅	B2B 董事	0.0698	0.0353	0.48
合计		12.79	6.4619	87.25

注：市值按 13.5 港元计算。

（2）阿里巴巴香港上市 IPO 的特点。

首先，选择香港上市占尽天时地利。阿里巴巴在国内知名度高，而香港市场资金充裕，在港股直通车、微软 2008 年新操作系统的推出等相关有利因素的影响下，网络科技股被看好，H 股大热，投资气氛很浓。

其次，阿里巴巴 IPO 认购异常火爆，超过预计融资数额。2007 年 10 月 22～26 日，阿里巴巴在五天公开发售时间内冻结资金高达 4500 亿港元，超额认购逾 257 倍。在国际配售方面，阿里巴巴获得 1.4 万亿港元认购资金，超过 1000 个机构投资者参与，超额认购 186 倍。机构认购与公开发售两项合计认购金额近 2 万亿港元。由于受到市场火热追捧，阿里巴巴将其融资计划从 10 亿美元提高至 15 亿美元。因上市日执行超额配股，实际融资达到 16.6 亿美元，超过 2004 年 Google 股票在美国上市募集的 16.5 亿美元，创下全球互联网融资额新纪录。阿里巴巴成为 2004 年以来上市融资后，3 年来融资最大、市值最大的网络股。

最后，成功的IPO发行给承销商及投资机构带来丰厚的利润。虽然我们无法知道高盛、摩根斯坦利、德意志银行通过承销阿里巴巴获利的具体数目，但从发行价13.5港元、二级市场的火爆以及首日开盘价30.00港元和收盘价39.50港元不难推测出承销商及机构均应获利惊人。此外，阿里巴巴上市日启动“绿鞋机制”（承销商行使超额配股权），从交易的情况看，二级市场交易火爆，股价震荡上行，推至41.8港元。承销商行使15%超额配股权，承销商获利丰厚。

除此以外，阿里巴巴本次在香港上市IPO还具有基础投资者禁售期长、管理层股权进一步稀释等特点。

3. 阿里巴巴香港IPO评价

从短期来看，阿里巴巴选择香港上市对企业运作是相当有利的。IPO帮助阿里获得了大量的资金注入，获得了战略发展资金；与国际投行的合作帮助阿里扩大了国际品牌效应，提高国际知名度，跨出了国际化的第一步。对于中国电子商务的发展，阿里巴巴对推进中国B2B模式的发展做出了贡献。通过建立交易平台，阿里巴巴拓展了中小企业的采购和销售渠道，搭建了一个由买卖企业构成的集贸市场。其次，阿里巴巴的成功上市提高了中国互联网的国际地位。阿里巴巴起源于中国传统的商业模式，是具有中国特色的互联网商业模式，依靠中小企业，阿里巴巴的B2B模式能够与国际知名互联网企业比肩。最后，阿里巴巴的成功也刺激了中国电子商务市场的发展，许多中国中小商务网站模仿阿里的盈利模式推进了价值的提升与转变。

从长期来看，阿里集团选择在香港分拆上市，其中蕴藏着诸多的风险。第一，从股东结构看，外资机构占较大比重，IPO获利最大的也是软银、雅虎等外资机构。第二，从公司控制权角度来看，中方失去控制权的风险较大。如表1-4所示，中方管理层所占股权比例总和只有12.79%，缺乏保障控制权的控股比例。第三，从管理经验来看，中方管理层普遍较年轻，缺乏经验，在国际资本运作过程中抵御国际资本市场波动和被收购的能力较差，很可能像新浪一样，导致频繁更换高层，或者创业人出局的现象发生。

（二）2012年阿里巴巴集团香港私有化退市

1. 退市背景

2007年上市之后，股价飙升至41.8港元。12月6日，IPO两大保荐人德意志银行和高盛同时看空阿里巴巴，给出“沽售”和“卖出”的初始评级，当天阿里股价暴跌12%。2008年3月18日，阿里巴巴发布2007年度业绩，总营业收入21.62亿元人民币，比2006年增长59%，净利润9.67亿元，比2006年增长340%。同时，阿里公布了新的业务规划。然而，阿里的高速增长并没有带来股票市场的正面反应。在港股市场整体走弱的情况下，阿里巴巴盘中跌破13.50港元的发行价，上市8个月的时间，1600多亿港元市值蒸发。

紧接着，里昂证券下调阿里巴巴的目标价至12港元，高管彭翼捷于2008年6月先后 3 次减持 25 万股阿里巴巴股票。美国金融风暴的来临导致全球经济受到打击，马云也公开表示要做好过冬准备。于是在 2008 年底 ~2009 年初，阿里巴巴先后 4 次回购普通股，共 400 万股。此后，阿里巴巴的股票持续走低，从 2011 年 5 月 19 日开始，阿里巴巴网络有限公司的股票一直以低于 13.50 港元的价格收市。在上市仅仅四年之后，2012 年 2 月 9 日，阿里巴巴网络有限公司的股票突然在香港联交所宣布停牌。

2. 退市过程

停牌往往预示着重要信息的公布，阿里巴巴或发生重大变化[①]。在 2012 年 2 月 12 日，历经了在 2 月 9 日的停牌之后，阿里巴巴集团与阿里巴巴网络有限公司正式发出联合公告。在这份联合公告中，阿里巴巴集团提出了私有化要约，提出以每股 13.50 港元的价格回购未持有的、B2B 上市业务约 27% 的股份，预计耗资约为 190 亿港元（如表 1－5 所示），以协议安排的方式，私有化阿里巴巴网络有限公司。借助阿里巴巴网络有限公司的股票价格低迷不振之时，对其进行私有化退市。2012 年 2 月 22 日，阿里巴巴网络有限公司股票（1688）于港交所复牌，开盘价为 13.18 港元，收盘价为 13.20 港元。这一收盘价格，比之前在 2 月 9 日停牌时的价格上涨 3.95 港元，涨幅为 42.7%。

表 1－5　　阿里巴巴网络有限公司股权结构及计划股份

			于最后实际可行日期	
股东	股份类别	持有代表	数目	比例（%）
要约人	非规划股份	阿里巴巴集团	2611760638	52.21
		AGT. Lid 等	1038254429	20.76
要约人一致行动人	计划股份	马云	15369053	0.31
		蔡崇信	3120000	0.06
		其他	5481194	0.11
独立股东		散户	1328054061	26.55
总计			5002039375	100
计划股份支付（人民币）			14800812903	

资料来源：阿里巴巴集团与阿里巴巴网络有限公司联合公告。

2012 年 2 月 21 日，阿里巴巴集团向阿里巴巴董事会提出退市要约。要约建议向少数股东支付每股 13.5 港元现金的注销价，要约人及其一致行动人共同持有阿里巴巴 73.45% 的股份。2012 年 5 月 25 日，阿里巴巴召开股东大会股东投票通过了退市计划。2012 年 6 月 15 日，开曼群岛大法院批准退市计划，阿里巴巴成为阿里巴巴集团全资拥有之私营附属公司。2012 年 6 月 20 日，阿里巴巴正式从香港交易所退市。

① 马潇潇：《阿里巴巴网络有限公司退市案例分析》，辽宁大学，2014 年 9 月。

3. 阿里退市评价

此次退市既是整个市场环境变化下的必然选择，也是阿里进行必要的业务转型和组织框架调整的必然结果。除此以外，[①] 阿里选择私有化退市的目的也是为雅虎股权的回购做准备，根本目的在于"控制权"的回归最终整体上市。第一，退市的阿里巴巴网络（B2B业务）面临发展的瓶颈，急需业务转型。自2008年爆发全球性的金融危机以来，B2B业务的发展前景很不乐观。从财务方面看，会员费是目前阿里巴巴B2B公司的营收主要来源，以2011年财务数据为例，全年营收64.17亿元人民币，会员费收入占比达70%以上。付费会员数目的下降，已经导致阿里巴巴营收的减少，2011年，其经营活动所得现金净额21.82亿元，同比大幅减少28.2%，纯利为14.53亿元，同比减少13.2%。如果再不对原有的B2B模式进行大刀阔斧式的转型和改革，则势必在电子商务新形势下被淘汰出局。在这样的经济环境下，阿里巴巴集团认为它的B2B业务市场估值低了，所以就自己买回来。私有化后，财报不用公开，信息不用公开，可以更容易地进行业务调整。第二，阿里巴巴集团近年来也在不断进行架构调整。2011年6月，阿里巴巴集团旗下的淘宝网"一分为三"，成为淘宝网、淘宝商城和一淘网，同时成立阿里云公司。目前，阿里巴巴集团旗下已形成全资子公司阿里巴巴、淘宝网、天猫、阿里云、中国雅虎，以及关联公司支付宝。在这种大背景下，阿里巴巴集团通过对阿里巴巴网络退市，进而对B2B业务进行重整也在情理之中。[②] 第三，阿里选择私有化退市最终目的是回收阿里的控制权。2005~2012年间，阿里巴巴集团的主要三大股东有雅虎、软银和阿里巴巴集团管理层。由于以马云为首的管理层与雅虎之间的矛盾日趋激烈，阿里巴巴集团八年间先后发生了雅虎收购阿里巴巴集团股权、支付宝股权转让、阿里巴巴集团回购股权等重大事件，其实质是股东与管理层对阿里巴巴集团控制权的争夺。为了扭转这种情况，2011~2012年间，阿里巴巴从银湖、DST Global、云峰基金、淡马锡、中投、博裕资本、中信资本、国开金融等融资20亿美元。此时经历上市又一次稀释了所有股东的股权，然而马云通过上市再一次扩充他的团队股权数使股权得到强化，雅虎的股权被稀释。融资后阿里巴巴的股权结构为：马云及管理团队等39.30%；软银36.70%；雅虎24%。阿里集团的实际控制权变化如表1-6所示。

表1-6　阿里巴巴股权融资与控制权转变

融资时间	融资金额	投资方	股权控制方	董事会控制权	管理控制权
1999.10	500万美元	高盛、富达投资、TDF等多家风投公司	绝对控制	绝对控制	绝对控制
2000.1	2000万美元	战略合作者——软银	绝对控制	绝对控制	绝对控制
2002.4	8200万美元	软银、富达投资等	相对控制	绝对控制	绝对控制
2005.8	10亿美元	雅虎	不能控制	绝对控制	绝对控制
2011~2012	20亿美元	云峰基金、中投等	相对控制	绝对控制	绝对控制

① 张婷婷：《阿里巴巴集团境外上市案例研究》，吉林财经大学硕士论文2016年。

② 陈晓晟：《阿里巴巴在港摘牌退市转型求变以退为进》，载于《通信信息报》2012年6月。

2012 年 9 月 18 日，阿里巴巴集团和雅虎完成股份回购计划，马云等管理层最终获得阿里巴巴集团的控制权。

（三）2014 年阿里巴巴集团赴美整体上市

考虑到与雅虎的回购协议①，大股东和管理层的变现需求以及同行业的竞争压力，2013 年阿里巴巴启动海外整体上市计划。

1. 2014 年阿里巴巴集团在美 IPO 过程

2014 年 5 月，阿里巴巴向美国证券交易委员会（SEC）提交了 IPO 申请。分析师预计阿里巴巴这次 IPO 市值将达到 1680 亿美元。2014 年 9 月 6 日，阿里巴巴向 SEC 提交的招股书更新文件显示，阿里巴巴首次公开募股的定价区间为 60 美元 ~ 66 美元，拟发行 3.2 亿股美国存托股（ADS），并赋予上市承销商 4802 万股 ADS 的超额认购权。9 月 8 日，阿里巴巴在纽约华尔道夫酒店启动为期十天的全球路演，受到投资者的热烈追捧。9 月 15 日，阿里巴巴更新招股说明书，将 IPO 发行价预估区间提升至每股 ADS 到 66 美元 ~ 68 美元。9 月 18 日，阿里巴巴将 IPO 发行价格最终确定每股 ADS 为 68 美元，融资额为 218 亿美元，如果承销商行使超额配售权，筹资额将达到 250 亿元，成为当时全球最大规模 IPO。9 月 19 日，阿里巴巴在美国纽交所（NYSE）正式挂牌上市，股票交易代码为“BABA”。上市细节如表 1 - 7、表 1 - 8 所示。上市当日，在经过 10 轮漫长的询价后，11 时 53 分开盘价报每股 92.7 美元，较每股 68 美元的发行价大涨 36.3%，按其 25.71 亿股的总盘子②，市值 2383.32 亿美元，超越 Facebook、亚马逊、腾讯、eBay，成为仅次于谷歌的全球第二大互联网公司。上市当天阿里股价最终收报每股 93.89 美元，上涨 38.07%，市值 2314.39 亿美元。

表 1 - 7　　　　阿里巴巴 IPO 资料

上市日期	2014 - 09 - 19
发行价格	68.00
发行方式	公开发售
首发募资总额	21767214800.00
发售募资净额	21456341394.00
主承销商	Morgan Stanley & Co. International plc，Goldman，Sachs & Co，J. P. Morgan Securities LLC，Credit Suisse Securities（USA）LLC，Goldman Sachs，Citigroup Global Markets Inc，Goldman Sachs（Asia）L. L. C.，Deutsche Bank Securities Inc

① 2012 年，阿里巴巴集团宣布以 63 亿美元现金和价值 8 亿元的阿里巴巴优先股回购了雅虎持有股份的一半（占阿里巴巴股份的 20%）。此外，协议规定在未来阿里巴巴集团上市时，有权以首次公开招股价回购雅虎剩余股份的一半（2.6 亿股，占阿里巴巴股份的 10%），条件是阿里巴巴集团在 2015 年 12 月前完成 IPO。

② 公开发售总额与超额配售权总共发行 25.71 亿股。

续表

首发数量（股）	
实际发行总数（股）	320106100
计划发行总数	320106100
其中：售股股东发售数量（股）	197029169
首发日期	
发行公告日	2014－05－06
申购起始日	
申购截止日	
定价日	2014－09－19
发行结果公告日	2014－09－22
首发价格（美元）	
招股价区间上限（美元）	68.00
招股价区间下限（美元）	66.00
首发面值（美元）	0.000025

资料来源：Wind 资讯。

表 1－8　阿里巴巴股票 NYSE 存托凭证

DR 代码	BABA.N	DR 简称	阿里巴巴
上市日期	2014－09－19	交易所	纽约证券交易所
证券类型	存托凭证	上市板	主板
每份面值	0.000025 美元	最新交易单位（股）	—
基础证券代码	BABA.N	1 份 DR 相当于基础证券（股）	1.00
DR 数量（份）	2473927859	DR 市值	3058.52 亿美元
ISIN	US01609W1027		

资料来源：Wind 资讯。

2. 阿里巴巴美国上市股东结构

按照阿里巴巴最新招股说明书，目前公司有 30 位合伙人，其中马云和蔡崇信为永久合伙人，合伙人拥有推荐提名董事会成员的权利。目前，阿里巴巴集团董事会共有四人：阿里巴巴的马云和蔡崇信、日本软银的孙正义以及代表雅虎的杰奎琳·雷瑟斯。根据招股书，在上市后，阿里巴巴董事会将扩充至 11 人，其中马云、蔡崇信、陆兆禧和张勇四人为执行董事进入董事会，阿里巴巴最终将在董事会中拥有六个席位，拥有绝对控制权。如图 1－3 所示：

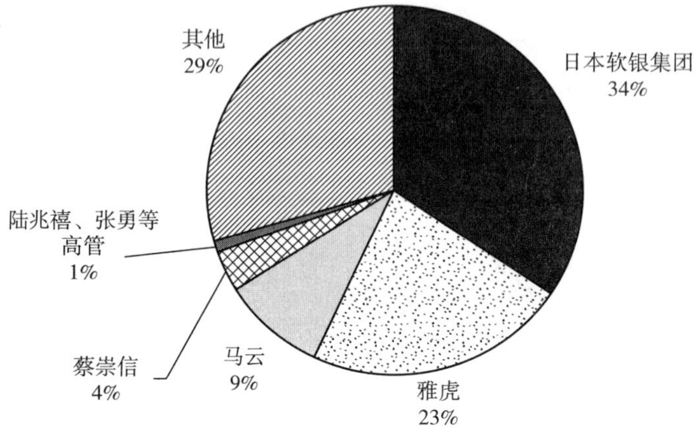

图 1-3 阿里巴巴股东结构

资料来源：招股说明书，中银国际研究。

3. 阿里巴巴在美上市评价

受益于中国经济增长和人口红利，在一个国有企业通常占据经济制高点的国家里，这家民营企业在电子商务这个新兴的、国企稀薄的领域里取得了世界性的成功①。本次上市，为了使香港上市的风险不再发生，阿里巴巴集团的管理层做足了准备。首先，阿里巴巴采用了特殊的合伙人制度，避免了香港上市时发生的控制权纠纷，其次，对阿里巴巴集团领导人来说，采取海外上市策略使其能够系统地熟悉海外资本市场环境、运作流程和业务规则，拥有国际视野和战略眼光，增加海外资本运作经验。另外，公司海外上市可以引发公众的关注和讨论，海外股票上市的阿里巴巴集团也是大多数媒体争相报道的对象，这不仅导致了投资者对阿里巴巴集团生产经营质量和股票价格的持续关注，也延续了人们对阿里巴巴集团的关注热度。在全球经济一体化的进程中，中国企业“走出去”的速度明显快于从前，在坚持互联网开放性的同时，阿里巴巴集团也应全面拓展国际业务，积极利用市场资源，如研发、生产和销售资源，做好在全球范围内的合理配置，以便拓展国际市场。最后，增加曝光率可能是促进互联网公司长期发展的良性机会。阿里巴巴集团境外上市的前前后后，不但在无形中扩大了知名度，而且还给消费者营销了一个积极的心理暗示——这家公司所生产的产品和提供的服务是一流和优质的，可谓是一石二鸟②。

三、问题的诠释及评价

（一）公司上市战略评价

纵观阿里巴巴集团的发展道路，两次上市都是企业发展的转折点。阿里管理层之所

① 宋玮、贺树龙等：《还原阿里巴巴》，载于《投资与证券》转载自《财经》2014 年 12 月。

② 张婷婷：《阿里巴巴集团境外上市案例研究》，吉林财经大学硕士论文 2016 年。

以如此青睐“上市”，必然是因为上市对当时的企业来说是利大于弊的，事实也确实如此。上市不仅会带来大量资金，更能改善企业治理结构，提高企业和产品的影响力、知名度，进而推动整个行业的发展。然而，上市也会带来一定的不确定性。

1. 企业上市的优劣势分析

（1）解决融资需求。

互联网行业属性决定了其前期扩展业务需要大量的资金抢夺用户、占领市场。如果互联网企业只依靠自我资本的原始积累，必定是无法满足企业高速发展的资金需求。境外股权融资一定程度上帮助了我国互联网企业解决资金需求量，其中也包括境外风投公司通过风险投资参股我国新成立的互联网公司。风投公司股权投资的目的是为了帮助成长型企业快速发展，以满足上市条件，并在企业顺利上市后，取得巨额回报。但从另一方面来讲，即便是阿里巴巴集团成功获得风投的天使基金，也是难以满足其对于资金量的需求。而国内现行融资条件的苛刻，使很多高速增长型的互联网企业受制于资金限制而错失成长良机。阿里巴巴集团想要保持一个高速、健康、稳定的发展格局，融资规模受限是其重要的制约因素之一，阿里巴巴集团不仅需要积极扩展融资空间、拓宽直接融资渠道，为企业清扫融资的障碍，而且互联网企业也迫切需要找到一个快速高效的融资方法，以满足其日益增长的融资需求。

通过上市，企业能够直接获得长期无息的大额资本性资金，为企业的快速发展注入强大的动力。企业由私人控股转变为公众持股，吸纳来自多方投资者的资金，无疑帮助企业快速而高效地融进了更多的资金，解决了企业的资金需求。事实也确实如此，在中国香港上市为阿里获得 131 亿港元的融资额，在美国上市更是为阿里带来近 2400 亿美元的资金，成为阿里高速发展的物质保障。

（2）改善企业的运行机制，形成合理的治理结构。

互联网公司的创业团队往往要经历一个人员从少到多，队伍逐渐壮大的过程。一个成功的互联网公司，不能只靠某个人的创业热情，还要建立完善的内部控制体系和长期的战略规划，树立标准的公司制度，把管理提升到公司现代治理结构的高度。阿里巴巴集团上市无疑是加强了治理结构的改善，促进了企业经营管理效率。首先，根据上市规则的要求，公司上市之后，必须加强产权的管理。其次，公司所有者是由多主体组成的，可以削弱所有者主体单一、股权集中度过高的问题，使互联网公司建立一个多元化的发展、经营管理机制。在公众的监督下，挂牌上市的公司可以建立一个健康、有效的公司治理结构①。

如前所述，阿里集团第一次上市是将 B2B 业务从集团分拆出来，以“阿里巴巴网络公司”的身份上市。阿里曾经解释分拆上市的原因，“第一，从客户利益价值最大化来考虑，只有目前 B2B 的客户最需要实现这么一次国际化的提升；第二，从投资角度来说，将不同类型的互联网公司分拆上市而非整体打包，可能更符合投资者的需求。”

① 张婷婷：《阿里巴巴集团境外上市案例研究》，吉林财经大学硕士论文 2016 年。

马云曾对阿里巴巴集团架构模式的改变做出表态：阿里巴巴集团原来只有一个董事会，如果一个投资者的脑袋坏了，就全坏了，风险较大；分成5家各有独立董事会的公司，基本上摆脱了某一天被某家投资方控制的风险。更重要的是，分拆上市可以弱化雅虎、软银对阿里巴巴各公司业务的约束力①。

不难看出，阿里是将当时集团相对最成熟、最完整的部分上市的。上市对企业的最根本变革，在于改善企业内部的运行机制，形成最合理的治理结构。我国《证券法》规定，企业公开发行股票，公司治理要符合相关法律、法规的规定，之后在通过相关监管部门的审批。总的来说，公司想要成功上市，企业往往需要经历至少为期一年的上市辅导。要把企业自成立以来的股权、产权、制度、流程等进行全面的梳理，重造和规范。可以说，上市的过程就是企业艰苦蜕变的过程。往往能够成功上市的公司拥有合理的治理结构，清晰的股权、产权和财务结构，以及核心竞争能力和未来长远发展的潜力。

阿里巴巴集团在海外上市后，遵循国际惯例会受到更严格规范的市场监管，不仅可以规范公司的经营，增强管理水平，还可以防止股东利益被管理层侵占。公司境外资本市场上市后，要严格地持续披露企业生产经营的相关信息，如纽交所上市发行的股票要接受证券交易委员会的密切监管，以维护市场秩序和投资者利益，主要是通过对本公司发布的股票信息进行检查，并有权获得公司的一些重要信息。海外上市的阿里巴巴集团要想实现持续性发展和再融资，就必须按照规定披露真实的企业信息，同时也要与美国的监管机构以及投资人保持良好的长期合作关系②。

（3）提高企业知名度，扩大产品影响力，促进行业发展。

阿里巴巴集团挂牌上市本身就表明了企业突出的竞争力及强大的发展前景，公司每天大量的交易用户也为企业提供了有效的宣传。阿里巴巴集团的香港上市打开了中国电子商务行业的大门，而在海外的成功上市更是引发公众的关注和讨论，海外股票上市的阿里巴巴集团也是大多数媒体争相报道的对象，这不仅导致了投资者对阿里巴巴集团生产经营质量和股票价格的持续关注，也延续了人们对阿里巴巴集团的关注热度。促使阿里巴巴集团全面拓展国际业务，积极利用市场资源，如研发、生产和销售资源，拓展国际市场。

（4）高额的上市发行费用及其他额外成本带来巨大负担，加大经营风险。

企业上市融资必须迈过股票发行条件和股票上市条件两道门槛。对于毫无上市经验的企业来说，在迈过两道门槛之前，还面临着改制问题。企业改制、股票发行、上市是一项专业性较强的工作，企业必须聘请若干中介机构进行辅助。根据法律规定，股票发行必须由具有主承销商资格的证券公司承销，因此，企业必须聘请这类证券公司负责股票发行、上市的整体策划、编写招股说明书，包销或代销股票；企业还必须聘请会计师事务所出具企业近年的财务、盈利预测审计报告；聘请律师事务所对企业设立、发行股

① 荆林波、刘波等：《阿里巴巴集团考察：阿里巴巴业务模式分析》，经济管理出版社2009年版，第1~6页。

② 张婷婷：《阿里巴巴集团境外上市案例研究》，吉林财经大学硕士论文2016年。

票等事项发表法律意见；聘请评估事务所对企业资产进行评估，出具《评估报告》。凡此等等，都要付出费用。一般来说，上市的费用主要包括：保荐人顾问费。金额约占融资额的 1% ~10% 不等；佣金。它是支付给承销商的费用，一般根据筹资总额的百分比来计算，一般最高为 10%；佣金外支出。佣金外支出是企业付给承销商的邮资、电话费或传真费等费用；法律费用；会计师费用；财务顾问费用；市场推广支出；潜在费用和后续开支。

从上市过程中所发生的费用占融资总额的比例来看，据估算，企业在国内主板上市，上市过程中的直接费用一般约占融资额的 5% 以上，以集资 2 亿元计算，融资成本在 1000 万元以上。企业在香港和新加坡上市的这一比例差不多，各项费用的总额通常占融资金额的 10% 左右。在美国上市，上市费用占融资金额的比率通常在 15% ~20% 之间①。高昂的上市费用必然会给企业带来经营上的负担，从而加剧企业经营风险。企业一旦没有成功上市，这些发行成本的发生无疑对企业经营发展更是雪上加霜。

（5）控制权随资本转移，控制权争夺风险剧增。

随着企业成功上市，新的投资者被吸引进来，公司的创建人与原始股东的持股比例相对缩小，意味着公司的部分控制权转移给了新股东。像之前阿里香港上市时，美国雅虎是第一大股东，持股比例 33. 57%；第二大股东日本软银持股 24. 31%，而中国公民作为创业者和管理者共持股 12. 79%，加上所有员工持股大概共 26. 31%。这样，从所有权上，阿里巴巴不算是中国的企业，只是由中国公民创办的在国内经营的外资企业。并且如前所述，雅虎和软银才是阿里巴巴香港上市的最大赢家。控制权转移是许多公司不考虑上市融资的根本因素。马云等管理层为解决控制权的问题，才有了后来的退市决定和特殊的合伙人制度的确立。

2. IPO 折价现象及其原因

2007 年阿里巴巴网络公司联交所上市首日尾盘收于 39. 5 港元，较发行价上涨 192%；2014 年阿里巴巴纽交所上市首日最终收盘价为 93. 89 美元一股，涨幅达 38. 07%。不同的时间，不同的发行地点，却同样发生了上市首日收盘价远高于发行价的现象。然而，这并不是巧合。这种现象称为 IPO 折价现象。研究发现，无论哪个国家或哪个时间段的样本，IPO 折价现象普遍存在。数据显示，1980 ~2001 年，美国上市公司 IPO 折价平均为 18. 8%。美国上市公司 IPO 折价总额高达 270 亿美元，是当时这些公司年利润的 3 倍多。除美国外，其他国家的股票市场也存在不同程度的 IPO 折价现象，而且发展中国家股票市场的 IPO 平均折价程度要高于发达国家。我国在 1990 ~2000 年的平均 IPO 折价高达 256. 9%。

对于如此高额非正常收益产生的原因，理论界的解释集中在信息不对称上，主要有发行人与投资者、投资者与投资者和发行人与承销商之间的信息不对称。

①信号传递理论：发行人比投资者掌握更多的信息，因此质量低于平均水平的发行

① 龙成凤、李淑英：《民营企业上市融资的利弊分析》，载于《特区经济》2006 年第 11 期。

人很愿意以平均水平出售资金的股份，而高质量的发行人会被迫退出市场，为了使自己区别于劣质发行人，高质量的发行人会故意以一个低于市场价格的价格出售股份。

②信息显示理论（累计投标理论）：发行人不了解投资者的需求和心理价位，为了诱使潜在投资者真实表达他们的须有和心理价位，承销商会利用分派股权的权利给投资者一个折扣，补偿那些有很强购买意愿的投资者。

③“赢者诅咒”和“马太效应”理论：投资者之间信息存在差异。

“赢者诅咒”中知情投资者只会认购低估值股票，而不去购买高估股票。所以，所有的不知情的投资者会拿到所有的高估股票，造成预期收益的减少，或直接为负。为了弥补，股票会折价发行。

“马太效应”中，投资者在做投资决策时，往往不是基于自己获取的信息，而是受到其他投资者行为的影响。一级市场上，投资者只会认购热门 IPO。IPO 定价过高会增加发行失败的可能性。要避免发行无人认购，最实际的方法就是折价发行。

④代理理论：承销商掌握更多的市场信息和发行新股的定价信息，因此发行人无法很好地监督承销商的行为，所以承销商可以折价发行股票以减少承销该股票的风险，还可以和与其关系密切的投资者建立良好的关系。

除此以外，还可以从法律角度和市场交易成本角度进行解释。

（二）公司的退市战略分析

2012 年，阿里巴巴采取了私有化退市的策略，从香港联交所摘牌。上市公司私有化退市的动因不外乎有以下四种：

第一类退市动因是，宏观经济形势与资本市场的低迷，导致上市公司股票价格被低估。企业上市的主要目的是为了能以较低的成本获取现金流，如果企业的股票在某一个市场中价值被严重低估，或是股票的交易量长期低迷，那么，即使继续维持上市的地位，却也不能够给企业带来一个正面的企业形象，股价低迷使得企业反倒会受制于股东的压力，成交量不振则意味着上市给企业带来的融资效果也已经十分有限。此时，企业往往倾向于选择退市，减轻市值过低给企业发展带来的不利影响。一旦上市公司要进行私有化的信息得到披露或公布，就会向资本市场传递这样一个信号：目标公司所发行的股票的价值被低估。这样的预计退市的信息会导致投资者对企业未来股价预期向好，提振投资情绪，这对于退市后试图通过整合，最终实现重新上市融资的公司股东也是个利好消息。

显然，这类原因能够部分解释阿里集团退市战略。回顾阿里巴巴股票的价格变动趋势，从最开始的香港联交所 IPO 价格 13. 50 港元，到在 2007 年 11 月的上市当日，大幅上涨至 39. 80 港元。在一个月后的 2007 年 12 月 3 日，阿里巴巴股价上涨至 41. 80 港元的顶点。但是之后，国内中小企业陆续受困于用工成本上升、国外需求疲软、人民币兑美元汇率走强、原材料价格普遍上涨的生存压力，导致阿里巴巴 B2B 业务的业绩下滑，其股票价格也从最高峰值逐渐下跌。最终在 2008 年 10 月 28 日，阿里巴巴股票价格跌至达3.46港元的低位。2011年初阿里巴巴B2B业务的转型，使得在转型初期的阿里巴巴B2B业务总收入大幅下降，2011年的总收入增长率下降至15.5%，与其自身在2010年的43.4%的总收入增长率大幅减少27.9%。2011年总收入增速的下降，使市场对阿里巴巴B2B业务的前景及转型效果产生疑虑，更负面的消息是，阿里巴巴B2B业务又爆出欺诈丑闻，有部分供货商利用B2B业务网络销售平台销售假货。受累于这些不利消息，自2011年5月19日起直至2012年2月公布私有化方案，阿里巴巴网络有限公司的每股股价已经不到10港元，股票价格更是长期在首次公开发行价13.50港元之下徘徊（见图1－4）[①]。

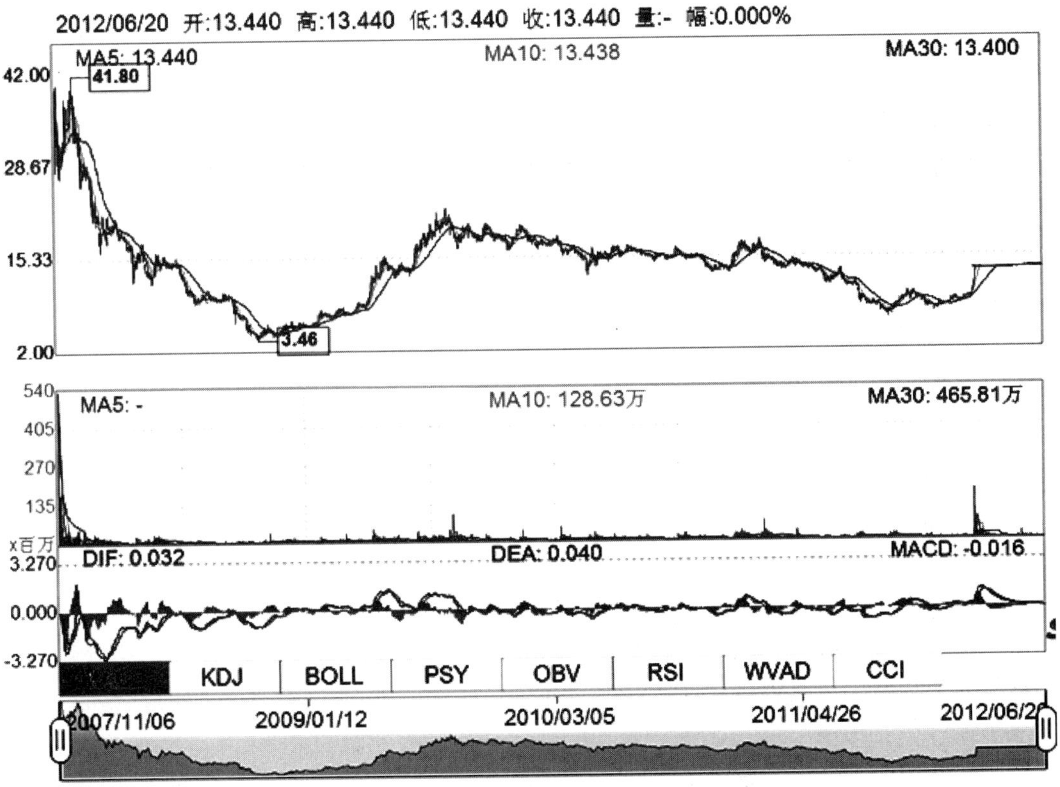

图1－4　阿里巴巴（HK1688）股价变动图

资料来源：新浪财经。

第二类退市动因是，上市公司出于对自身未来战略的调整，需要对资源进行有效的整合。产业链的上游和下游的协同优化，资源配置的优化提高，都可以通过企业的退市来达成。企业选择退市所能够带来的积极方面包括，公司整体决策可能更加迅速，提高决策效率。一些在所处行业内规模较大、实力雄厚的公司，其本身确实已经具备在资本

① 马潇潇：《阿里巴巴网络有限公司退市案例分析》，辽宁大学硕士论文2014年。

市场中进退自如的能力，其管理层能够按照公司发展的实际情况和发展阶段，适当的选择上市或者退市的时机。当一个企业有能力完全掌控自己的命运时，或者当企业资金充裕，或存在比资本市场更优选择的融资渠道时，资本市场作为融资工具的作用就会更加明显，上市就不再是企业唯一的、必然的选择。此时，上市企业的退市就是一种主动退市，就更多是来自于战略考虑。如果企业集团内的上市公司数量较多，母公司内部在运行战略调整时，就有可能触发各上市子公司之间关联交易的操作风险。由此可见，私有化退市不仅可以整合集团内所掌握的资源，提高集团整体经营效率，同时也是上市公司避免关联交易，化解非系统风险的有效手段。

第三类退市动因是，加强公司控制权，使得管理层控制股权从而对企业的掌控更为有效。企业管理层、大股东为收回投资而套现所导致的退市，这种私有化往往与股权激励、风险投资等机构投资者的退出相关联。

第四类退市动因是，为了节省上市公司相关成本的支出。企业上市之后面临监管、运营等成本的增加，其中包括召开股东大会的费用、信息发布的费用、投资者联络的费用以及向交易所缴纳的费用等，长期维持企业上市的地位需要不断地承担这部分成本，最终导致企业运营困难。

很显然，这次退市阿里巴巴集团对阿里巴巴网络有限公司进行的私有化战略，这种私有化是一种自愿的、主动的退市，背后有着阿里巴巴集团各方面的利益考量。这一主动性的退市，对于阿里巴巴网络有限公司来说，实际上是一种以退为进的做法。退市，不仅属于整个阿里巴巴集团长远战略调整中不可或缺的一个环节，也包含了对整个集团更加长远的利益考量，目标直指股权控制、择日集团整体上市。

（三）公司海外上市战略分析

2014 年，重整旗鼓的阿里巴巴集团在美国纽交所上市，此次上市选择在美国，而不是香港，是因为合伙人制度不符合香港证券交易所相关的规定，而美国法律允许合伙人制度的存在。阿里巴巴顺应法律规定去了美国上市，马云及管理团队通过合伙人制度控制了董事会，印证了马云融资的基本原则——保证控制权。

阿里合伙人制度考究而隐蔽，实质仍是将公司的核心控制权集中在马云、蔡崇信等创始合伙人手中。合伙人制度没有明显层级，管理者的利益得到了充分保证，多适用于咨询、审计、投资等专业第三方公司。而阿里巴巴合伙人制度的特殊之处在于：其一，它是股份公司，却采用了合伙人制的管理方式。其二，其合伙人制并非法律和常规意义上的“普通合伙人”，其对于公司运营并没有直接的管理、决策、执行权，只有看似“神圣”的选举权。合伙人拥有提名董事会中大多数董事的权力，这项权利实质上是赋予合伙人远远超出其持股比例的董事会控制权。阿里合伙人制度最大的特点就是控制权与持股比例不相关，即无视股权。在该制度下，合伙人通过控制公司董事会掌握了公司的实际控制权，外部股东无论持有公司多少股权，均无法控制公司董事会。合伙人制度使马云管理团队免受股东的干扰，在运营制度上不受大股东影响。正是因为合伙人制度的提出与实施，才让马云团队牢牢地控制了阿里，无视股权结构，然而，这样一个看起来对其余股东都显得极为不利的制度的实施为股东们获得了更多的收益，以软银为例，阿里上市后软银狂赚 10 亿美元，及时上市的代价是合伙人制度的实行，回报也已经足够说服所有的投资人。更别提马云现在成为软银的董事，从某种意义上软银和阿里已经成为战略合作伙伴，是自己人，所以合伙人制度的实施也就顺理成章了。

（四）阿里巴巴创始人控制权维护策略分析①

1. 控制融资规模

阿里巴巴在股权融资的过程中始终以保护控制权为先的行事准则，以降低融资过程中丢失控制权的风险。马云与软银的故事起始于“六分钟神话”，在北京的一次会面中，马云仅仅用了 6 分钟陈述就让孙正义决定投资 4000 万美元，然而让大多数人意想不到的是，面对足以让阿里巴巴膨胀三四倍的融资规模，马云却提出了条件：阿里巴巴只接受软银一家投资，不再希望其他投资人进来；软银作为股东，不能只看眼前利益，不顾阿里巴巴的长远打算，必须以阿里巴巴的发展为重心，也就是说孙正义不要过分干涉阿里巴巴的运营事项；请孙正义担任阿里巴巴的董事。软银在当时已经先后投资了新浪、网易等互联网公司，并且资金雄厚，资质优秀，面对这样的条件，孙正义选择了让步，同意投资 3000 万美元，占阿里巴巴 30% 的股份，但是拒绝了出任董事的要求，只同意担任阿里巴巴的顾问。最终，马云又提出了将 3000 万美元的投资减少到 2000 万美元，担心软银持有阿里巴巴的股权比例过大，管理层股权稀释后失去话语权，应该是主要原因之一。马云用 6 分钟赢得全世界最成功的互联网投资人千万美元计的投资，而马云和阿里巴巴对此还犹犹豫豫、推三阻四。就是这样一切以保护控制权为先的行事准则使得马云在前后 5 次融资中一直拥有着最高话语权、控制权。

2. 与小股东的战略联盟

在历经三次融资后，马云的股份已经稀释到岌岌可危的地步，但是从未传出过关于控制权危机的消息，而是给大众一种绝对持股的表现，这要归功于马云的联合战略，将一些持股比例小的股东们捆绑到他的战车上，成为一个牢固的联盟。事实上，在 2005 年接受雅虎注资后，马云个人仅持 7% 左右的股份，算上之前马云的自家高管班底，这个小团体也仅仅持有 10% 的股份，然而在外界眼中，“马云团队”却占有 47% 的股份，那么这额外的 30% 股份又从何而来呢？这里就要提到阿里的“4XO”阵容，CFO 蔡崇信，COO 关明生，CTO 吴炯，CEO 马云。蔡崇信有着汇亚基金背景，关明生有 GE 资本背景，炯曾是雅虎中国的一大巨头，马云将他们绑上他的战车，随之而来的就是股东们的站队。凭借这一战略，马云重新回到控股股东的位置上，虽然在股权上他只是第三股东，然而实际上他确是控股股东。马云利用该机制弥补了他最重要的短板——股权，将实际控制的股权数提升到一个安全的水平。

---

① 谢会丽、何鑫：《股权融资过程中创始人控制权维护》，载于《生产力研究》2017 年第 1 期。

3. 运用社会资本强化控制权[①]

（1）股东层面的社会资本效应。

“阿里的股东结构长期处于扑朔迷离的状态，股东的影响力直接或者间接地引导了上市地点的选择。因为上市无非就是套现和扩张，而在哪里套现，就要看股东的利益在哪里了。很明显，孙正义的表态是支持阿里在美上市的。不少投资者对A股市场还存在着天然的不信任。”有经济学者如是分析阿里上市的股权牵制。与孙正义的私人关系导致了阿里股权结构中最重要的一张牌——软银，站在了马云背后，奠定了马云执掌阿里的基础。

（2）管理层的社会资本效应。[②]

社会资本机制最主要的作用是维护了管理层的关系，马云对管理层的控制甚至优于他对董事会的控制程度，这一方面归功于个人魅力，另一方面则是马云的理想与超前的经营理念吸引着各种优秀的人才加入阿里巴巴，成为阿里巴巴家族的一员。阿里巴巴会是一个家族企业，会一直以“感情”“理想”和“义气”去维持团队。1999年4月15日，与马云联系投资的Investor Asia Limited副总裁蔡崇信，在与马云谈了4天后，深深地被马云的真诚与对阿里未来的构想所吸引，他立刻决定放弃他年薪50万美元的职位加入阿里并与马云成为志同道合的朋友。蔡崇信到来以后，重新制定了阿里的公司制度，并以正式合同的形式，将最初十八罗汉团队的利益绑到了一起。这其实是至关重要的一步，阿里巴巴因此而得以将最初的创业激情和团队文化一直维系了八年之久。除了蔡崇信，还包括孙彤宇、金建杭、彭蕾等昔日创业同伴如今坐镇阿里各个重要高管位置，以及妻子张瑛在海外的多家投资公司持股阿里，马云通过一张巨大的社会资本网络将股东、管理层连接到一起，成为他的臂膀。

阿里巴巴集团成立18年以来经历了数次融资过程，在数次与资本的战斗中，最引人注目的就是两次上市和一次退市，一切战略的制定都是为了能够在以资本为王的时代中，保证创始人的控制权与投资人的利益。到目前为止，马云在这场资本与控制权的权衡、战斗中，最终还是保住了控制权，保住了阿里。

参考文献

［1］荆林波：《阿里巴巴的网商帝国》，经济管理出版社2009年版。

［2］陈佳贵：《阿里巴巴集团考察：阿里巴巴业务模式分析》，经济管理出版社2009年版。

［3］高雷：《阿里巴巴集团发展战略研究》，黑龙江大学硕士论文2012年。

［4］阿里巴巴招股说明书，2007年。

［5］祝继高、隋津、汤谷良：《上市公司为什么要退市——基于盛大互动和阿里巴巴的案例研究》，载于《中国工业经济》2004年第1期。

---

① 马一：《股权稀释过程中公司控制权保持：法律途径与边界以双层股权结构和马云“中国合伙人制”为研究对象》，载于《中外法学》2014年第3期。

② 徐细雄、刘星：《创始人权威、控制权配置与家族企业治理转型——基于国美电器“控制权之争”的案例研究》，载于《中国工业经济》2012年第2期。

[6] 陈晓晟：《阿里巴巴在港摘牌退市转型求变以退为进》，载于《通信信息报》2012 年 6 月。

[7] 赖森鸿：《阿里巴巴集团商业模式研究》，复旦大学硕士论文 2011 年。

[8] 张佳乐：《阿里巴巴的管理模式》，海天出版社 2010 年版。

[9] 佘祥云、蔡璐：《基于现金流量视角的企业融资策略研究——以阿里巴巴公司为例》，载于《财会通讯》2017 年第 11 期。

[10] 谢会丽、何鑫：《股权融资过程中创始人控制权维护——以阿里巴巴为例》，载于《生产力研究》2017 年第 1 期。

[11] 马一：《股权稀释过程中公司控制权保持：法律途径与边界以双层股权结构和马云“中国合伙人制”为研究对象》，载于《中外法学》2014 年第 3 期。

[12] 徐细雄、刘星：《创始人权威、控制权配置与家族企业治理转型——基于国美电器“控制权之争”的案例研究》，载于《中国工业经济》2012 年第 2 期。

[13] 佟景国：《马云如何掌控阿里巴巴?》，载于《经理人》2013 年 10 月。

[14] 马骁：《中美两国证券监管制度比较研究》，2013 年。

[15] 荆林波：《阿里巴巴是这样 IPO 的》，载于《证券日报》2009 年。

[16] 车辉：《改写美国 IPO 历史的时刻》，载于《工人日报》2014 年 9 月 20 日。

[17] 阿里巴巴纽交所上市招股说明书（2017）。

[18] 徐娜娜：《对阿里巴巴远去美国上市的思考》，载于《企业管理》2009 年。

[19] 安邦中国咨询研究中心：《阿里巴巴 IPO 对中国市场的启示》，载于《大视野》2014 年。

[20] 长江证券：《阿里巴巴挂牌在即 A 股面临三大投资机遇》，2014 年。

案例2：蒙牛集团的私募股权之路

一、公司背景介绍

蒙牛集团成立于1999年，在20年的时间里实现了一个民营企业向国际化大企业的飞速转变，这样的成就不仅在乳制品行业成为楷模，在众多民营企业中也备受瞩目。蒙牛能够迅速从一个小企业发展到如今的蒙牛集团，除了改革开放、中国经济快速发展、宏观政策的扶持等大环境的支持外，还得益于有效借助资本的力量开拓市场，通过资本运营壮大企业规模。

（一）公司发展历程

1999年1月，从伊利退出的牛根生和几个原伊利高管成立了蒙牛乳业有限责任公司，它的注册资金是100万元。

1999年8月，蒙牛乳业（集团）股份有限公司成立，其前身是蒙牛乳业有限责任公司，总部设在内蒙古呼和浩特市，是乳制品行业、国家农业产业化龙头企业。

1999～2002年的3年时间里，它的总资产从1000多万元增长到近10亿元，年销售额从1999年的4365万元增长到2002年的20多亿元，在全国乳制品企业的排名从第1116位上升到第4位，成长速度1947.3%（如图2－1所示）。

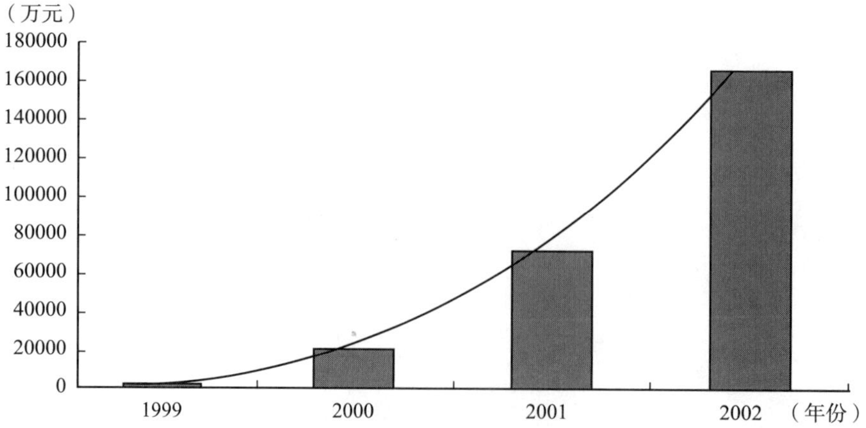

图2－1　蒙牛集团历史销售收入（1999～2002年）

2002～2004年，蒙牛持续发展，业务不断扩大，企业资金不能满足发展需求，与摩根斯坦利等3家私募机构签订对赌协议①，为香港上市做准备。2004年6月，对赌成功，在香港主板上市，是中国首家海外上市的乳品企业。蒙牛也被称为国内赌赢私募股权的少数案例之一。

2006年，《财富》杂志首次发布“最受赞赏的中国公司”排行榜，蒙牛位列前四。2007年，在“新浪网络盛典年度评选”中，蒙牛被评为“中国最具影响力的两大品牌”之一。2007年蒙牛被中国企业文化促进会命名为“首家全国企业文化示范基地”。2009年，在节能减排20佳企业评选活动中，蒙牛位列中国节能减排20佳企业第二位。

2009年7月，蒙牛乳业成为中粮集团旗下的控股子公司，也开启了蒙牛集团的国际化进程。

（二）公司的管理层变动

1. 创始人牛根生

牛根生1958年1月25日生于呼和浩特。1983年进入乳业工厂，从基层干起，直至担任伊利集团生产经营副总裁。他同时也是伊利创始团队成员，直至1999年离开伊利，创立蒙牛，成为“中国冰激凌大王”。在之后的8年时间里，将蒙牛打造成为全球液态奶冠军、中国乳业总冠军。蒙牛集团也被全世界视作中国企业顽强崛起的标杆，“蒙牛现象”成为经济界最热门的专有名词之一。蒙牛产业链上联系着百万奶农、千万股民、数亿消费者，被誉为西部大开发以来“中国最大的造饭碗企业”，并被评为首届中国企业社会责任调查“最具社会责任感的企业”。

2. 中粮控股

2008年“三聚氰胺”事件等食品安全事件对蒙牛影响巨大，蒙牛在遇到外资收购的风险时，借助中粮集团的全产业链战略支持渡过难关，2009年7月，中粮集团与厚朴投资共同组建一家新的公司（中粮集团持股70%）入主蒙牛，成为蒙牛第一大股东。入主蒙牛后，中粮在蒙牛乳业董事会中占3个非执行董事名额，宁高宁同时任副主席一职。2011年6月11日，蒙牛乳业在港交所发布公告称，其创始人牛根生辞任董事会主席一职，同时委任中粮集团董事长宁高宁为董事会新主席。此后，牛根生主要投入慈善工作，但保留蒙牛乳业非执行董事一职。

并入中粮集团入股完成后的蒙牛，其股权结构将形成“国有资本+民营资本+战略合作”的多种所有制合作模式，而后又借力于中粮全产业链的战略规划，进行兼并收购以及国际战略合作。2012年4月，杨文俊辞去总裁一职，蒙牛的原有核心管理层完全失去了蒙牛核心控制权。

---

① 对赌协议，Valuation Adjustment Mechanism，VAM，也称“估值调整机制”，对赌协议就是收购方（包括投资方）与出让方（包括融资方）在达成并购（或者融资）协议时，对于未来不确定的情况进行一种约定。如果约定的条件出现，融资方可以行使一种权利；如果约定的条件不出现，投资方则行使一种权利。引自百度百科。下同。

二、蒙牛的私募股权之路

（一）选择私募股权融资原因分析

第一，企业资金来源非常有限，资金的制约已经严重影响企业的发展。在初创期，蒙牛市场占有率与伊利相差甚远，在创办后第三年，蒙牛的营业收入只有 7.24 亿元，而伊利的全年乳制品营业收入为 27.02 亿元，蒙牛还不及伊利的三成。除伊利外，当时的光明、三元、三鹿等也是蒙牛强有力的竞争对手。

第二，国内上市融资条件不成熟。自 2001 年起蒙牛开始考虑一些上市融资渠道，希望通过上市来筹集飞跃发展所需要的资金。但是，根据蒙牛当时的情况，成立时间短，企业规模小，主板上市的条件还不够，彼时深圳创业板还没有搭建成功，香港二版公司流动性不好，会给企业再融资带来困难。因此创业板上市方案搁浅。

第三，蒙牛成立以来表现出良好的发展潜力和业绩增长吸引了众多国际投资者。

第四，私募股权融资作为一种权益融资，既不增加企业债务，不增加企业财务负担，而且还能给融资企业带来高附加值的服务。最简单地说，私募股权基金，尤其是来自国外一流私募股权机构对企业的认可，这种认可本身就是对企业形象的一种提升，更何况私募股权机构的投资人一般都拥有丰富的管理经验和广阔的商业人脉，在对企业的投资过程中，他们不仅是提供资金给企业，更以其丰富的管理经验和深厚的专业知识来帮助企业成长。

于是，当摩根斯坦利等国际投资机构找到了蒙牛和牛根生团队，建议蒙牛引入私募股权投资者，以求资金及时到位，帮助企业成长与规模化，达到一定程度再直接在香港主板上市。经过考虑，最终蒙牛同意与之签订对赌协议。

（二）“业绩对赌”

2003 年摩根斯坦利等投资机构与蒙牛签署了类似于国内证券市场可转债的“可换股文据”，向蒙牛乳业注资 3523 万美元，折合人民币 2.9 亿元。“可换股文据”实际上是股票的看涨期权，其价值的高低最终取决于蒙牛乳业未来的业绩。为了使预期增值目标能够兑现，摩根斯坦利等投资者与蒙牛管理层签署了基于业绩增长的对赌协议。双方约定从 2003 ~2006 年蒙牛乳业的复合年增长率不低于 50%。若达不到，公司管理层将输给摩根斯坦利等外资投资方约 6000 万 ~7000 万股的上市公司股票，如果业绩增长达到目标，摩根斯坦利等机构要拿出自己的相应股份奖励给蒙牛管理层。2004 年 6 月，蒙牛业绩增长达到预期目标。摩根斯坦利等机构“可换股文据”的期权价值得以兑现，换股时蒙牛乳业股票价格达到 6 港元以上。蒙牛乳业惊人的业绩增长，最终使摩根斯坦利等三家外资战略投资者提前终止了对赌协议，3 家外资投资者分 3 次退出，获得的投资回报率至少超过了 4 倍，另外还兑现奖励给蒙牛管理层 6000 多万股蒙牛股份。

蒙牛与摩根所签订的对赌协议是一种典型的分层博弈。第一阶段的博弈是一种试探性的博弈，双方约定如果蒙牛管理层在2002～2003年的一年之内没有实现维持业绩高速增长的诺言，作为惩罚，开曼公司及其子公司毛里求斯公司账面上的大笔投资资金将要由投资方（摩根等）完全控制，并且投资方将因此占有蒙牛乳业股份60.4%的绝对控股权。一年后如果管理层完成了业绩增长目标，投资方答应代表蒙牛内地股东和管理层等的金牛和银牛可以把投资开曼的A类股票以1拆10的比例无偿转换为B类股。第二阶段即在2003～2006年间，蒙牛乳业业绩的年复合增长率不低于50%，否则蒙牛管理层将输给摩根等三家外资战略投资者6000万～7000万的蒙牛股份。如此，第一阶段的博弈为下一阶段的博弈提供了丰富的数据，一旦在第一阶段的博弈中出现了明显的不可持续迹象，博弈的任何一方都可以终止博弈，减少损失。并且，协议规定摩根等有权更换管理层表明协议中存在着终止博弈的触动条款。

（三）上市过程

2002年6月5日，摩根斯坦利在开曼注册了两家壳公司：China Dairy Holdings和其全资子公司MS Dairy Holdings，第一家作为未来接收自己对“蒙牛”投资资金的账户公司，第二家作为对“蒙牛”进行投资的股东公司。

2002年9月23日，“蒙牛”在英属维京群岛（BVI）注册了两家新公司：Jinniu Milk Industry Ltd.（金牛公司）和Yinniu Milk Industry Ltd.（银牛公司），两家公司注册股本5万股，注册资金5万美元，每股面值1美元。

2002年9月24日，China Dairy Holdings扩大法定股本1亿倍，并开始对外发售股份，股份从1000股扩大为1000亿股，分为一股十票投票权的A类股5200股和一股一票投票权的B类股，并规定原来的1000股旧股算作A类股份，包含在5200股A类股份之内。

2002年10月17日，“金牛”与“银牛”以1美元/股的价格，分别投资1134美元、2968美元认购了1134股和2968股的A类股票，加上以前各自持有的500股旧股，“金牛”与“银牛”合计持有A类股票5102股。紧随其后，三家金融机构以530美元/股的价格，分别投资17332705美元、5500000美元、3141007美元，认购了32685股、10372股、5923股的B类股票，合并持有B类股票48980股，三家金融机构总计为China Dairy Holdings提供了现金2597.3712万美元（注：2002年税后利润7786万乘以8倍市盈率得出当时“蒙牛股份”的总价值应该是6.5亿元，6.5亿乘以1/3得2.16亿元即2597.3712万美元）。China Dairy Holdings其余A类股票和B类股则未发行。

2003年9月19日，“金牛”“银牛”分别将所持有的开曼群岛公司1634股（500股开曼群岛公司最初成立时“金牛”所持股份，加上1134股管理层于首次增资前认购的股份）、3468股（同上的500股，加上2968股）A类股票转换成16340股、34680股B类股票，管理层股东在开曼群岛公司中所占有的股权比例与其投票权终于一致，均为51%。

2003 年 9 月，鉴于牛根生团队取得了 2003 年的辉煌成果，“金牛” 和 “银牛” 在股份转化为普通股的同时，获得以面值认购新的普通股的权利，新认购的股份数量上限是 “金牛” 和 “银牛” 的合计持股数量不能超过开曼公司总股本的 66%，即可以新认购 43636 股，此新认购的部分按照原来 “金牛” 与 “银牛” 的持股比例分配为 13975 股∶29661 股，分别划入 “金牛” 与 “银牛” 名下。这样，蒙牛系与私募投资者在开曼公司的股比变为 65.9%∶34.1%。

2003 年 10 月，三家战略投资者鉴于 “蒙牛股份” 当年的税后利润将超过 2.3 亿元，前期投资市盈率已经下降到 2.82 倍以下（外资以 2.16 亿元获得了近 1/3 的股权，因此市值仅约 6.5 亿元，2.16/2.3 × 0.33 = 2.82），因此，决定增大持有量，但是，牛根生坚决不放 32% 的最高外资投资底线，于是，新的投资只能以认购可转债这个新金融品种实现了。外资系斥资 3523.3827 万美元，购买未来转股价 0.096 美元/股的债权，等于以 0.74 港元/股的价格预订了 3.67 亿股上市公司股票（IPO 半年后可转 30%，一年后可全部转股）。

2003 年 10 月 20 日，毛里求斯公司以 3.038 元/股的价格增持了 9600 万股 “蒙牛股份”（其于 “蒙牛股份” 的持股比例上升至 81.1%），以人民币兑美元的汇率为 1∶8.27 计算，这笔款项的资金数量恰好等于二次增资资金。

2004 年 3 月 22 日，“金牛” 与 “银牛” 扩大法定股本，由 5 万股扩至 10 万股，面值 1 美元/股，这样一来，它们各有了 5 万股未发行的新股份。2004 年 3 月 22 日，“金牛” 和 “银牛” 向原股东发行 32294 股和 32184 股新股。2004 年 3 月 22 日，“金牛”“银牛” 分别推出 “公司权益计划”，“以酬谢金牛、银牛的管理层人员、非高级管理人员、供应商和其他投资者对蒙牛集团发展作出的贡献”。每份 “公司权益计划” 价格为 1 美元，受益者将其转换成对应的 “金牛”“银牛” 股权时，每股转换价格是：“金牛” 112 美元，“银牛” 238 美元。

2004 年 3 月 23 日，“牛氏信托” 诞生。牛根生本人以 1 元/份的价格买下了绝大部分（9099 份）金牛 “权益计划” 和全部银牛（17816 份）“权益计划”，加上他原来持有的 “金牛股份” 23019 股（占金牛全部股本的 27.97%），把这些股份的投票权和绝对财产控制权信托给牛本人，“权益计划” 受益人选择权、转股后募集的股金和转股后的投票权，也信托给牛。

2004 年 3 月 23 日，牛根生以各 1 美元的象征性代价，从三家外资投资者手中获得 8716 股开曼公司普通股，占全部开曼公司股本的 6.1%。为此，牛根生承诺，至少 5 年内不跳槽到别的竞争对手公司去或者新开设同类乳业公司，除非外资系减持上市公司股份到 25% 以下。这样一来，牛根生即使在 “蒙牛” 被外资系流放，他也不能再出去创业了。牛根生还承诺，10 年内，外资系随时随地可以净资产价格或者 2 亿元人民币的 “蒙牛股份” 总作价中较高的一个价格，增资持有 “蒙牛股份” 的股权。这样，即使牛根生将来有二心，操纵金、银牛，对抗外资系，外资系也可以轻松地增持 “蒙牛股份” 的股权，从而摊薄金、银牛对 “蒙牛股份” 的控制力，架空牛根生。

2004年6月10日，“蒙牛乳业”（02319.HK）在香港挂牌上市，并创造出又一个奇迹：公开发售3.5亿股（其中1亿股为外资持有的旧股），开曼上市公司的股份扩大为10亿股，公众超额认购达206倍，一次性冻结资金283亿港元，股票发行价格稳稳地落在了最初设计的询价区3.125～3.925港元的上限3.925港元，全面摊薄市盈率高达19倍，IPO共募集资金13.74亿港元。2004年上市后，蒙牛管理团队最终在上市公司持股54%，国际投资机构持股11%，公众持股35%。

（四）事件结果

1. 对赌胜利

第一阶段2002～2003年蒙牛与大摩的对赌是一种逐步的、试探性的博弈。而正是在这一阶段的博弈中，蒙牛管理层通过当年税后利润从7786万元增长至2.3亿元，增长194%，为继续进行对赌博弈增强了信任。随后，于2003年10月，大摩等三家外资战略投资者再次斥资3523万美元，购买3.7亿股蒙牛可转债，双方最终确立了6000万至7000万蒙牛股份的对赌筹码，开始了第二次对赌。而在第二次对赌中，蒙牛以出色的业绩提前完成了赌约，获得了胜利（如表2-1所示）。

表2-1　蒙牛2003～2005年收入与净利润情况

时间	收入（亿元）	净利润（亿元）
2003	40.17	2.303
2004	72.138（增长77%）	3.921（增长70%）
2005	108.25（增长50%）	5.555（增长42%）

资料来源：蒙牛2003～2005年报。

2. 私募股权获利退出，蒙牛完成融资，实现双赢

成功上市后，三家私募机构在IPO中共出售了1亿股蒙牛的股票，已经套现3.92亿港元。摩根斯坦利、鼎辉和英联分别卖出35034738股、11116755股及6348507股，分别相当于蒙牛已发行股本约2.60%，0.8%及0.4%。

2004年12月，摩根斯坦利等私募投资者行使第一轮可转换债券转换权，增持股份1.105亿股。增持成功后，三个私募投资者立即以6.06港元的价格抛售了1.68亿股，套现10.2亿港元。

2005年6月15日，三家私募投资者行使全部的剩余可转债，共计换得股份2.58亿股，并将其中的6261万股奖励给管理层的代表——金牛。同时，摩根斯丹利等投资者把手中的股票几乎全部抛出变现，共抛出3.16亿股（包括奖给金牛的6261万股），价格是每股4.95港元，共变现15.62亿港元（如表2-2所示）。

表 2-2　　　　蒙牛对赌协议融资情况

	时间	售出股份	套现金额
IPO	2004 年 6 月	约 1 亿股	3.92 亿港元
第一次转股	2004 年 12 月	约 1.68 亿股	10.2 亿港元
全部转股	2005 年 6 月	约 3.16 亿股	15.62 亿港元

资料来源：根据公开资料整理。

如表 2-3 所示，2004 年，蒙牛乳业通过对赌协议成功融资，并在香港证交所上市，以 19 倍的市盈率获得了高达 13.49 亿元的 IPO 融资，在资本运作方面，跑赢行业第一梯队。回想 5 年前刚刚成立成立时仅注册资本为 1398 万元的小企业，蒙牛可谓“一战成名”，从此身价百倍。

表 2-3　　　　伊利股份与蒙牛乳业上市融资比较

	伊利股份（600887）	蒙牛乳业（2319HK）
上市日期	1996.3.12	2004.6.10
上市地点	上海	香港
发行价	5.95 元股	3.925 港元股
IPO 融资额	1.02 亿元	13.49 亿港元
IPO 市盈率	12 倍	19 倍
持股公司		摩根士丹利、鼎晖、英联

资料来源：Wind 数据。

三、问题的阐释及分析

（一）成功完成私募股权融资，实现双赢的原因分析

1. 蒙牛拥有良好的自身条件

如前所述，蒙牛集团在牛根生的带领下，1999～2002 年，蒙牛不到 3 年就过了年销售额 10 亿元的大关，加入中国乳品行业第一集团。处在初创期的蒙牛具备良好的发展潜力与条件，以及专业化的管理团队，帮助企业在“对赌”中不断获得胜利。此外，作为一个纯民营的股份制企业，蒙牛在体制上具有先天的优越性。蒙牛自创立之始，就解决了股权结构不清晰这一许多中国企业先天不足的问题。没有政府性投资和国内投资机构入股，是一家完全由自然人持股的企业。

2. 蒙牛适时地选择了有力的合作伙伴

探索其他融资渠道失败给蒙牛提供了引入外资的机会，蒙牛对摩根提出的引入私募投资者的建议进行了分析论证，并多方请教当时香港以及内地的业界人士，最终开始与

摩根接触进行谈判。在融资谈判时，蒙牛也极力寻求其他优秀投资机构以引入多家投资机构。鼎晖和英联投资的加入在一定程度上有利于确保蒙牛在谈判中的地位，2002 年英联的加入把投资出价抬高了 20%。当初蒙牛选择摩根斯坦利为其投资的时候就考虑到了摩根斯坦利的品牌价值，蒙牛希望通过与这些知名投资机构的合作来促成自己国际战略的梦想。蒙牛对其他投资者的吸引在很大程度上是因为摩根斯坦利对蒙牛的投资所致。蒙牛在得到三家私募注资后，就获得了国际化发展的资本基础，不仅如此，蒙牛借此机会重组了企业法律结构与财务结构，形成了一个清晰的发展模式，还在相当程度上增强了蒙牛股份公司的信誉和市场影响力，可以说，没有私募的投资，蒙牛的影响力不会这么大。

3. 私募投资机构的丰富管理经验和专业投资水平

三家投资机构在为蒙牛提供了自身发展所急需的资金以外，还带来了先进的管理方法，改善蒙牛股份公司的股权、董事会、监事会结构，建立强有力的激励、约束和监督机制，重组企业法律结构与财务结构，规范蒙牛财务、管理、决策过程等，使公司内部与外部治理都得以改善，公司的品牌影响力不断增强，最终使公司价值不断提升。另外，三家私募股权投资在投资蒙牛股份公司的过程中设置了很苛刻的对赌协议，这对企业来说是相当大的督促与激励。

4. 私募投资机构选择合适的进入方式和退出机制

摩根对蒙牛以及中国的经济法律环境的深入认识为蒙牛私募融资提供了可行的外资进入方式，即以红筹股的形式海外上市。红筹股是指在中国境外注册，在中国香港上市而主要业务在中国内地或大部分股东权益来自中国内地的股票，这使民营企业蒙牛避开法律障碍而募集到海外资金。

（二）“对赌协议”分析①

1. 对赌协议概述

对赌协议的准确称谓是估值调整机制（Valuation Adjustment Mechanism，VAM），是指投融资巧方在达成投资协议时，由于企业未来发展情况的不确定，为保证投资者的权益，也为了激励融资企业管理层，而做出的一种约定。先设定某一指标，通常是销售收入或利润增长等业绩指标，也有企业行为，比如上市等指标，如果融资企业能在约定时间内达成指标，投资方将给融资企业一个利好的条件，利好条件一般是追加投资额或给予股权奖励，若没有，则是企业给投资方一个利好的条件补偿投资方的投资损失，双方的利好条件不一定保持一致。

对赌协议是一种附带条件支付的合同，其产生的根源是投融资双方对企业未来能否取得预期经营成果的不确定性，由于融资方对本身企业有更清楚的认识，所以相比较之下投资方在估值方面有更大的风险，对赌协议可以平衡由这种信息不对称而导致的投资

① 陈胜男：《对赌协议在企业私募股权融资中的实践分析——基于蒙牛和太子奶的对比》，西南财经大学硕士论文 2016 年。

方额外的利益诉求。所以，对于投资方而言，签订对赌协议尤为重要，可在前景不明的情况下提前锁定风险。除此以外，签订对赌协议还可以约束管理层行为，比如企业通常会夸大自身的增长实力以争取投资方更多的资金投入，而签订对赌协议可以约束此种行为，因为管理层若是报告给了投资方一个较高的增长率，那么投资方由于被误导，将会在对赌协议中约定一个更高的增长要求，使得企业的期望损失大于期望收益，从而使得企业管理层在一开始就会向投资方提供更为接近事实的信息。

对赌协议对融资方而言也是有价值的，签订对赌协议对企业管理层而言是一个激励机制，管理层必须竭尽全力来增加公司的业绩，达到约定标准。由此可知，对赌协议能将投融资双方的利益融合在企业的价值创造中，促进企业的良好发展。

2. 对赌协议的构成要素

（1）对赌协议的主体。

因为对赌协议本质上是一种附带条件支付的合同，所以对赌协议的主体就是签订合同的投融资双方。在我国，一般签订对赌协议的投资方都是具有海外背景的私募股权基金，这是因为对赌协议在我国资本市场上还没有成为一种常规制度设置，由于法律和监管方面的原因也无法被经常采用，反而是在国际风险投资资本对国内企业的投资中频频看到对赌协议的身影。签订对赌协议的另一方即融资方则多是有上市需求但又不满足上市标准的企业，此类企业一般身处朝阳行业，行业本身发展潜力大，且企业自身也处于快速扩张、高速发展的阶段，所以需要大量的资金支持，而传统融资渠道受限，所以寻求风险资本的青睐，最终成为对赌协议的另一主体。

（2）对赌协议的标准。

对赌协议的标准即对赌协议中约定所要达到的指标，对赌协议可以根据所要求的指标的不同来进行分类，我国的对赌协议所用指标多为财务绩效，如利润、销售收入或是增长率等，指标较为单一。而国外由于对赌协议运用历史比较长，对赌协议发展更为成熟，对赌协议指标也更为多样化，并且呈现出一种复合使用的趋势，在对案例进行分析之后，本文在对企业利用对赌协议融资提出建议时也会涉及对对赌指标选择方面的建议。

（3）对赌协议的筹码。

对赌协议的筹码通常为股权，还包括下一轮的投资额、现金、收益权、期权认购权、投票权等，涉及投融资双方的核心利益，是对赌协议中的重要内容，在对赌协议中还会明确对赌筹码的具体数量、方式等。如果融资企业达到约定的标准，那么投资方将对赌筹码按约定交给融资企业的管理层，如低价甚至无偿转让投资方所持部分股权给管理层等。如果没有达到约定的标准，则由融资企业管理层补偿给投资方相应的股权或是现金。

3. 对赌协议在中国的适用性分析

对赌协议是集对赌筹码的特殊性、投资方的强势性、高风险性、期望趋同性和法律条文复杂性于一体的融资工具。蒙牛的成功让很多民营企业纷纷效仿，但是结果却很不理想。有数据显示，我国企业参与对赌协议能真正获得成功的比率不到10%，可以说，对赌协议在我国融资实践中失败率极高。

永乐家电就是其中一个案例，2005年1月摩根斯坦利以及鼎晖创业投资5000万美元收购陈晓手中持有的20%永乐股份，在这次收购中，摩根斯坦利及鼎晖与永乐管理层签订了“对赌协议”，其核心内容是：永乐在2007年扣除非核心业务利润后盈利如果高于7.5亿元，投资人向管理层割让4697万股，利润低于6亿元，则管理层割让的股份达到9395万股，占到永乐上市后总股本的约4.1%。这份对赌协议的实质是保证大摩的投资收益水平稳赚不赔，而以当时永乐的年收入值来看，要实现对赌协中所规定的利润指标，在未来两年永乐的净利润年复合增长率至少得达到60%。对赌协议的签订让永乐失去了稳健的心态。2005年永乐一举收购了3家家电连锁企业，2006年永乐与大中达成了合并协议。但是过度的扩张不但难以带来净利润的提高，反而因整合与管理等成本，降低了企业自身的盈利能力。最终，2006年7月，国美电器收购永乐，永乐家电管理层最终失去了对企业的控制权。

4. 结合上述案例，中国企业在对赌协议中的经验总结

比较蒙牛的成功对赌案例与中国大多数的失败案例后，可以得到以下经验总结：

（1）企业领导者素质影响对赌协议成败。

在市场经济条件下，企业的兴衰成败，在很大程度上取决于企业经营管理者的素质，尤其是对发展中的中小型企业而言，组织架构不够完善，企业领导者的职业素养和专业能力之间的匹配程度，就决定了其所带领的团队表现和业绩水平。蒙牛乳业的创始人牛根生原是伊利乳业的生产副总裁，在这家行业龙头企业工作超过16年，个人的管理能力是经过一流企业的磨炼的，离开伊利时带走的几位技术、管理好手也成为其左膀右臂，所以蒙牛成立时规模虽小，但其人事管理方面却是走在前列的。而我国大多数企业走的是家族管理的道路，企业管理权力向家庭成员集中，企业内部管理没有章法，最终形成“内部人控制”的“家天下”，不利于企业的持续发展，最终业绩达不到对赌要求也不足为奇。

（2）客观估计企业自身增长能力。

客观估计自身业绩增长能力的关键是对未来行业、企业发展能力的合理估计。

客观估计业绩增长能力首先要关注所在行业的未来发展状况，蒙牛所属的乳制品行业是我国的朝阳行业，企业发展潜力大，这也是外资选择该行业的企业进行风险投资的原因之一。但是2008年三聚氰胺事件爆发，整个奶制品行业受到冲击，消费者的信任不足使得销售大减，最为一个优秀的企业，虽然不能完美地预期宏观经济的变动，但为自己留足余地应该不难。根据2010年乳业年鉴的显示，三聚氰胺事件之后，仅仅经过1年，2009年乳制品行业的恢复就远超预期，行业盈利能力也大幅提高，国家统计局的数据也显示，2009年，全国803家规模以上（国有和年产品销售收入500万元以上非国有企业）乳制品企业共实现利润总额104.56亿元，同比增长159.38%，销售利润率为6.44%，行业盈利能力大幅提高，由此可见，三聚氰胺事件虽然影响恶劣，但若是能做好企业的风险控制，这应该只是企业发展过程中省视自身的一面镜子，而非催命符。

客观估计自身业绩增长能力还要明确企业自身发展能力，无论是蒙牛还是其他企业，在接受对赌协议之前都拥有远超过对赌协议要求的业绩增长率，这也是为什么他们能冒着企业控制权旁落的风险签订对赌协议的原因之一。但是最终蒙牛成功而其他企业失败，原因之一在于蒙牛在对赌协议签订时处于初创期，其保持高速增长能力要远远高于大于对赌协议所要求的数据，而且长期保持这样的业绩增长。

（3）关注企业巧制权旁落风险。

民营企业创业者多数是白手起家，具有大胆开拓的精神，其创业成功给予其强烈的自信，在涉及企业价值评估时常常以过去经历过的高速发展时期的业绩能力为标准，高估自身未来发展能力，在这样的预测基础之下，急于获得高估值融资的企业家们很容易签下目标较高的对赌协议，对赌筹码常常也是足以撼动企业控制权的股权数量，从而埋下了企业控制权旁落的隐患。永乐家电正是这种行为的典型案例，创始人签下的对赌协议中规定永乐家电出现亏损，则管理层将交出企业控制权，过去的高速增长给予管理层强烈的信心，最终签下对赌协议，面对对赌要求慌了神，最终一赌成空。反观蒙牛，企业管理层在与外资签订第二次对赌协议时明确规定外资的股权比例不得超过总股权的三分之一，从而保证蒙牛管理层的绝对控股，外资在考虑到第一次对赌中蒙牛所展示出来发展实力之后，尽管被限制了股权比例，但是参与对赌能从企业发展中获得更多利益，最终同意了该条件。由此可知，企业在对赌协议谈判时应特别关注企业控制权旁落的风险，尽可能地在协议中与投资方争取，明确自身控制权问题。

（4）企业的核心竞争力是影响对赌成败的关键。

在蒙牛和永乐家电的案例对比分析后，可以看出一个企业的成败绝不单纯在于对赌协议的签订上，正确的逻辑关系应该是企业自身发展能力决定了对赌协议成败，而对赌协议成败反过来又影响企业的进一步发展。对赌协议对于一个企业而言到底是雪中送炭还是雪上加霜取决于企业自身的发展能力，而企业自身的发展能力取决于其核心竞争力。企业的产品是企业核心竞争力中贯穿始终的主题，但在企业发展的不同阶段，核心竞争力的培养所依赖的侧重点不同，在企业的初创阶段是人力，发展中期是管理，迈向成熟之后则是企业的品牌。人力主要是指领导者的个人素质，即领导者所具备的管理才能、经验及决策眼光等，管理是指企业的经营管理模式上，永乐家电便是败在这一步上，“慌乱”管理模式，资金链越来越紧张的扩张模式，都使得永乐家电早有隐患，所以才出现资金链稍有断裂企业便危在旦夕的状况，品牌则是企业最具经济价值的无形资产，依靠品牌的力量，产品的销售、企业的行业地位都将是质的提升。

提升企业的核必竞争力，企业才能获得高速增长，才能达到对赌标准。

（5）对赌协议合理设计，平衡投融资双方的权利义务。

在对赌博弈中，投资方总是为企业的发展规定一个相对较高的经营业绩目标，以求尽可能降低投资风险，而融资方在轻松获得大量投资资金的同时也承担了相当大的风险。由此可见，合理设计对赌协议，平衡博弈双方的权利义务，具有很重要的意义。

第一，合理设定和协商协议条款。从以上分析中可以看出，对赌协议条款最好设计为重复博弈的结构，重复博弈能够降低当事人双方在博弈中的不确定性，较好地解决信息不对称问题，并且能够提高融资者赢得协议的概率。

第二，正确认识对赌协议的利弊。投资方签订对赌协议的好处是控制企业未来业绩，尽可能降低投资风险：而融资方签订对赌协议的好处则是较为简便地获得大额资金，以达到低成本和快速扩张的目的。企业管理层在决定是否采用对赌方式融资时，应谨慎考虑各种因素，权衡利弊，避免产生不必要的损失。

摩根斯坦利、鼎晖、英联三家私募投资机构不仅在资本上给予蒙牛强有力的支撑，更是在管理等多方面对蒙牛进行指导。三家私募公司各有1名人员进入蒙牛股份公司董事会，其中焦震为公司董事会主席，是由 CDH China Fund LP. 委任的非执行董事，刘海峰为 MS Dairy Holdings 委任的非执行董事，金玉娟为 Aetis China Investment Company Limited 委任的非执行董事。外部董事的加入建立起强有力的外部约束机制，提高了董事会的运作效率，实现了治理结构的优化。此外，三家私募机构帮助蒙牛建立管理薪酬考核委员会、审计委员会等法人治理部门。此外监事会的作用也得到了很大提升，用蒙牛自己内部的话来说：私募进来之前监事会开会时大家也常提不同意见，讨论热烈但是投资者进来之后大家讨论问题更加到位，投资者问的问题比较尖锐，因为他们看的企业多了，投资方有效地利用了他们对重大决策的否决权。

（三）蒙牛成功私募融资对我国私募融资发展的启示

蒙牛选择外资而非本土资金进行私募融资的原因分析

第一，我国私募股权市场的发展时间较短，尤其是市场化的私募股权发展才是近年的事，作为长期投资模式，私募股权融资尚缺乏有力的投资历史来证明自己的能力，也缺乏市场优胜劣汰的大浪淘沙过程，短期行为较为明显。这与我国资本市场的发育和完善程度有关，也与经济、金融的发展阶段有关，是属于发展中的问题。

第二，我国的金融市场仍是以国有金融机构为主的，资金的供给方主要是国有机构，主要是以服务于政府的高科技创新、科研成果转化、产业发展战略，这些机构对程序的要求高于对盈利的要求。从目前来看，我国多数机构投资者对这一领域的投资受到了很多限制。因此，如何取得这些国有机构的认可，将其吸收为私募股权融资的投资者，成为当前私募股权融资迅速壮大的关键之一。

第三，我国 PE 相关法律法规尚不健全。虽然《公司法》《企业法》《信托法》三大法律已经对私募股权基金方式有了基本法律约束，但是国家尚未有针对私募股权的法律法规，各监管部门为了促进本部门所管辖的机构进入私募股权市场，纷纷出台了自己的规章制度，这使得理财市场、QDII 监管上不统一，进而延伸到私募股权市场。以机构监管为主的分业监管，已成为私募股权进一步发展的挑战。

第四，在资金规模及来源上，外资私募股权投资者表现得比本土私募投资者更活跃，其管理的资金规模大，投资规模也大。外资私募投资的投资人主要是海外的养老金、大学基金等专业投资者，它们是专门投资私募股权领域的FOF①，一般情况下，这种FOF的投资量占私募股权资金来源的50%以上。而本土私募投资的资金来源主要是企业、政府和个人，以2007年为例，本土PE资金中来自企业的占53.5%，政府占24%，个人占10.5%。资金来源的差异，尤其是长短期资金性质的不同，深刻影响了内外资机构的投资策略。

第五，在创新能力上，外资私募在创新方面更注重盈利模式创新，内资更看重技术创新尤其是传统行业中的技术升级、创新项目。因此投资时最关注项目企业的管理团队、市场需求和创新三方面的因素，所以，百度、小肥羊、九城、橡果国际等消费连锁、网络游戏、媒体行业中具有创新盈利模式的企业往往受到外资私募的青睐，而潍柴动力、同洲电子、大族激光等传统行业项目则为本土私募所关注。

第六，在投资后的增值服务方面，外资与本土私募资金也因背景差异表现出不同的特征，外资私募更侧重于对项目企业战略规划、人力资源、行业整合和激励机制的改进，本土私募则侧重在公司治理结构、后续融资和IPO服务上发挥作用。

第七，在退出方式上，外资与本土私募也表现出很大的不同。从已上市的案例看，外资私募由于对境外资本市场更加熟悉，其退出以项目企业境外上市为主，特别是2006年以前，中国境内实现成功退出的私募案例几乎都是外资私募在美国、中国香港等境外市场创造的，而本土私募只有在不断完善的境内资本市场上寻求机会。

第八，从私募本身的管理模式看，外资与本土私募之间的差异化其实更为明显。受国内法律环境的限制，超过80%的本土私募都采取了公司制的组织形式，而外资的主流私募几乎清一色以有限合伙制进行融资、投资、管理和决策。这也使得外资私募更注重合伙人的专业能力，而本土公司制的私募中，投资人的影响力更大。

参考文献

[1] 张加加：《企业私募股权融资风险研究——以蒙牛乳业为例》，广东工业大学2017年。

[2] 冯雪：《对赌协议博弈分析——以蒙牛集团的对赌协议为例》，载于《商业经济》2011年第5期。

[3] 柳岩：《内蒙古地区乳业国际竞争力的分析》，载于《北方经济》2006年第1期。

[4] 赵辉：《我国私募股权退出问题分析》，上海师范大学2012年。

[5] 王俊捷：《论我国证券私募发行法律制度的构建》，复旦大学2013年。

[6] 杨琪：《论金融支持我国动画产业发展的对策》，首都经济贸易大学2013年。

[7] 冯雪：《对赌协议博弈分析——以蒙牛集团的对赌协议为例》，载于《商业经济》2011年第9期。

[8] 吴慧元：《对赌协议案例分析》，载于《合作经济与科技》，2009年。

[9] 陈胜男：《对赌协议在企业私募股权融资中的实践分析——基于蒙牛和太子奶的对比》，西南财经大学2016年。

① FOF，Fund of Funds，基金中的基金或母基金，一种专门投资于其他投资基金的基金。内容来自百度百科。

案例3：宝[①]万股权争夺战，灰犀牛来了？

米歇尔·渥克在《灰犀牛》中将大概率事件比作狂奔而来的灰犀牛，大多数人都知道坏事有极大可能发生，但仍没有避免它的发生。2015年金融界最大的事件之一就是“宝能系”与万科争夺控制权，坐拥中国地产第一的龙头老大万科面对着如此庞大的“灰犀牛”，为何表现得毫无招架之力，甚至险些丢掉控制权？其中的原因究竟是什么？

改革开放以来，产权制度始终是经济改革的核心议题。作为产权改革的微观基础，股权改革对于产权改革的顺利推行具有重大的意义。从一定意义上说，股权结构是公司治理问题的逻辑起点。从广义的角度来看，股权结构包括股权的流通性结构和股权的持有者身份结构；从狭义的角度来看，股权结构是指公司中不同性质的股份或不同的持股主体所持有的股份在公司总股本中所占的比重，即股权集中或分散的程度。万科的股权过度分散是行业内公开的秘密，董事会持有股权比例过低是万科经历数次控制权危机的重要原因。

一、万科集团背景介绍

万科企业股份有限公司，即万科或万科集团，于1984年5月成立。1988年进入房地产行业，1993年将大众住宅开发确定为公司核心业务，是目前中国最大的专业住宅开发企业，也是股市里的代表性地产蓝筹股。2010年万科销售额突破1000亿元，率先成为全国第一个年销售额超千亿的房地产公司。

公司是中国最大的专业住宅开发企业，中国大陆首批公开上市的企业之一。在多年的经营中，公司坚持“不囤地，不捂盘，不拿地王”的经营原则；实行快速周转、快速开发，依靠专业能力获取公平回报的经营策略。产品始终定位于城市主流住宅市场，主要为城市普通家庭供应住房。公司坚持快速销售、合理定价，要求各地下属公司楼盘推出后当月销售率达到60%以上。同时，公司坚持规范经营，不追求高利润率。公司致力于通过规范、透明的企业文化和稳健、专注的发展模式，成为最受客户、投资者、

① “宝”指“宝能系”。宝能系是指以宝能集团为中心的资本集团。宝能集团成立于2000年，注册资本3亿元，姚振华是其唯一的股东。宝能集团旗下包括综合物业开发、金融、现代物流、文化旅游、民生产业等五大板块，下辖宝能地产、前海人寿、钜盛华、广东云信资信评估、粤商小额贷款、深业物流、创邦集团、深圳建业、深圳宝时惠电子商务、深圳民鲜农产品多家子公司。

员工、合作伙伴欢迎，最受社会尊重的企业。凭借公司治理和道德准则上的表现，公司连续八次获得“中国最受尊敬企业”称号。在2008年到2011年期间，整个房地产行业的发展可谓突飞猛进，销售额与利润额都处于较高水平，并保持较快的增长率。根据第八届中国房地产百强企业家峰会公布的数据，房地产百强企业净利润均值16.3亿元，增长速度高达47%，万科是其中的典型。

（一）“宝万之争”时代的管理团队

王石，男，1951年出生于广西。先后供职于广州铁路局、广东省外经贸委、深圳市特区发展公司；1984年组建万科前身深圳现代科教仪器展销中心，任总经理；1988年起任股份化改组之万科董事长兼总经理；1999年起不再兼任公司总经理，任万科董事会主席。在其领导下的万科企业股份有限公司，作为深圳证券交易所第一批上市的企业之一，由最初的小型电子仪器设备经销商，经过多年的发展，在2012年成长为全世界第一家年销售额超过200亿美元的房地产开发商。王石热心慈善，是“社会企业家”的倡导者，参加了“阿拉善SEE生态协会”并担任该协会的副会长，参与中国治理沙尘暴的事业。

郁亮，男，1965年出生。1988年毕业于北京大学国际经济学系，获学士学位。后于1997年获北京大学经济学硕士学位。曾供职于深圳外贸集团。1990年加入万科；1996年任公司副总经理；1999年任公司常务副总经理兼财务负责人；2001年起任公司总经理。1994年起任公司董事。时任公司总裁，还任上海美特斯邦威服饰股份有限公司独立董事。

解冻，时任监事会主席。1992年加入万科企业股份有限公司，历任公司人事部经理、人力资源部总经理、人力资源总监、万科企业股份有限公司副总经理，执行副总裁。曾于2006年到2007年被公司派到美国麻省理工学院进修一年。

丁长峰，时任公司高级副总裁。1992年进入万科，1994年8月任总经理办公室研究室副主任，1995年任《万科周刊》主编，1996年1月任万科东北经营管理本部总经理助理，1997年任万科东北本部副总经理，1998年任上海万科副总经理，1999年任万科企划部经理，2000~2005年任上海万科房地产有限公司总经理，2001年任公司执行副总裁，2005年10月任北京区域第一负责人。

刘肖，时任公司副总裁、北京区域本部首席执行官兼北京公司总经理。2009年入职万科企业股份有限公司，曾任万科企业股份有限公司投资与营销管理部总经理、浙江万科南都房地产有限公司总经理。

阙东武，时任万科集团副总裁、香港管理部董事总经理。1993年加入万科企业股份有限公司。曾任万科集团资金管理中心资金部经理、副总经理、集团资金总监、集团财务总监。

孙嘉，时任公司执行副总裁、首席财务官。2007年加入万科，曾任万科企业股份有限公司战略与投资管理部总经理，公司副总裁、上海万科企业有限公司总经理。

谭华杰，时任公司高级副总裁。2001 年加入万科企业股份有限公司，2008 年任万科企业股份有限公司董事会办公室主任，2009 年 3 月至 2016 年 3 月任万科企业股份有限公司董事会秘书。

王海武，时任公司副总裁、兼任成都区域本部首席执行官。2003 年加入万科企业股份有限公司，曾就职深圳万科房地产有限公司财务管理部，后担任东莞万科房地产有限公司财务管理部经理、副总经理、总经理。

王文金，时任公司首席风险官。1993 年加入万科；曾任万科财务管理部副经理、财务管理部总经理、公司财务总监、2007 年 8 月任集团助理总经理，2014 年任公司首席财务官。2007 年 10 月 26 日至今任公司执行副总裁，2016 年 3 月起任公司首席风险官。

王蕴，时任公司副总裁、集团建筑研究与工程采购中心总经理。2000 年加入万科企业股份有限公司。曾任集团规划设计部研究中心副经理、集团工程管理部工厂化研究中心经理、建筑研究中心助理总经理。

朱旭，时任公司董事会秘书。

（二）发展历程

1. 1984～1991 年：从商品贸易起步，由单一经营到多元化的经营阶段

1984 年，当时的万科以“现代科教仪器展销中心”的名称注册，国营性质，经营办公设备、视频器材的进口销售业务，王石担任公司经理。公司逐步开发大陆专业视频器材专业市场，成为深圳市最大的进口销售商。

1988 年，企业更名为“万科”。1989 年初，万科完成企业发展历史上的重要一步，即完成股份化改造，成功募集 2800 万元资金，成立深圳万科地产有限公司。1991 年 1 月 29 日，万科正式在深圳交易所挂牌上市，代码 000002，是深圳证券交易所第二家上市的公司。

2. 1991～1994 年：以房地产为主营业务，实现全国范围内扩张阶段

1991 年确定“综合商社”的发展模式后，实施多元化和跨地域的经营战略，实现急速扩张阶段。

1992 年，万科确立了以房地产为核心业务的发展战略，重点开发中国东南沿海地区的房地产和股权投资业务。

1993 年，把大众住宅开发确定为公司核心业务，业务覆盖到以珠三角、长三角、环渤海三大城市经济圈为重点的 31 个城市。1 月，在上海推出上海万科城市花园。该项目占地 37.6 万平方米，建筑面积 50.3 万平方米，是万科迄今为止投资规模最大的房地产项目之一。此时万科在内地的投资项目大多采用“0.4 投资法①”，目的是以大搏小，迅速扩大经营规模。同年 3 月，万科成功发行 B 股，筹资 4.5 亿港元。5 月 28 日，万科 B 股在深圳证券交易所上市，标志着万科融资渠道真正的走向了国际化。

① 万科出资 40%，其他项目合作人出资 60%。

3. 1994～2001年：房地产主营业务范围收缩与调整阶段

万科的多元化经营模式，给集团带来了困境。企业的经营规模在12亿至15亿元之间徘徊，利润上升乏力，从而导致集团的资源分散，无法形成主导行业。

1995年底，万科范围由全国的13个城市转为重点经营北京、天津、上海特别是深圳四个城市。

2001年，公司将近几年内直接及间接持有的万佳百货股份有限公司72%的股份转让给中国华润总公司及其附属公司，全面完成专业化调整战略，成为单一业务的房地产集团。

4. 2001～2003年：快速扩张期

三年时间，万科先后进入12个城市。从管理角度看，万科不仅形成了稳定的人力资源体系，而且在业务管理上也提出了相对完善的办法，为快速扩张奠定了坚实基础。与此同时，万科在扩张过程中对宏观调控政策也时刻关注着，针对不同的政策在公司的发展战略上进行相应的调整。2002年在土地出让上实行"招拍挂"政策。2003年万科提出"要积极拓宽融资渠道，考虑合作开发模式"和"加强市场和政策的研究，辅助经营决策"。这轮扩张使万科的经营额由2000年的37.80亿元飞速跃升到2003年的63.8亿元，翻了近一倍。

5. 2004年至今：战略指导下有质量的扩张期

2004年以后，万科提出了明确的扩张战略，即"由专业化到精细化"，"提出有质量的增长"。

万科集团自1984年成立以来，用20年做到了销售额100亿元，接着又用10年从100亿元做到了2014年的2000亿元，其业务规模的复合增长率超过了30%。

2008年至今，万科营业总收入及增长率如图3－1所示。

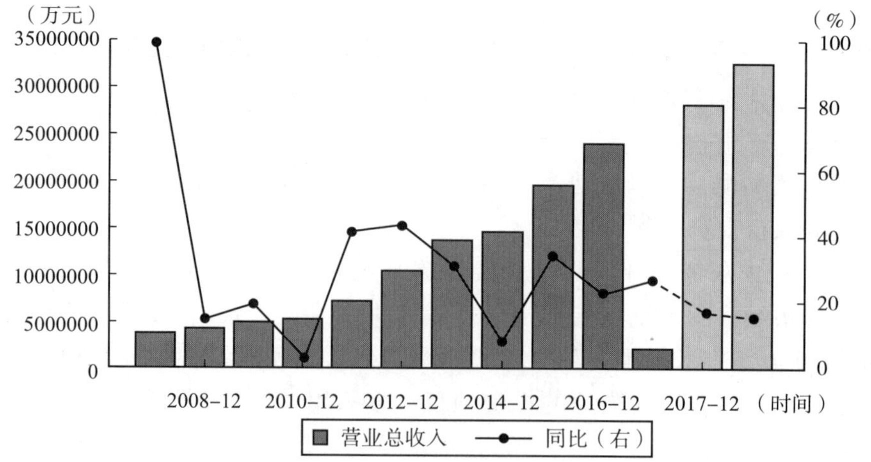

图3－1　营业总收入及增长率

资料来源：Wind资讯。

2011 年，万科宣布三大产品线以住宅开发为主，同时活跃于商业地产领域；2013 年 2 月，万科与铁狮门房地产公司宣布成立合资公司，万科持有合资公司 70% 股权，铁狮门持 30% 股权。截至 2014 年初，万科已经形成万科广场、万科红、万科大厦、万科 2049 四大商业产品线，在全国有在建、规划等 18 个购物中心项目，商业面积高达 150 万平方米。因此，万科率先成为全国第一个年销售额超千亿的房地产公司，相当于美国四大住宅公司高峰时的总和。2012 ~2016 年万科集团主营业务收入如表 3 –1 所示。

表 3 –1　　万科集团主营业务收入　　单位：元

行业	2012 年	2013 年	2014 年	2015 年	2016 年
房地产	101579716900	132787685100	143530092080. 20	190212835808. 18	234140296577. 54
物业管理	859322900	1471209500	1988012449. 59	2970383842. 24	4260251414. 57
其他业务	677205300	1159896500	869899968. 65	2365910370. 48	2076688931. 23
总计	103116245100	13541879. 11	146388004498. 44	195549130020. 90	240477236923. 34

公司在其发展过程中曾先后入选《福布斯》“全球 200 家最佳中小企业”“亚洲最佳小企业 200 强”和“亚洲最优 50 大上市公司”排行榜榜位，并多次获得《投资者关系》等国际上权威媒体评出的最佳公司治理、最佳投资者关系等奖项。

二、万科的股权结构

我国 A 股市场发展时间短，许多上市公司都存在一股独大的情况，即不管是国有企业还是民营企业，上市公司中的大股东既是董事长，又是总裁、总经理，公司整体自然由大股东控制。然而，随着公司发展壮大，增资情形增多，发行在外股份增多，大股东的股权被稀释，控制力也相应被削弱，这就可能使上市公司由一股独大发展为无实际控制人①的情况。万科就属于典型案例。

（一）股权变化历程

相比于万科堪称行业典范、教科书似的内部管理结构，万科的股权结构却是千疮百孔。这种近乎病态的股权结构，更像是一种反面教材，这也为万科的股权争夺战埋下了伏笔。纵观万科的股权改革历史（见表 3 –2）不难看出，尽管王石多次防范，但仍未抵挡住觊觎着万科千亿资产控制权的“灰犀牛”。

① 实际控制人就是实际控制上市公司的自然人、法人或其他组织。《公司法》规定，三分之一的控股比例可以否认任何重大事项，可以拥有相对控制公司的权利。一般而言，上市公司存在拥有三分之一以上持股比例的股东时，此公司存在实际控制人，否则公司不存在实际控制权。

表 3－2　　万科股权变化重要发展事件

时间	事件
1988 年	万科完成股份制改造，其中国家股 60%，职工股 40%，王石放弃股权，选择职业经理人身份
2000 年	万科引入华润集团为第一大股东，实行“积极不干预”的代理人机制，并长期与华润的高层维持友好关系
2014 年	万科推出事业合伙人制，1320 名员工通过资管计划，“盈安合伙”合计买入万科 4. 14% 的股权

资料来源：经资料整理总结。

如表 3－1 所示，在 2015 年以前，万科为了改善股权结构，于 1988 年开始股份制改造，2000 年引入华润作为第一大股东，2014 年实行“事业合伙人”制度，希望通过员工持股保证控制权。甚至，万科曾先后在 1993 年、2006 年与 2011 年推出过 3 次团队股权激励计划，但终究没能改变万科并没有实际控制人的现状，引发了控制权争夺战。

（二）万科股权结构问题——股权争夺的根本原因①

1. 股权极度分散

万科的股权分散程度在中国证券市场中是典型的一大特例。2014～2017 年万科企业股份有限公司前十大股东的持股比例如表 3－3 所示：

表 3－3　　2014～2017 年万科前十大股东持股比例

	2017 年一季报		2016 年年报		2015 年年报		2014 年年报	
排名	股东名称	占总股本比例（%）	股东名称	占总股本比例（%）	股东名称	占总股本比例（%）	股东名称	占总股本比例（%）
1	深圳市地铁集团有限公司	15. 31	华润股份有限公司	15. 24	华润股份有限公司	15. 23	华润股份有限公司	14. 91
2	香港中央结算（代理人）有限公司	11. 91	香港中央结算（代理人）有限公司	11. 91	香港中央结算（代理人）有限公司	11. 90	香港中央结算（代理人）有限公司	11. 91
3	深圳市钜盛华股份有限公司	8. 39	深圳市钜盛华股份有限公司	8. 39	深圳市钜盛华股份有限公司	8. 38	国信证券——工商银行——国信金鹏分级 1 号集合资产管理计划	3. 30

① 龚怡：《浅谈万科股权之争》，载于《时代金融》2016 年第 9 期下旬（总第 639 期）。

续表

	2017年一季报		2016年年报		2015年年报		2014年年报	
4	广州市欣盛投资有限公司	4.77	广州市欣盛投资有限公司	4.77	国信证券——工商银行——国信金鹏分级1号集合资产管理计划	4.14	安邦人寿保险股份有限公司——稳健型投资组合	2.13
5	国信证券——工商银行——国信金鹏分级1号集合资产管理计划	4.14	国信证券——工商银行——国信金鹏分级1号集合资产管理计划	4.14	前海人寿保险股份有限公司——海利年年	3.16	GIC PRIVATE LIMITED	1.32
6	前海人寿保险股份有限公司——海利年年	3.17	前海人寿保险股份有限公司——海利年年	3.17	中国证券金融股份有限公司	2.99	刘元生	1.21
7	招商财富——招商银行——德赢1号专项资产管理计划	2.98	招商财富——招商银行——德赢1号专项资产管理计划	2.98	招商财富——招商银行——德赢1号专项资产管理计划	2.98	UBS AG	1.08
8	安邦财产保险股份有限公司——传统产品	2.34	安邦财产保险股份有限公司——传统产品	2.34	安邦财产保险股份有限公司——传统产品	2.34	全国社保基金一零三组合	0.72
9	安邦人寿保险股份有限公司——保守型投资组合	2.21	中国证券金融股份有限公司	2.25	安邦人寿保险股份有限公司——保守型投资组合	2.20	中国建设银行——博时主题行业股票证券投资基金	0.65
10	西部利得基金——建设银行——西部利得金裕1号资产管理计划	2.04	安邦人寿保险股份有限公司——保守型投资组合	2.21	西部利得基金——建设银行——西部利得金裕1号资产管理计划	2.04	南方东英资产管理有限公司——南方富时中国A50ETF	0.65
合计		57.26		57.40		55.36		37.88

资料来源：Wind资讯数据库。

从表3-2不难发现，公司的前十大股东持股总和刚过半数。更有数据显示，1993～1997年这5年间，万科最大股东的持股比例始终没有超过9%。1998年前十名股东的持股比例总共为23.95%，是典型的大众持股公司。2000年，引入华润集团成为大股东后，万科依旧没有改变股权分散的状态。截至2014年底，万科前十大股东合计持股共约37.88%。

2. 外部机构是万科的最大股东

2015年宝能系在二级市场大肆收购万科股份前，华润一直身居万科大股东多年，其持股比例显著高于其他股东。但即便如此，万科表示华润仅是公司第一大股东，且始终强调公司无控股股东和实际控制人。

3. 经营团队是小股东

外界早已将万科看作是以王石、郁亮为代表的管理层主导的上市公司，尽管管理层持股非常有限（王石持有0.052%，郁亮持有0.05%，盈安合伙持有4.14%）。在股权极度分散和华润的支持下，职业经理人在公司经营权上拥有了绝对的话语决策权。

（三）万科三大“失衡关系”① ——股权争夺的直接原因

1. 身份失衡

王石是职业经理人，但他付出的是一位创始人的贡献。王石从1984年起参与组建万科，时光让昔日的“小鲜肉”变成了如今的“老腊肉”。1988年万科改制，王石选择做一名职业经理人，但是他一直以一位创始人的姿态带领着万科一路向前。在万科的发展历程中，建立“专业化+规范化+透明度”的管理体制，树立“不行贿”的价值观底线，着力打造优秀的职业管理人团队，到如今成为全球最大专业住宅开发商，这一切都离不开王石的付出，王石如同万科的“魂”。

2. 权利失衡

王石选择作为职业经理人，却想寻求大股东的控制权；1988年万王石选择放弃股权，与当时的社会环境是分不开的。

3. 利益失衡

公司的所有权和经营权相分离，造就现有“所有人不经营，经营人不所有”的格局。

三、宝万控制权争夺战

（一）“宝能系”

宝能集团董事长姚振华通过深圳宝能投资集团有限公司（“宝能集团”）及宝能控股（中国）有限公司（“宝能控股”）控制的下属企业及核心企业多达49家。而且据接近宝能系的相关人士称“这还不是全部，如果加上其他参股的公司及关联公司，可能多达百家”。这些公司往往交叉持股，而宝能集团、宝能控股和钜盛华更多扮演了持股公司的角色（如图3-2所示）。前海人寿和钜盛华是此次事件的主要参与人。

① 龚怡：《浅谈万科股权之争》，载于《时代金融》2016年第9期下旬（总第639期）。

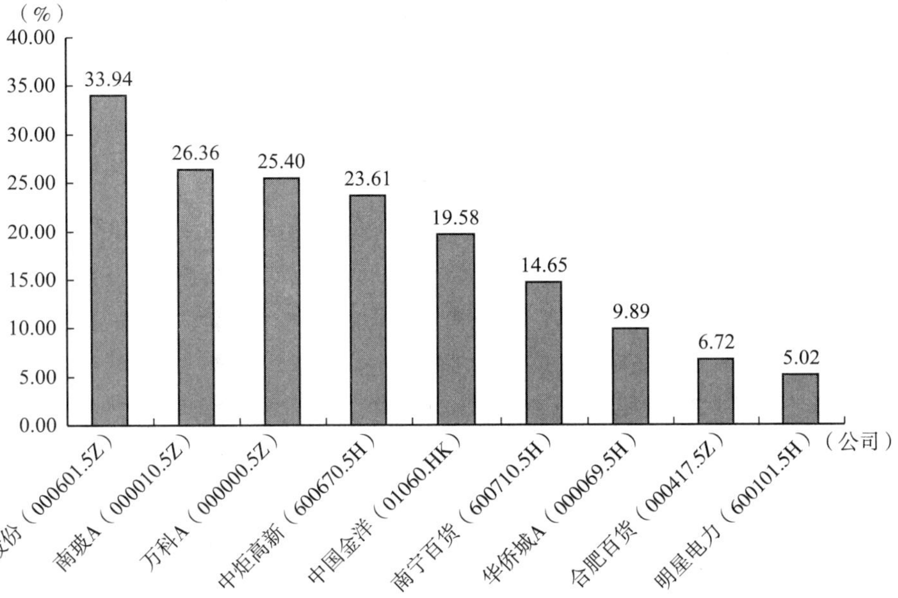

图 3－2　宝能系 2016 年 7 月持股数据

资料来源：新浪财经。

（二）事件发生始末①

1. 宝能系频繁举牌，成为万科第一大股东

2015 年 7 月 10 日，前海人寿通过深交所证券交易系统集中竞价交易买入万科 A 股 55272. 7926 万股，占万科总股本的 5%，是宝能系第一次举牌。

2015 年 7 月 24 日，宝能系第二次举牌，持股比例达到 10%。其中前海人寿通过深交所证券交易系统集中竞价交易买入万科 A 股 10294. 5738 万股，占万科总股本的 0. 93%。钜盛华通过深交所证券交易系统集中竞价交易买入万科 A 股 2804. 051 万股，占万科总股本的 0. 26%；以收益互换的形式持有 42157. 455 万股万科 A 股股票收益权，占万科总股本的 3. 81%。

2015 年 11 月 17 日，宝能系第三次举牌，其中钜盛华通过普通证券账户持有万科 A 股 88871. 3162 万股，占万科总股本的 8. 04%，通过信用证券账户持有万科 A 股 3735. 731 股，占万科总股本的 0. 34%；前海人寿通过普通证券账户持有万科 A 股 73587. 7445 万股，占万科总股本的 6. 66%。钜盛华和前海人寿合计持有万科 A 股股票 166194. 7917 万股，占万科总股本的 15. 04%。

2015 年 12 月 4 日，宝能系第四次举牌，持股比例达到 20. 008%。钜盛华通过资管计划在深交所证券交易系统集中竞价交易买入万科 A 股股票，占万科现有总股本的 4. 969%。本次权益变动后，钜盛华和前海人寿合计持有万科 20. 008% 的权益。万科公告第一大股东变更，钜盛华及其一致行动人前海人寿合计持有万科 A 股股票

① 根据万科公告及资料整理。

221103.8918 万股，占万科总股本的 20.008%，为万科第一大股东。

2015 年 12 月 7 日，安邦人寿保险股份有限公司、安邦财产保险股份有限公司、和谐健康保险股份有限公司和安邦养老保险股份有限公司分别持有万科 2.58%、1.38%、0.8% 和 0.24% 股份，合计持有万科 55252.6304 万股，占万科总股本的 5.00%。

2. 王石正式宣战宝能系，万科多举措应战

2015 年 12 月 17 日，王石首次针对钜盛华所属的宝能系举牌万科发声，不欢迎宝能系成为万科第一大股东。这是宝能系介入万科股权以来，万科管理层首次正面表态。不欢迎宝能系成第一大股东的原因有四点：信用不足，能力不足，短债长投、风险巨大和华润作为大股东角色重要。"万宝之争" 正式打响。

2015 年 12 月 18 日，万科停牌筹划资产重组，A 股和 H 股同步停牌。

2015 年 12 月 24 日，宝能系持续增持万科股票，其中钜盛华持有万科 194551.8279 万股，占万科总股本 17.605%；前海人寿持有 73587.7445 万股，占万科总股本的 6.659%，钜盛华和前海人寿合计持有万科 24.26% 的权益。

2015 年 12 月 31 日，安邦保险以控制的法团的权益身份间接对万科 68258.3814 万股 A 股拥有权益，有关股份占万科 A 股股份的比例为 7.0%，占万科总股份的比例升至 6.18%。

2016 年 3 月 13 日，万科公告称，已经于 3 月 12 日与深圳市地铁集团有限公司签署了一份合作备忘录。收购标的初步预计交易对价介于 400 亿 ~600 亿元之间，拟主要以定向增发股份的方式支付对价。

2016 年 4 月 8 日，万科公告称，公司股东钜盛华于 4 月 6 日与其一致行动人前海人寿签署了表决权让渡协议，钜盛华将其直接及间接持有的万科约 14.73 亿股股份所对应的全部表决权不可撤销的、无偿让渡给前海人寿。

2016 年 5 月 31 日，钜盛华及其一致行动人持股数占万科总股本的 24.29%，为第一大股东。华润股份持股数量未变，持股比例升至 15.24%。

2016 年 6 月 17 日，万科拟以发行股份的方式购买深圳地铁持有的深圳地铁前海国际发展有限公司 100% 股权，初步交易价格为 456.13 亿元，全部交易以对价交易发行股份方式支付，初步确定对价股份的发行价格为 15.88 元/股，若增发成功，深圳地铁将获得万科 20.65% 的股权。

2016 年 7 月 1 日，万科公告称，公司 A 股股票将于 2016 年 7 月 4 日开市起复牌。同月，万科工会委员会起诉宝能损害股东利益的诉讼，深圳市罗湖区人民法院已经受理此案。

2016 年 7 月 6 日，宝能系两度增持万科股票，触发第五次举牌。据万科公告，7 月 5 日 ~7 月 6 日，钜盛华通过资产管理计划在二级市场增持公司 A 股股份 7839.23 万股，占公司总股份的 0.71%。至此，钜盛华及前海人寿所持有股份占公司总股份的比例为 25%。

2016 年 7 月 19 日，万科向证监会、深交所等四部门提交了一份名为《关于提请查处钜盛华及其控制的相关资管计划违法违规行为的报告》，该报告提及宝能系的九个资产管理计划于二级市场持续增持万科 A 股，目前合计持股占万科总股本之 25.4%。宝能系控制的筹码将距离触发 30% 的要约收购线只有一步之遥了。

3. 深圳地铁替代华润集团持股万科，争夺战暂时告一段落

2016年8月4日，恒大共计斥资91.1亿元，买入万科约5.17亿股，占万科总股份的4.68%。

2016年9月，深圳中院就已做出判决，支持了罗湖地方法院的原判，并形成了终审裁定，万科工会胜诉。

2017年1月13日，据媒体报道，华润集团将出让在万科集团所持的股份，其股权的接盘方为深圳地铁集团。

（三）事件分析

宝万之争的焦点是公司的控制权。宝能系试图通过万科控制权获得更多的利益。从整个收购过程来看，宝能对万科的收购并不是一时的时机把握，而是蓄谋已久的。首先，宝能在第一次的股灾对万科是大笔买入，直接占有其10%左右的股票，这是在低位买入，其资金量已经高达79.45亿元。对于宝能集团来说，这是对资金的一大笔占用，调动这么多的资金并非一日之功，那么其动机就是早有准备；其次，在第二波股灾中，宝能通过增加注册资本对万科发起了攻击，直接买入万科集团5.04%的股份，此时宝能收购的意图已昭然若揭；最后，前两次的股票收购都是在低位进行，如图3－3所示，但是从在2015年12月宝能通过多项融资在涨停板加仓增至24.26%，充分体现了宝能对万科收购所做的准备极其充分。

图3 3 2015年10月至2016年7月万科股价走势

数据来源：长城证券。

从财务协同性的角度来看，宝能系对万科的收购是合理的。主要表现在兼并后宝能集团的贷款能力大于兼并前两个公司的承受能力，提高投资节税，同时对后来公司的证券发行成本和交易成本带来规模经济，特别是在国家发展资本市场的大环境下，其收益是客观的，有效降低了宝能的融资成本。

从营运协同性的角度来看，利用万科的品牌名气和巨大的资金与行业地位，以及优异的管理系统与团队，势必可以给自己未来的各种投资计划带来满意的回报率。同时，宝能也能够通过兼并来发挥规模经济和范围经济，使得成本得以降低。

从理论上讲，当宝能系持有万科集团的股权达到20%以后，将进而转为权益法核算，这意味着万科净利润将按比例进行前海人寿和钜盛华的投资收益。如果前海人寿和钜盛华买入的成本在330亿元，而万科能保持在200亿元左右的净利润，那么此笔投资的净资产收益会达到12%左右，宝能系还是有利可图的。

而万科对宝能系的“野蛮”行径并不是毫无防备，万科在公司章程方面双重设防。除了之前提到的万科“无控股股东和实际控制人”，万科2014年6月颁布的新版《公司章程》第五十七条对于万科“控股股东”以明确定义，主要包括四大条件，即相关方单独或者与他人一致行动时，可以选出半数以上的董事；或相关方单独或者与他人一致行动时，可以行使公司30%以上（含30%）的表决权或者可以控制公司的30%以上（含30%）表决权的行使；或相关方单独或者与他人一致行动时，持有公司发行在外30%以上（含30%）的股份；或者相关方单独或者与他人一致行动时，以其他方式在事实上控制公司。

对一路单兵突进的“宝能系”而言，未来若想控股万科，最现实有效的办法就是将持股比例升至30%。但不得不提，不管是前海人寿还是钜盛华，宝能系增持过程中几乎都运用了资金杠杆，而未来若想名正言顺持股万科，则还需掏出约200亿元，这将加大其资金压力。更需指出的是，一旦宝能系持股超过30%，便要触及要约收购红线，这意味着其收购成本将进一步增大。

另外，即使宝能系不惜成本成为控股股东，但能否掌握万科充满了未知。万科《公司章程》第九十五条明确提出，公司保障股东选举董事、监事的权利。股东大会在选举董事、监事时实行累积投票制。这种表决权方式，正式为了防止“一股独大”，以万科管理层和华润等盟友的持股比例高于宝能系的情况来看，倘若后者仓促改选董、监事会，也未必能拿下半数席位。①

四、问题的诠释及评价

“宝万之争”是2015年地产行业的重大事件，这一事件从两个角度引发了我们对整个行业的思考。一方面以万科为代表的拥有较为分散的股权结构上市公司引来的险资举

① 徐锐、朱楠:《万科章程埋伏笔“宝能系”登堂入室》，载于《投资与证券》转载《上海证券报》2016年第3期。

牌现象，在当前宽松货币政策大背景下，缺乏支配性地位股东的上市公司，尤其是业绩有保障、重估价值远超市值的地产公司，将成为险资或产业资本青睐的投资标的；另一方面，关于股权的构成，即各个不同背景的股东集团分别持有股份的多少。在我国，就是指国家股东、法人股东及社会公众股东的持股比例。从万科公司前十大股东来看，其股东性质有国有、社会其他和外资，而2016年确定与万科合作的深圳市地铁集团有限公司属于地方性质。股东的性质不同，则其经营的目的、手段方式和管理等方面都会有较大的不同。目前中国的房地产泡沫已经较为严重。万科作为中国甚至世界最大的住宅类房地产开发商，它的一举一动都备受关注。如华润一类的国有控制，或许会站在百姓的利益上经营决策；若为地方控制，可能更多有利于地方的发展，向地方的利益靠拢。所以，企业的股权构成也尤为重要。另外，频繁的股权变动势必会对企业的经营造成影响。

（一）万科股权变更对企业财务的影响

1. 偿债能力分析

偿债能力能够间接地反映企业经营业绩的好坏。偿债能力又可划分为短期偿债能力和长期偿债能力，表3－4是针对最能代表短期偿债能力的流动比率、速动比率和代表长期负债能力的资产负债率进行分析。

表3－4　偿债能力分析

报告期	2014－12－31	2015－12－31	2016－12－31
流动比率	1.34	1.30	1.24
速动比率	0.43	0.43	0.44
资产负债率	77.20	77.70	80.54

资料来源：Wind资讯数据库。

一般来说，流动比率越大，企业的短期偿债能力越强。国际上认为流动比率为2的时候比较合理，但是由于行业的产业流动比率处于1～3，都视为正常。由表3－4可得，2014～2016年万科的短期偿债能力基本处于正常范围内，但有下降趋势，说明万科集团股权的变化会对其短期偿债能力产生一定影响。

通常，速动比率为1时较为合理。由表3－4可得，万科集团的速动比率较低，且基本保持不变。

资产负债率越小，说明公司在经营活动中利用债权人的资金越少，债权人所提供的账款就越安全。通常来说，资产负债率在40%～60%之间是较为理想的状态，《公司法》规定，上市公司的资产负债率不能高于70%。从表3－4可以看出，2014～2016年，万科集团的资产负债率远远超过70%，且2016年增加到80.54%。这说明在长期中，公司在经营活动中利用债权人的资金较多，债权人所提供的账款会相对不安全。

2. 营运能力分析

营运能力是分析资产的周转状况，反映企业对资产的利用效率。以下是对万科营运能力的分析（见表3-5）。

表3-5 营运能力分析

报告期	2014-12-31	2015-12-31	2016-12-31
存货周转率	0.32	0.40	0.41
应收账款周转率	58.87	88.79	104.88
总资产周转率	0.30	0.35	0.33

资料来源：Wind资讯数据库。

存货在流动资产中占比大且流动性最弱，存货的周转速度对企业的短期偿债能力有很大影响。从表3-5可以看出，万科近三年的存货周转率稳步上升。

通常来说，应收账款数值越高，说明公司应收账款流动性越强，收账速度越快，可以有更多的资金投入生产经营。由表3-5可以看出，万科的应收账款周转率逐年增加，说明应收账款的收回速度加快，资金滞留在应收账款上的数额减少，资金的使用效率呈上升趋势，投入生产经营的资金增加，即进一步解释了股权分散的特点对其的促进作用。

资产周转率是营业收入与平均资产占用额的比值，衡量指标有流动资产周转率、固定资产周转率、总资产周转率等，其中总资产周转率是考察企业运营效率的综合指标，按照常规情况，总资产周转率越大，说明企业用总资产创造的收入就越高，其经营业绩也就越好。从表3-5可以看出，万科的总资产周转率有上升趋势且有所波动，2016年相比2015年有所下降，其原因是“万宝之争”所产生的影响。

3. 盈利能力分析

盈利能力是指企业的资本增值能力，可以直观地反映企业经营业绩的好坏，以下是对万科盈利能力的分析（见表3-6）。

表3-6 盈利能力分析

报告期	2014-12-31	2015-12-31	2016-12-31
每股收益（元）	1.43	1.64	1.90
净资产收益率（%）	-9.16	1.27	2.46

资料来源：Wind资讯数据库。

每股收益即每股盈利，是指股东所持有公司一股股票所能享受的净利润，或者必须承担的公司净亏损，是衡量股东的获利水平以及投资风险的指标。万科集团2014~2016年每股收益不断提高，由2014年的1.43元到2016年每股股票赚取1.90元，说明公司的盈利能力在持续提升，经营状况良好。

净资产收益率及股东权益报酬率，用来反映公司权益资本的利用率，其数值越高，说明公司对财务杠杆的运用越好，股东的获利水平越高，其经营业绩也就越好。从表3－6中明显可以看出万科的净资产收益率2014～2016年一直处于上升状态，经营业绩逐年回升。

4. 发展能力分析

发展能力可以间接地反映公司的经营业绩，发展能力好的公司经营业绩自然好。以下是对万科企业发展能力的分析（见表3－7）。

表3－7　　发展能力分析

报告期	2014－12－31	2015－12－31	2016－12－31
主营业务增长率（%）	8.10	33.58	22.98
营业利润增长率（%）	2.96	32.60	17.82

资料来源：Wind资讯数据库。

由表3－7可知，万科集团的主营业务增长率2015年比2014年有快速的提升，说明万科集团的盈利能力一直在提升，公司的成长性良好。而在2016年又有所下滑，说明这一年其主营业务收入有所降低。

万科集团的营业利润增长率在2014年相对较低，由于资产重组调整结果明显，2015年营业利润增长率急速回升，而后又有所下滑，下滑原因是因为持续近一年的“宝万之争”。

5. 杜邦分析

杜邦分析是以股东权益报酬率为核心的财务指标，能够系统、综合地分析企业的盈利水平。它将企业的净资产收益率逐步分解成为财务比率的乘积，对企业的经营业绩进行深度分析和比较。

股东权益报酬率＝销售净利率×资产周转率×权益乘数

由表3－8可以看出，万科集团股东权益报酬率先上升后又有所回落。

表3－8　　杜邦分析

报告期	2014－12－31	2015－12－31	2016－12－31
销售净利率	13.18	13.27	11.79
资产周转率	0.30	0.35	0.33
权益乘数	5.98	5.94	6.75
股东权益报酬率	23.64	27.59	26.26

资料来源：Wind资讯数据库。

以上分析可以看出，股权结构对公司经营业绩会产生较大影响。万科有股权结构分散的特点且流通比例高，在股改之前，万科股票的流通比例就达到了86.63%。

除此以外，2016年8月21日晚间，万科A披露半年报，披露了股权大战带来的影响：第一，6月底至8月初，万科已有31个合作项目因股权问题而被要求变更条款、暂缓推进或考虑终止合作；第二，6月底以来，万科A的合作伙伴、客户、员工和其他中小股东对公司前景的担忧进一步加剧；第三，近来万科物业的5个洽谈合作项目暂缓、变更或考虑终止合作，一家物流地产的合作方要求万科物业调整合作条款，多家境外基金和银行暂缓了项目合作与贷款；第四，团队稳定性受到冲击。另外，万科A还表示，钜盛华以实益拥有人的身份直接持有万科A的股票为9.26亿股，质押或冻结的股份数量为8.89亿元，质押比例近96%。

（二）评价

自从党的十八届三中全会召开以来，中国进入深化改革的新时期。一是制约市场发展的各种壁垒被逐渐攻破，市场活力得到进一步释放；二是新的经济环境也催生出一些前所未有的新现象和新问题。关于这宗宝能收购万科的案件，相关业界众说纷纭本来是无可非议的，但其最主要的原因是宝能的出生为民营资本企业，由于自身发展存在诸多问题，参与到二级市场举牌，对市场和企业有一定的负面性。十八届三中全会公报提出“建设统一开放、竞争有序的市场体系，是使市场在资源配置中起决定性作用的基础”。市场在资源配置中的作用，从十六大的“基础性”到十八大的“决定性”，两字之差，意义非凡。也可说，“宝万之争”给中国的资本市场带来一次观念和思想的解放。民营资本的“以小博大”体现了各类所有制资本面对的竞争环境愈加公平，说明在合规框架内，民营资本完全能够按照资本的运作规则充分发挥其固有作用，从而不再受对不同资本所有者的差别对待，这本身就是资本市场的进步；从另一个角度看，以“宝能”为代表的中小企业在竞争中表现出的“鲶鱼效应”① 也有助于进一步激发各类大型企业的活力。综上所述，在资本经济社会里，资本有决定的话语权，对资本要尊重与敬畏。

万科的股权变化案例告诉我们在享受资本市场发展好处的同时，企业内部也需提前做好准备，必须按《公司法》《证券法》《公司章程》的规定办事，符合法律程序。通过完善的公司治理制度，应对进入资本市场可能面临的种种风险。要进一步完善股东大会、董事会、经营层之间的授权与分工。建立独立董事制度，确保选聘的独立董事与公司没有直接的产权关系和其他利益关系，保证董事会的公平、公正，即提升公司的内部治理能力。

因此，万科股权事件涉及情怀和规则、市场和法治，涉及范围也很广，既涉及经济问题也涉及政治问题，不仅涉及监管体系要分业还是综合的问题，还涉及中央和地方、

① 鲶鱼效应（Catfish Effect），是指鲶鱼在搅动小鱼生存环境的同时，也激活了小鱼的求生能力。鲶鱼效应是采取一种手段或措施，刺激一些企业活跃起来投入到市场中积极参与竞争，从而激活市场中的同行业企业。其实质是一种负激励，是激活员工队伍之奥秘。

国有和民营等，股权事件已然成为当今中国企业界和经济界持续的热点事件，在国际上也引起相关人士的广泛关注。值得注意的是，股权事件并不是个案，在过去也时有发生，只是没有万科集团如此之大的影响力而已。

现实中，影响股权结构的因素有很多，既有法律规范、国家政策等一系列宏观因素，也有企业规模、所在行业等相关的微观因素。随着这些因素的变化，股权结构会随之调整。因此，股权结构具有动态属性。当前我国公司的股权结构存在许多弊端：一是股权过度集中，且很多集中于国家股股东手中；二是股东实力分布不均匀，股权制衡失效现象存在。随着在理论和实践中对“一股独大”的反思，以及市场化程度的改善，我国上市公司的股权结构也在不断地调整。

因此，当前的社会环境下，股权结构的相关研究至少还应该包括以下几个方面：一是实际股权比例不是最优的情况下，企业如何根据各种内外环境因素及时调整其实际股权比例，以达到最优的状态；二是建立在股权结构调整机制基础上的股权结构的优化路径。

参考文献

[1] 龚怡：《浅谈万科股权之争》，载于《时代金融》2016年第9期下旬（总第639期）。

[2] 万立全：《中国上市公司股权结构及其动态调整的理论与实证研究》，经济管理出版社2014年版。

[3] 万立全：《上市公司实际控制人财务行为的治理效应研究》，西南财经大学博士论文2009年。

[4] 张立田：《地产行业的领跑者——万科案例研究》，对外经济贸易大学硕士论文2007年。

[5] 寇佳丽：《如何争夺上市公司控制权》，载于《经济》2016年。

[6] 孙雪等：《万科企业股份有限公司的财务分析》，载于《企业导报》2013年第16期。

[7] 李营营：《我国上市公司并购中存在的问题——基于万科股权连环争夺战的分析》，载于《经营管理者》2016年第18期。

[8] 王超、杨红艳：《完善我国股权激励制度思考——基于G万科股权激励方案的分析》，载于《财会通讯》2007年第4期。

[9] 丁守海：《股权分置改革效应的实证分析》，载于《经济理论与经济管理》2007年第1期。

[10] 李华：《中国上市公司股权结构及其优化研究》，复旦大学经济学院硕士学位论文2003年。

[11] 万立全：《股权分置改革实证研究综述》，载于《财会月刊》2009年第30期。

[12] 贺思杰：《房地产行业的融资研究——基于万科的案例分析》，中央财经大学硕士学位论文2011年。

[13] 罗堃：《“万宝之战”的启示》，载于《潮商》2015年第6期。

案例 4：沃伦·巴菲特的伯克希尔·哈撒韦公司

沃伦·巴菲特（Warren Buffett）在不到半个世纪的时间内创造了数百亿美元的投资收益，演绎了一段不朽传奇，也因此被称为“股神”。巴菲特把其导师（本杰明·格雷厄姆）的价值投资理论发挥到极致的同时吸取整合了菲利普·费雪的成长股理论，形成了独特的巴菲特式的投资风格，在这样的投资理念下，他所领导的伯克希尔·哈撒韦公司创造了世界上最贵的股票。2017 年巴菲特的身价达到 747 亿美元，超过了全世界 70% 国家全年的 GDP。因此，研究巴菲特投资思想演进的轨迹和发展规律，对我国投资者提升投资理念和方法具有极为重要的参考价值和借鉴意义。

一、沃伦·巴菲特的投资理念形成①②③④

1930 年 8 月 30 日，沃伦·巴菲特（Warren Buffett）出生于美国内布拉斯加州的奥马哈市，巴菲特自少年时期就钟情于股票、数字及统计，显现出了过人的投资意识。巴菲特从 11 岁开始投资第一只股票到 2017 年，巴菲特已经从事他热爱的投资事业达 76 年了，从他的交易历程（见附件）中不难看出，名师的指导，勤奋的学习，不断地实践造就了“股神”成功之路。

除了勤于实践，不得不提的是巴菲特独特的投资理念。导师本杰明·格雷厄姆、合伙人查理·芒格以及投资大师菲利普·费雪都是“巴氏投资理念”形成的重要来源。

（一）导师：本杰明·格雷厄姆

格雷厄姆与其合伙人纽曼组建的格雷厄姆·纽曼公司，1936～1956 年的年收益率不低于 14.7%，高于同期股票市场 12.2% 的整体收益率，而这一成绩可以跻身于华尔街有史以来最佳长期收益率之列。

格雷厄姆凭借 1934 年底完成的《有价证券分析》创建了较为完善系统的证券行业

---

① 咎胜锋：《从格雷厄姆、费雪到巴菲特——价值投资理念的分析》，载于《黑龙江金融》2004 年第 4 期。

② 刘建位：《巴菲特股票投资策略》，机械工业出版社 2005 年版。

③ 本杰明：《格雷厄姆，格雷厄姆投资指南》，江苏人民出版社 2001 年版。

④ 格林威尔：《价值投资：从格雷厄姆到巴菲特》，机械工业出版社 2002 年版。

投资理论，奠定了证券分析大师和“华尔街教父”的不朽地位。本杰明·格雷厄姆主张通过分析企业盈利情况、资产情况及未来前景等因素评价股票的投资理念影响了巴菲特的一生。1942年格雷厄姆的经典著作《聪明的投资人》问世，年轻的巴菲特正是由于此书毅然决定选择哥伦比亚大学就读，并终生追随格雷厄姆，甚至巴菲特成名后在奥马哈大学教授《投资学原理》课程时也曾把这本书作为教材。

格雷厄姆的内在价值理论和安全边际理论深深地影响了巴菲特，而这些理论也奠定了巴菲特投资方法论的基础，也将其引导到正确的投资道路上，造就了一代“股神”和庞大的投资帝国伯克希尔·哈撒韦公司（Berkshire Hathaway cooperation）。

（二）合伙人：查理·芒格

查理·芒格（Charles Thomas Munger）是当代投资大师，也是巴菲特长达45年的合伙人，伯克希尔·哈撒韦公司第二号人物。巴菲特曾坦言是芒格将自己从格雷厄姆理论中推到另一个更广阔的方向。巴菲特把自己从格雷厄姆和芒格那里学到的东西相结合，并开始热衷于以合适的价格购买优质业务。

芒格和巴菲特的价值投资有两个共同点：第一，并不以价格大幅低估作为选择投资对象的首要条件，而是首要强调自己有把握的，有较大概率成为伟大企业的公司；第二，并不过于强调对公司实体资产的考量，而是更多考虑自由的现金流情况及没有计算在内的商誉。此外，芒格认为，即使选出这样的公司，也不要急于买入，而是等待所谓的“触发按钮前的清单”，这些因素在“千钧一发”的机会出现时，会大规模建仓，而不是小规模试探。当然，后续仍要对当初判断的因素进行考察。

1962~1972年的11年间，芒格的合伙公司年均复合收益率达到28.3%，且仅有1970年出现过-0.1%的亏损。这样的辉煌战绩使芒格声名显赫。但20世纪70年代美国股市陷入狂热，巴菲特痛下决心解散了全部合伙公司，选择忍耐几年的市场泡沫，从而逃脱了1973~1974年的全球股灾；而芒格的合伙公司两年连续接近31%的亏损后迎来1975年的盈利反弹，这也将14年的年均复利改写为19.8%。在这段经历后，芒格在1975年清算了个人的合伙公司，将自己的资金和巴菲特一起投入了后来的伯克希尔公司。

二人可谓“双剑合璧”，共同演绎了一连串的投资传奇。先后购买了联合棉花商店、伊利诺伊国民银行、茜式糖果公司、维科斯金融公司、布法罗新闻晚报，投资于华盛顿邮报公司，并创立新美国基金。芒格在1978年正式担任伯克希尔·哈撒韦公司的董事会副主席至今。在过去的46年里，他和巴菲特联手创造了有史以来最优秀的投资纪录——伯克希尔公司股票账面价值以年均20.3%的复合收益率创造投资神话，每股股票价格从19美元升至84487美元。

（三）启发者：菲利普·费雪

菲利普·费雪被誉为现代投资理论的开路者，成长股价值投资策略之父。费雪侧重基本面分析，着重对可增加公司内在价值的因素进行分析，如发展前景、管理能力、隐性资产等。他建议选定那些内在特质很难让新进入行业者分享收益的成长公司作为目标，从而实现盈利长期大幅增长；同时建议集中资金购买因市场走势或暂时误判而使股价远远低于其真正价值的公司。选定目标公司后，淡化股利，长期持有以追求资本大幅增长，直至公司发生根本性的改变或成长到一定饱和阶段。当然，真正出色的公司数量相当少，当股价偏低时，应充分把握住机会，集中资金到最有利可图的股票上。

（四）格雷格姆与费雪投资理论的比较

首先，格雷厄姆更关注股价相对于其内在价值是否便宜，有无安全边际，而公司业务、管理、盈利增长不在其考虑之列。而费雪尤其注重把公司的产业前景、业务、管理及盈利增长能力等作为选股前提。买入便宜股票是格雷厄姆投资策略的致命缺点，而费雪全力寻找未来收益大幅增长的成长公司则恰恰弥补了这一缺陷。后来，巴菲特在反思投资历程时提到，以合理的价格买下一家好公司要比用便宜的价格买下一家普通公司好得多。至此，巴菲特根据费雪持续竞争优势的投资原则进行投资，业绩有了质的飞跃。

其次，格雷厄姆认为投资应是多元化的，因为若只买入一只或两只股票业绩可能不够好，仅有安全边际并不能保证一定获利。而费雪认为，投资过度分散化势必会造成投资者买入过多了解不慎充分的公司股票，由此带来的风险可能远大于集中投资。同时，费雪指出“不要只顾持有很多股票，只有最好的股票才值得买入。就普通股来说，多不见得好”。而这就是费雪的集中投资原则。

最后，格雷厄姆认为若一只股票在未来两年内不能达到获利 50% 的目标，应于两年期满后卖出。而在费雪理论中，只有三种情形下才会考虑卖出股票：一是原始买入所犯下的错误情况越来越明显，犯下若干错误是无法避免的成本，关键是尽快承认这些错误；二是公司营运每况愈下；三是发现另一家前景更好的成长股，卖出相对成长性不够好的股票。“如果当初买进普通股时，事情做得很正确，则卖出时机几乎永远不会到来”，仅仅因为市场波动来决定卖出的理由是站不住脚的。这就是费雪长期持有的投资原则。

巴菲特在认识费雪前的投资基本遵循格雷厄姆投资法则，但是格雷厄姆“烟蒂”投资方法分散资金投资股票不是十分奏效。相比于格雷厄姆，费雪的投资理念显然更贴近市场实际状况。而巴菲特也注意到了这一点，有机融合了费雪理论，从此开创了独特的投资风格。多年以后，巴菲特评价两位大师对自己的影响时说，“我的投资理念，85% 来自格雷厄姆，15% 来自费雪。如果我只学习格雷厄姆一个人的思想，就不会像今天这么富有。”

二、沃伦·巴菲特投资理论及原则

（一）价值投资理论

“用 40 美分购买 1 美元的股票。”价格是你将付出的，价值是你将得到的，即你的投资标的未来所带给你的收益。价值投资，是整个巴菲特投资理论的核心。

1. 价值投资理论概述

价值投资是基于对上市公司所处市场环境、行业地位和内在价值等基本面的全面分析，将上市资产的内在价值量化，确定合理的价值，并与市场现行价格进行比较，挖掘出被市场低估价值的股票或资产，适时进行有效投资的过程。也就是说，根据上市公司发展前景、盈利能力和历史表现推算投资股票的价格，进行低买高卖的获利操作或长期持有以分享资产增值利益的操作，这是一个寻求股票价值回归的过程。价值投资相对风险投资而言，是基于围绕价值轴心的价格波动而产生的低买高卖的投资行为。价值投资不仅含有直接的实业投资行为，也包含对相关资产的间接投资，即对相关产业上市资产或上市公司的投资。价值投资的重点就来自于利用企业股票市场价格与其内在价值之间的差异。基于安全边际的价值投资能够取得超出市场平均水平的投资业绩，而且这种超额收益并非来自高风险，相反，价值投资策略的风险相对而言更小。

正如巴菲特所言："作为投资者，在投资中你付出的是价格，而得到的是价值。你不需要考虑耽搁股票的价格周期以及整个市场的波动。市场周期绝不是影响投资者选择股票的重要因素。不过当股价处于高位时，你更难发现被市场低估的股票，因为此时大多数股票价格偏高；而当市场低迷时，投资者的选择会更多，因为此时大多数企业价值被低估，你就有了更多的选择。"内在价值为评估投资和企业的相对吸引力提供了唯一的逻辑手段。投资者要意识到，买入上市公司的股票，就相当于拥有一家企业的部分股权。需要首先要对上市公司的市场价值进行评估，确定自己准备买入的企业股票的价值是多少，然后跟股票市场价格进行比较。价值投资最基本的策略正是利用股市中价格与价值的背离，以低于股票内在价值相当大的价格买入股票，在股价上涨后以相当于或高于价值的价格卖出，从而获取超额利润。

2. 价值投资影响因素

价值投资着眼于公司长远利益的增长和生命周期的持续，进行长期投资，以获取股东权益增值。短期而言，股价因受各种因素影响而波动；长期而言，股价增长反映的是公司价值前景和经营利润。格雷厄姆在《证券分析》一书中指出："价值投资是基于详尽的分析、资本金的安全、满意的回报的有保障的操作。不符合这一标准的操作就是投机。"他还提出，决定普通股价值的基本因素是股票息率及其历史记录、盈利能力和资产负债等因素。格雷厄姆揭示了价值投资的核心，而巴菲特用实践告诉我们如何进行投资。他更关注公司的成长和长期利益，并愿意为此支付合理的价格。

（1）内在价值原则。

"好的企业比好的价格更重要。"好的企业不怕价高，因为如果企业有良好的成长环境，买进的时候价格高了，以后随着它的发展还可能会更高。所以一个聪明的投资者，在寻求企业价值与价格的平衡时，是要稍稍偏向企业价值一点的，巴菲特购买可口可乐公司的股票就证实了这一点。1988 年购入可口可乐公司股份时 5.93 美元的股价并不低，可到了 1997 年底，可口可乐股价为 53.08 美元，十年间为巴菲特赚了超过 100

亿美元。巴菲特认为，不能单纯看股票的价格和最近一段时间的涨跌，在购买股票时，无论是购买1%的股份还是10%的股份，都要以购买整个企业的标准来衡量这个企业是否值得购买。

由于股价直接关乎投资者利益，很多投资者经常会根据股票价格判断股票好坏，当股价为3元时，就认为是一只坏股，疯狂抛出；而当它涨到23元时，就认为是一只好股，蜂拥买入。但从根本上来说，商品的价值决定价格，股票作为一种商品，其价值就是它背后的企业，股票的本质是上市企业的内在价值和其未来发展潜质。因此，买进一家公司的股票实质上是买入这家公司的所有权，决定股票是否值得投资则需要分析这家公司的内在价值和我们为购买这份所有权而支付的价格。一家优秀的公司不会因为股价下跌而变得平庸，相反，这是一个低成本获得公司所有权的机会；同样道理，一家平庸的公司也不会因为股价上涨而变得优秀。要想投资成功就要尽可能买进优秀公司的股票，即使公司股票短期套牢，但长期终会带给你丰厚的回报。

因此，购买股票的时候，不要把太多注意力放在股价的涨跌波动中，而应该多关注股票的内在价值。当股价低于其内在价值且在安全边际区域内，就是购买的好时机。

（2）市场先生原则。

人们更容易接受价格暗示而非价值暗示，但价格暗示并不总是有效的。巴菲特从不对市场妄下判断，早在1996年春，美国股市历经牛市，尽管巴菲特的股票都在飞涨，但他却不为所动，正是因为他认为股票的价格应该建立在企业业绩成长而不是投机的基础上，而这样的市场反倒会影响原有的正确判断。巴菲特认为，股票投资归根到底就是在适当的时候挑选好的股票买入，只要其质地没有发生变化，就可一直持有从而获取复利作用下的丰厚回报。他的投资哲学是用永久婚姻的态度来持有股票，而非以情人的态度。好的股票能够避免市场先生的短期波动，就像伯克希尔所持有的公司股价已处于高位，可其价值仍会从两个方面得以继续提高。一方面，市场先生会在适当时候修正每只股票的价格，当拥有的股票价格大幅上涨时，实际上就表明市场先生已经提前给了你很大的回报空间。另一方面，对于投资组合中的每只股票，只要买入时把内在价值作为主要考虑因素，那么股价就不应是过多考虑的。

投资不是建立在失业率、利率等宏观经济因素之上，而是通过公司与公司之间的比较进行决策的。巴菲特把市场作为投资参照物，利用市场情绪波动来寻找买卖点。他指出："当市场明显高估某个公司股票时，你就应该毫不犹豫地买进，能买多少买多少，因为此时市场的愚蠢表现在悲观、胆怯，而悲观胆怯的背后往往就是机会，你必须趁市场发现这个机会之前抓紧时间操作。"巴菲特的投资公司之所以能够在股市上长盛不衰，很大程度上是因为他能够及时抓住并利用市场的愚蠢。简而言之，由于从众心理，投资市场的技术机制总会导致投资品价格朝着一个方向发展，这就会使市场在牛市和熊市两个震荡波峰中频繁转换，而聪明的投资者就可以利用波峰和波谷之间的波频来赚取差价。因此，投资者要获取收益，就要把握市场的运作规律，正确处理好"市场的愚蠢"和"投资者的聪明"。第一，投资者要认识到市场的愚蠢，尽可能避免巨大的市场情绪的影响，减少和避免行为认知偏差，保持理性；第二，投资者要认识到自己的不足，尽力避免在个人能力范围外进行投资决策，不要让自己成为市场愚蠢的一部分；第三，投资者要利用市场的愚蠢，要远比市场先生更了解自己的投资产品，并能正确评估所投资产品的真实价值，从而利用市场短期无效性低价买入，利用市场长期内在价值回归赚取巨大利润。

首先，认识市场的愚蠢要看清当前市场是短期投资还是长期投资在主导。在真实竞争的投资市场中，任何有关某种投资产品的讯息都会被持有长、短期不同策略的投资者加以解读、定义及作出投资决策。在现实市场中做短期投资的行为要远远多于长期投资，从而市场的短期无效性成为主导股价的力量，本应在二者间寻求平衡的市场，走向了忽视内在价值的愚蠢境地。

其次，投资者应尽量避免出现认知和行为错误。具体而言，认知和行为错误可分为过度自信、过度反应和不足、损失厌恶、后悔厌恶、处置效应、心理账户、锚定、羊群效应、代表性偏差、保守主义、自归因以及显著性思维等①。

从1966年美国股市牛气冲天中的全盘清仓、岿然不动，到1970年股市没有一丝生气中的持续购入；从中国股市低迷时选择中国石油H股，到2007年大牛市中的迅速撤离，巴菲特的投资历程显示出对市场愚蠢行为的准确预判和合理利用。②

（3）安全边际原则。

安全边际指投资者通过公司的内在价值的估算，比较其内在价值与公司股票价格之间的差价，当二者差价达到某一程度时就可选择该公司股票进行投资。只有当价值被低估时才存在安全边际或安全边际为正；当价值与价格相当时安全边际为零；当价值被高估时不存在安全边际或安全边际为负。内在价值指公司在生命周期中可产生现金流的折现值；短期资产价值常以资产净值衡量。买入股票时，股价若大幅低于每股资产净值，则认为风险较低；若低于计算所得资产内在价值较多，则安全边际较大。安全边际较大时，股价上涨可获取超额回报，扩大投资收益，并可避免市场短期波动所产生的风险。

股票之所以出现不合理的价格在很大程度上是由于人类的惧怕和贪婪情绪。当人们对市场极度悲观时，惧怕情绪使股价低于其内在价值；当人们对市场极度乐观时，贪婪情绪使股票价格高于其内在价值，这就是低估市场和高估市场的成因。巴菲特的成功很大程度上正是遵循了安全边际准则，这从伯克希尔公司的业绩上就能看出来。从1965年到2006年，与市场42次的较量中，把伯克希尔与标普500进行对比发现，巴菲特只输了6场，获胜率高达85.7%，特别是1981年到1998年连续18年战胜市场。因此，

① 后悔厌恶指后悔时容易采取不理性行为从而造成更大的后悔；处置效应指过早卖出盈利股票而长时间不愿卖出亏损的股票；心理账户指不珍惜投资股票得来的钱财；锚定指关注眼前而忽视长期价格变化；羊群效应指盲从大多数人的行为而缺乏独立思考；代表性偏差指不明白好公司股价过高就是“坏股票”而坏公司股价过低就是“好股票”；保守主义指接受新事物的速度过慢；自归因指容易将成功归于自己而将失败归于其他因素；显著性思维指高估一些概率很小事情发生的可能性。

② 本杰明·格雷厄姆，贾森 兹威格，沃伦·巴菲特：《聪明的投资者》王中华，黄一义，译，人民邮电出版社2010年版。

投资者需理性面对股市，把注意力更多放在股票背后的企业而不是放在行情上，从而在缺乏效率市场的修正中获利。

安全边际的作用主要是减少风险的同时增加投资回报，是对股票市场波动的不确定性和不可预测性的预防和保险。有了较大的安全边际，即使市场价格在较长时期内低于价值，投资者仍可以通过公司净利润和股东权益的增长来保证投资的安全及报酬。若公司股票市场价格进一步下跌，反而能以更大的安全边际买入公司更多的股票。

另外，对投资者而言，支付过高的价格买入一家优秀公司的股票，将抵消这家绩优企业未来10年所创造的价值。也就是说，安全边际的核心在于把握风险和收益的关系。忽视安全边际，即使买入优秀企业的股票，也会因为卖价过高而难以盈利。股价影响因素的庞杂与投资者有限的预测能力下，很容易预测失误。若掌握较大的安全边际，即使对公司内在价值的评估有一定误差、股价在较长时间内低于价值、公司发展遇到暂时的挫折，都不会影响投资的安全性及保证取得最低的报酬率。而市场的无效性总会带来价值低估的机会，理性的价值投资者会选择手持现金耐心等待，并适时介入。

（二）巴式投资原则①

1. 集中投资原则

集中投资和多元化投资理念是相背离的，也就是所谓的把所有的鸡蛋放在一个篮子里。巴菲特认为集中投资的一大好处就是迫使你更详细、更认真地去考察你的投资对象。这一原则就是建立在对股票进行详细考察的基础上，好中择优，把主要资金集中投资于能够创造较高回报的少数几只股票上。

首先，在对了解投资对象的基础上，重仓持股，尽管股票只数有所减少，可相对投资回报率得以提高。巴菲特在可口可乐公司股票上的投资业绩就是很好的例子，伯克希尔公司大笔买入可口可乐股票时净值约34亿美元，而到1991年光是持有可口可乐公司的股票市值就超过了这个数字。因此，这种集中投资也就意味着集中回报。此外，在股票投资中，资金周转率与投资回报率成反比。因此，集中投资并长期持有可大大降低交易费用，从而降低资金周转率，提高投资回报率。

其次，集中投资的风险更小。集中投资会使投资者在买入股票前特别注意考察上市公司的经营状况，提高对其经济特征满意度的标准，因此，投资风险也相应降低了很多。伯克希尔公司所投资的股票，多集中在少数几家财务稳健、具有强大竞争优势并且由能力非凡、诚实可信的管理层管理的公司上。只要买入价格合理，投资这样的股票风险就会很小。根据伯克希尔公司1977～2003年年报统计，该公司主要股票持有数量年平均只有8.41只，这些股票市值占投资组合的比重年平均高达62.3%，这是巴菲特集中投资理念的最好诠释。

再次，集中投资由于把所有资金都集中在少数几只股票上，即使股价波动产生心理

① 丘创：《从卖鸡蛋想到巴菲特》，载于《新财经》2000年第1期。

动摇，但只要坚持长期投资策略，在一个相当长的时期内就会获得丰厚的回报。而最简单的方法就是把关注点放在公司内在价值上，看股票质地是否发生变化，而非关注短期股价波动。因为从长期角度而言，所持股票公司的经济效益会补偿任何短期的价格波动。

最后，集中投资所带来的投资成功率更高。伯克希尔公司1973年集中投资华盛顿邮报公司股票1060万美元，并于1977年增加投资3000万美元；1986年大规模收购大都会/美国广播公司；1988年投资可口可乐股票1400万美元，而后总投资额更是超过10亿美元。这样的集中资金、集中投入都给巴菲特带来了巨大回报。1987年，伯克希尔公司持股总值首次超过20亿美元，令人大跌眼镜的是，这20亿美元竟全部集中在3只股票身上，即大都会/美国广播公司10亿美元、政府雇员保险公司7.5亿美元、华盛顿邮报公司3.23亿美元。巴菲特对此解释说，集中资金买入几只特别看好的股票，会收到令人意想不到的高额回报；而投资过于分散，盈亏相抵后通常只能得到接近平均数的市场回报率，这一点从伯克希尔公司年报上可得以体现。

2. 长期持有原则

就股票投资而言，要注重考查公司主业是否长期稳定可靠，从而通过长期持有让投资者从不断增长的主要业务发展中分享到期发展成果。巴菲特研究发现，盈利能力越强的公司，越不会改变一直以来的经营方式。由于经营方式不变，企业管理层有机会不断改善服务、改进产品、提高生产技术。1977~1986年间，《财富》杂志评选出的1000家世界500强企业中，只有25家公司平均股东权益报酬率连续10年保持在20%以上，且从未低于15%。纵观这些公司，有24家股价上涨幅度超过标准普尔500指数。进一步研究会发现，这些企业多数经营方式、销售产品都和10年前基本相同，这再次论证了巴菲特对于主业长期稳定的企业是好公司的论断，并且可轻易推算其未来业务的规模和成就。因此，股票长期投资对象要首选主营业务简单、业绩增长稳定的公司，以便在长期持股中分享其发展成果，从而获得比短线操作更可观的回报。

坚持长期投资，远离短线投机是巴菲特始终遵循的原则。二者的主要区别在于，投资行为看重长期稳定的回报，而投机行为着眼于短期内套利。真正的投资行为是根据基本面而不是消息面进行决策的，巴菲特认为，只有把自己当成是企业经营者，才能成为更优秀的投资人；因为把自己当成是投资人，所以才能成为更优秀的企业经营者。因此，寄希望于所投资的公司并与它的命运绑在一起，从公司内在价值快速而稳定的增长中分享其发展成果。

从伯克希尔1977~2003年27间的投资来看，其拥有持股年限超过10年的股票就有8只，且都取得了非凡的业绩。巴菲特1976年投资4571万美元买进GEICO保险公司，持有20年盈利23亿美元，增值50倍；1989年投资6亿美元买进吉列刀片公司股票，到2007年初持有15年盈利45亿美元，投资收益率7.5倍；1989年投资13亿美元买入可口可乐公司股票，到2006年底持有19年盈利83亿美元，涨幅达6.4倍；1973

年投资 1062 万美元买进华盛顿邮报公司股票，到 2006 年底持有 33 年增值至 12.88 亿美元，投资收益率高达 127 倍。伯克希尔公司之所以致力于长期投资策略，就是认为股票市场的重要作用是重新配置资源，股市资金最终会通过各种交易流向耐心的长期投资者。

三、伯克希尔·哈撒韦公司

（一）巴菲特接管伯克希尔·哈撒韦公司

伯克希尔·哈撒韦公司是一家百年历史的纺织企业，随着纺织产业转移到劳动力更便宜的美国南方，甚至其他国家，伯克希尔·哈撒韦公司日渐衰退，1962 年末，伯克希尔股价跌破 8 美元，因为伯克希尔·哈撒韦公司每股运营资本都高达 16.50 美元，因此公司股票看上去实在是片价值洼地，于是巴菲特通过合伙公司买进了一些股票，到 1963 年，巴菲特成为伯克希尔·哈撒韦公司最大的股东，收购了原股东斯坦顿兄弟的股票后，巴菲特合伙公司便拥有了 49% 的份额，平均每股成本是 15 美元。

巴菲特收购后的头两年，公司获利丰厚，但以后每况愈下，面对新的国际分式，即便是最好的经理人如死守本土经营纺织厂，仍免不了破产，巴菲特没有把赚到的钱重新投到纺织厂，巴菲特转变了思路，不是单纯沿着老路子追加投资救企业，而是反方向挤出资金为公司购入资本回报更好的企业股票。

不断缩减生产线，控制存货和管理费，巴菲特用公司赚的利润和腾出的运营资本先后收购了国民赔偿公司、华盛顿邮报、联合出版公司等保险、银行、传媒的股票，掌握更多的现金用于股票投资，从组织体制、投资理念等方面都有了质的飞跃，逐步把伯克希尔·哈撒韦公司变成了一家不再生产纺织品的纯粹的投资控股公司。

（二）伯克希尔·哈撒韦公司发展概况

伯克希尔·哈撒韦公司从 1956 年成立以来经过近 60 年大发展显然已经成为世界著名的保险和多元化投资集团。该公司主要通过国民保障公司和 GEICO 以及再保险巨头通用科隆再保险公司等附属机构从事财产/伤亡保险、再保险业务。其中最重要的业务是以直接的保险金和再保险金额为基础财产及灾害保险。该公司拥有许多大公司的股份，如：美国运通、可口可乐、吉列、华盛顿邮报、富国银行等。也设有许多分公司，其中包括：1996 年收购的全资子公司——GEICO 公司，是美国第六大汽车保险公司和美国第十大财产/伤亡保险公司，拥有 470 多万投保人和 730 万辆投保汽车；General Re 公司，是世界上最大的四家再保险公司之一。

如图 4 – 1 所示，伯克希尔公司从 1989 ~ 2017 年间股价从最低点 2750 美元/股上涨至 285950 美元/股，增长了 104 倍，成为世界上最贵的股票。而作为全球著名的投资公司，办公面积仅 6246.2 平方英尺。总部管理人员只有沃伦·巴菲特和查理·芒格两个人，董事会成员只有7人。总部所有员工仅14人，而旗下企业员工超过13万人。成熟科学的投资理念、勤于实践的投资态度不仅解救了伯克希尔公司，更造就了一代“股神”。

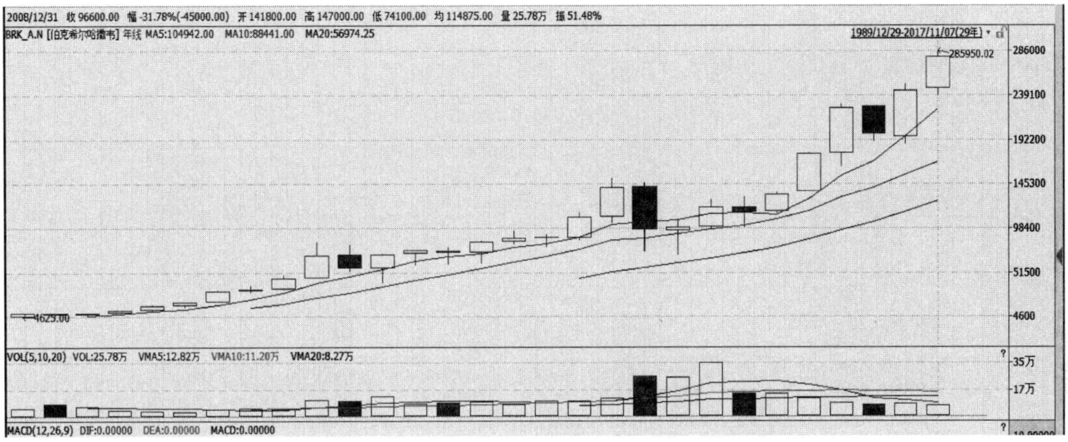

图4-1　伯克希尔·哈撒韦公司历史股价走势

资料来源：Wind数据。

图4-2显示，在过去的52年里，巴菲特每股股票的收益率有40多年跑赢了标普500指数的收益率。伯克希尔公司的年均复合增长率为19%，标普500指数的年均增长复合率仅为9.7%，前者比后者高出其近10个百分点；1965~2016年，伯克希尔·哈撒韦公司的总增益率为884.319%，标普500指数的总增益率仅为12.717%，前者是后者的69.54倍。2015年和2016年，伯克希尔·哈撒韦均夺得美国企业美元收益保有量第一名的桂冠，其收益要比排名第二的企业多出数十亿美元。

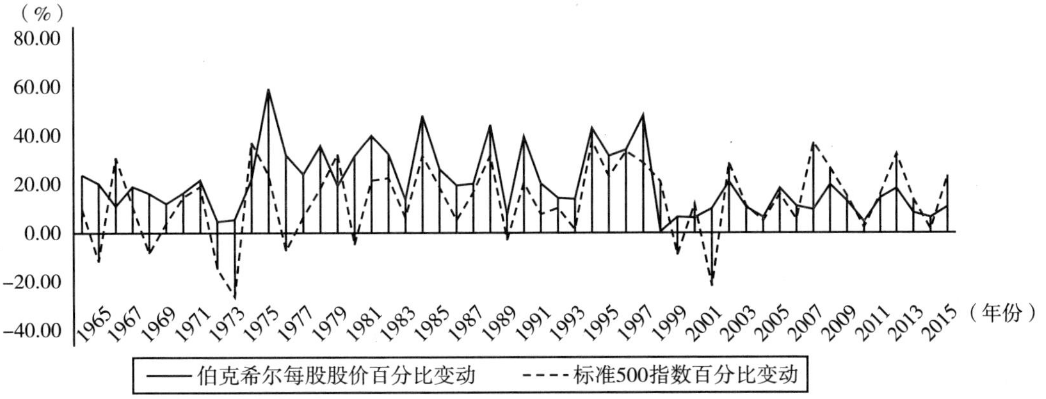

图4-2　伯克希尔公司股价与标普500指数相对变动

资料来源：Wind数据。

但是，从伯克希尔·哈撒韦公司2016～2017年10年间的每股收益和净资产收益率（如图4－3、图4－4所示）来看，受美国经济疲软的影响，伯克希尔·哈撒韦2017年的实际收益将会有所下跌。巴菲特也在2017年致股东信中提出虽然大的经济环境形势会有周期性的恶化，投资收益暂时落后大盘的增长点，但挣钱的良机也会随之而来。伯克希尔·哈撒韦已经从一家通过投资行为获得大部分利益的公司逐渐转移至通过持有公司而使得后者价值提升的过程。

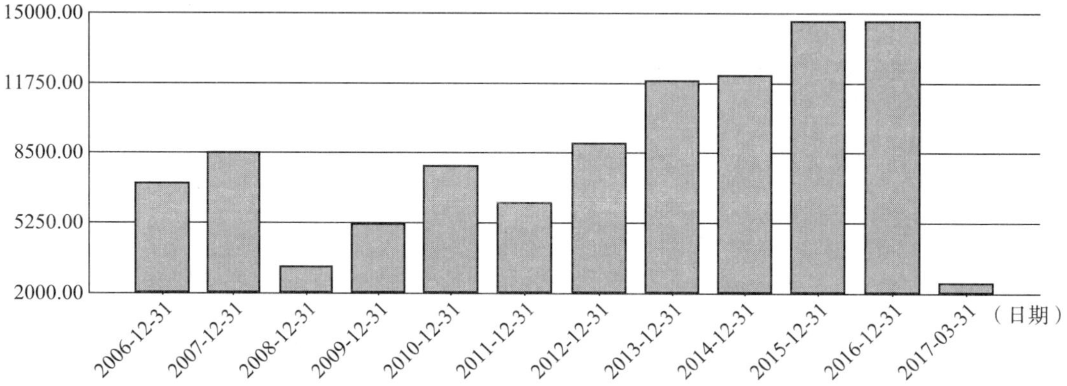

图4－3　伯克希尔·哈撒韦公司历史每股收益率（2006.12～2017.3）

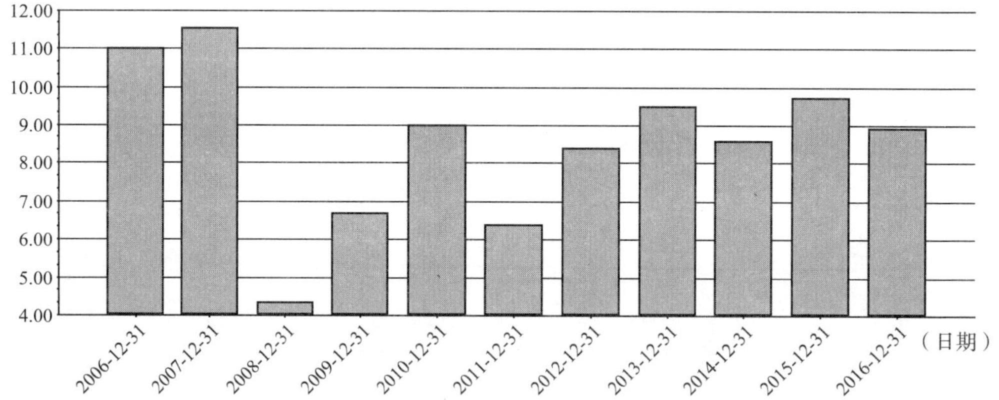

图4－4　伯克希尔·哈撒韦公司历史净资产收益率（2006.12～2016.12）

资料来源：Wind数据。

四、经典投资案例分析

（一）投资中国石油公司

1. 基本情况

中国石油公司是一家集油气勘探开发、炼油化工、油品销售、油气储运、石油贸易、工程技术服务和石油装备制造于一体的综合性能源公司。它与中国石化一起垄断了中国的油气资源，在世界50家大石油公司中排名第七。中国石油集团每天为社会提供超过219万桶原油和79287040立方米天然气，加工原油180万桶。近年来，中石油通过一系列收购稳步拓展海外业务：2002年收购戴文能源公司于印度尼西亚的油气业务；2003年以6.4亿元增持印度尼西亚加邦区油田15%的股权；2005年出资14.2亿美元收购加拿大石油公司资产；2006年，中国石油集团油气投资业务扩展到全球26个国家；2007年出资27.35亿美元收购哈萨克斯坦国家石油公司股权。中石油所表现出来的强劲的发展势头对于巴菲特十分有吸引力。

2. 投资过程

2000年，中国石油在香港上市时，每股发行价1.27港元，但由于市况不好，中石油跌破发行价，最低到1.10港元。巴菲特出于偶然读到了中石油2001年4月公布的年报，巴菲特发现，中石油的规模是埃克森石油的八成，当年赚了大概120亿美元，而此时其市值为350亿美元，也就是说买进股票的时候其市盈率才三倍。除此之外，中石油每年的股息也十分可观。

巴菲特第一次购买中石油股票是在2002年4月~2003年4月买进11.09亿股；第二次购买是在2003年4月9日至24日，共7次出手。这样，截至4月30日，巴菲特手中持有中石油股票总量为23.47761亿股，占中石油总股本的1.33%，累计投入资金约5亿美元。虽然有人曾一度质疑这一投资，因为中石油的油田开发已是强弩之末，而且它拥有40万名员工，成本居高不下。按照这个价格，中石油当时价值大概为370亿美元，而巴菲特估计其价值为1000亿美元，事实证明巴菲特的这一估值实际上是偏低了。此后，巴菲特一直持有中石油股票，直至2007年6月。2007年由于油价上涨、新油田的发现以及中石油管理层的努力，中国石油股价大幅上扬。到伯克希尔·哈撒韦公司在2007年出售这部分股权时，中国石油的市值已高达2750亿美元，2007年6月到10月间，巴菲特连续7次卖出中石油，2007年7月12日，以每股均价12.411港元出售1690万股中石油股票，持股比例从原油11.05%首次下滑至10.96%；8月29日，再度以每股11.473港元的均价抛售9265.8万股，套现10.63亿港元；随后再度减持，分别在9月6日、9月13日、9月21日及9月25日抛出总计3.60256亿股中石油股票，其每股成交均价在11.26港元到12.8港元不等；9月27日再度以每股均价为13.89港元减持2.34亿股中国石油，持股量降至9.14亿股，持股比例为4.33%；10月18日，巴菲特公开表示已全部抛售所持中石油股票。5亿美元的本金卖了40亿美元左右，获利35亿美元。

3. 投资分析

就巴菲特投资中国石油公司而言，其投资策略主要是价值投资原则。中石油带给其约35亿美元的盈利很大部分是由于中石油符合价值投资的选股标准以及巴菲特把握了正确的买卖时机进行交易。

首先，中石油股票的估值足够便宜。2003年，巴菲特认为中石油内在价值为1000亿美元左右，而在市值370亿美元时买入，安全边际高达63%，这就相当于1块钱的东西以3.7折买入，只要股票回归到其内在价值，就赚了2.7倍。此外，中石油具有业绩稳定、公司治理结构良好、股本回报率高及身处前景广阔的能源行业等优势，更是被誉为“亚洲最赚钱的公司”，这都与巴菲特价值投资的选股标准相吻合。

其次，巴菲特掌握了正确的买卖时机。成功的价值投资要在低估价值时买入，从2002年买入中石油，而后在2003年“非典”时七度买入，我们可以发现，巴菲特买入中石油时，恒生指数达到历史大底8331.87点，之后，恒生指数一直上攻到2007年10月30日31958.41点的大顶。

最后，再看卖出时点，分别有三：油价上涨到70美元/桶，且市场极度乐观；中石油董事会于2007年启动回归A股计划；恒生指数已在23000点左右，“港股直通车”计划更是把疯狂推到极致。面对狂热的市场，巴菲特理性地选择退出。对于选择这样的卖出时点，巴菲特解释说，中石油的可预见的增长空间有限了，既然石油价格提升空间有限，接下来不是下跌就是高位横盘，中石油的利润自然是会受到影响的，当前的股价透支了未来的利润空间。而对比中国股民在48元大肆买入中石油而造就了2008年的大幅亏损（2007年11月以后中国石油股份的股票一路下跌），巴菲特5亿美元的投资，获利35亿美元时退出显然是明智之举。

（二）投资可口可乐公司

可口可乐堪称世界上最成功的快速消费品企业。世界上一半的碳酸饮料都是由可口可乐公司销售的，这一销量是其劲敌百事可乐公司的3倍。在美国，碳酸饮料销售额可达500亿美元/年，而可口可乐和百事可乐公司占据了其中的3/4。可口可乐品牌的巨大吸引力、产品的出众特质、销售渠道的强大实力及高度的特许经营权使其拥有了超强的竞争力。

根据价值投资法则，内在价值减去现在的价格的数值越大，则意味着安全空间越大。买一只股票的最大价格一般不能超过它内在价值的75%，这样就有25%的安全空间或安全限度。就像巴菲特等待介入可口可乐的时机，他等到了1989年。

1. 基本情况

巴菲特与可口可乐的关系可以追溯到他的童年时代。他5岁时第一次喝可口可乐。不久以后，他就开始在祖父的小店里用25美分买6瓶可乐，再以每瓶5美分的价格卖给邻居们。

可口可乐诞生于1886年，是一种含咖啡因的碳酸饮料，1899年，可口可乐的拥有人阿萨·坎得乐和罐装厂签署了一份几乎覆盖全美的永久性合同，他以1美元的代价把合同卖给了他们，合同的内容还包括赋予他们永远以固定价格购买可口可乐糖浆的权利。结果，这个合同拖累了可口可乐公司几十年，给可口可乐的盈利能力造成了巨大影响。

20世纪70年代，由于经营不佳，可口可乐一度萎靡。1981年，来自古巴的化学家罗伯托·古崔塔被任命为可口可乐的CEO，他上任后进行了一系列的改革，成效开始显现，罐装合同逐步解除，可口可乐在国外的市场也被逐渐打开。成立于1892年的可口可乐公司（Coca－Cola Company）是全球最大的饮料公司也是软饮料销售市场的领袖和先锋，目前总部设在美国佐治亚州的亚特兰大。透过全球最大的分销系统，可口可乐系列产品几乎遍布全球的每个国家和地区，拥有近400个饮料品牌，包括汽水、运动饮料、果汁、茶和咖啡。同时，可口可乐也是世界上首屈一指的果汁饮料经销商，产品超过3000种，每日饮用量达10亿杯，占全世界软饮料市场的48%，是世界第一品牌，品牌价值已达700多亿美元。

可口可乐的发展史大致可以分为以下几个大的部分：

（1）1892~1923年，是可口可乐公司的初步发展和逐渐成熟阶段。

（2）1923年到第二次世界大战前，是可口可乐公司谋求全球化发展的初始阶段。

（3）第二次世界大战期间，是可口可乐公司在全球高速发展阶段。

（4）第二次世界大战结束后，是可口可乐公司推动全球化发展的阶段。

2. 投资过程

20世纪80年代，可口可乐公司的股价波动频繁，这也给巴菲特带来绝好的投资时机。

从1981年开始，可口可乐公司的股价长期位于其价值之上，直到1985年，可口可乐更改了老可乐著名的“7X”配方，而这一配方已在亚特兰大银行的保险柜中躺了整整99年。可口可乐公司也因此次的配方更改，股价大受打击。如图4-5所示，1987年可口可乐再次陷入困境，百事可乐挑起了装瓶商之间的矛盾，可口可乐的股价较为低迷，公司不断回购股份，1987年底的股价为38.1美元，当年每股净利润为2.43美元，市盈率为15.7倍。但巴菲特认为可口可乐强大的品牌构成了持久竞争优势，加上罗伯托·古崔塔为首的优秀管理层，这种资本投入小的生意模式未来将创造非常充沛的现金流。正是由于对可口可乐公司未来发展前景看好，巴菲特适时介入，大胆买入可口可乐的股票。

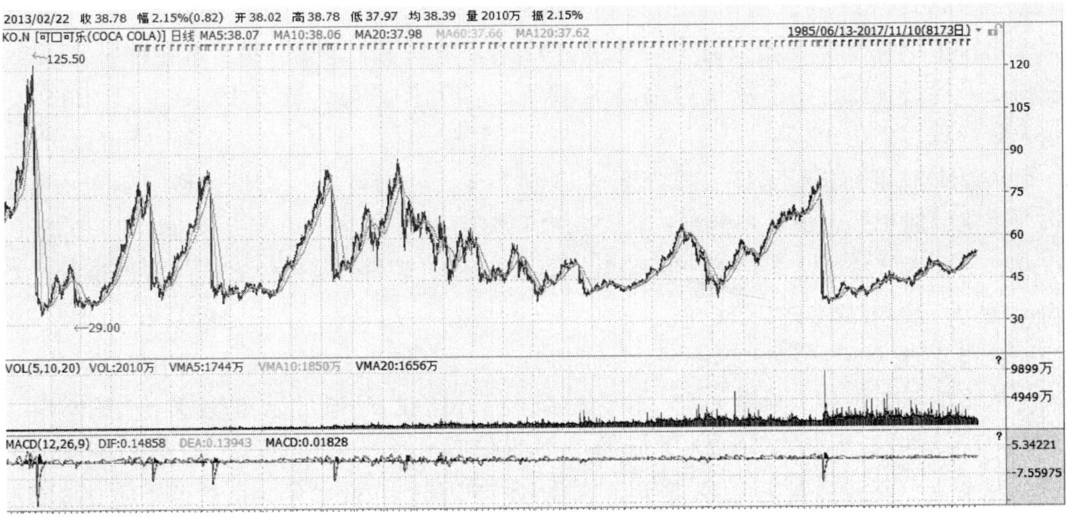

图4-5 可口可乐历史股价走势，不复权（1985~2017）

资料来源：Wind数据。

如图4－6所示，以1988年可口可乐公司股价向后复权来看，从1988年开始可口可乐公司股价一路上涨，而就是从1988年开始，巴菲特以每股平均价41.8美元的价格大量买入可口可乐的股票，到1988年底共持有1417万股，成本为5.92亿美元，市盈率为15.7倍。当年，可口可乐的毛利率为19.2%，净利率为12.4%，净资产收益率为33.3%。

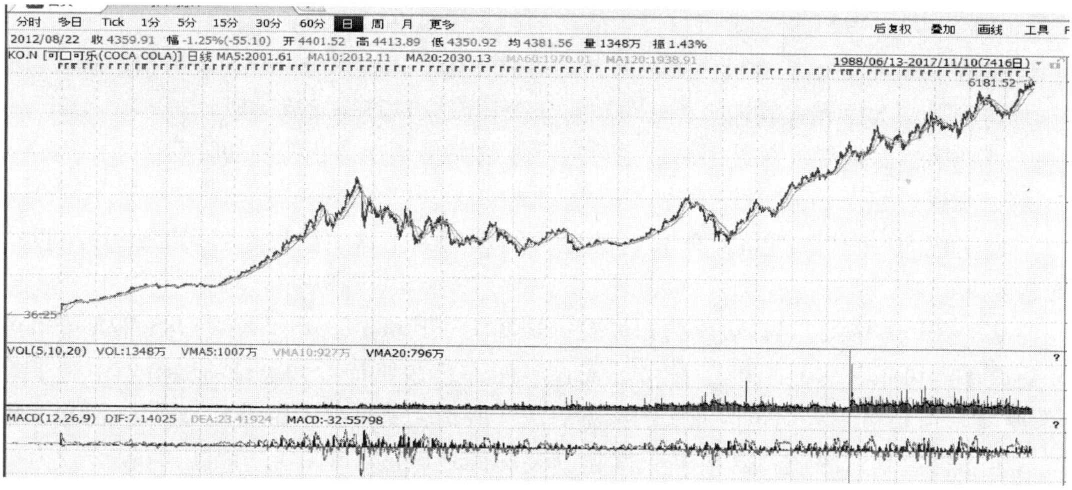

图4－6 可口可乐历史股价走势，向后复权（1988～2017）

资料来源：Wind数据。

1989年巴菲特以46.8美元的平均价格继续增持可口可乐2335万股的股票，大幅增持可口可乐股票近一倍，总投资增至10.24亿美元，市盈率约15倍。

三年后的1991年，可口可乐的净利润从1988年的10.4亿美元增长至16.17亿美元，增长了约60%，但是市盈率提高到了33倍，增长了1.2倍。结合每年的股票回购，使得巴菲特持有股份的市场价值提高到37.5亿美元，是买入成本10.24亿美元的3.7倍，年均收益率为38.5%。

1994年巴菲特继续增持总投资达到13亿美元，此后持股一直保持稳定不变。当年可口可乐的股价经过近3年的横盘，公司净利润增长至25.5亿美元，市盈率逐步降低，巴菲特又买入了价值2.7亿美元的股票，拆股后的买入价为41.6美元，当年每股收益为1.98美元，市盈率约为21倍。

美国开始以网络股为代表的新经济股崛起，此后1998年以后的10年中，可口可乐因价值高估不断修复，跑输大盘。作为传统经济代表的可口可乐备受冷落。1998年7月14日，可口可乐创出70.27美元的历史新高后，开始一路下跌。当年的净利润为35.3亿美元，每股盈利为1.42美元，市盈率约50倍。自此以后，可口可乐的股价都没有超过这个最高价。至1998年底，巴菲特在可口可乐的持股市值为134亿美元，10年里增长了约11倍，年均复合收益率约27%。这样的市值增幅中，市盈率由15倍涨至约

50 倍，贡献了约 3 倍的增长，净利润增长至约 3.5 倍，另外每年的回购也提高了每股净利润。

到 2000 年 3 月 14 日，可口可乐股票价格跌到了 35.25 美元，两年多下跌了一半。随后，网络泡沫破裂，2002 年 7 月 24 日大盘最低跌到 775 点，3 年暴跌一半。而可口可乐这一天却收于 39.23 美元，不但三年没跌，还略有上涨。此后，美国股市又开始了新一波大牛市，2007 年 10 月 11 日标准普尔指数 500 最高涨到 1576 点，5 年上涨一倍。但同期可口可乐上涨到 54.24 美元，5 年只上涨了 38%，远远跑输大盘。随后全球金融危机爆发，美股大跌，2009 年 3 月 6 日标普 500 最低跌到 666 点，一年多暴跌 68%。但同期可口可乐只下跌到 38.36 美元，5 年只下跌 29%，但从巴菲特的购买价格来看，依旧是明显跑赢大盘的。回首过去 22 年，1987 年底到 2009 年底，可口可乐从 3.21 美元上涨到 59.45 美元，累计上涨 17.5 倍，标普 500 从 247 点上涨到 1020 点，累计上涨 3.13 倍，总的来看，可口可乐 22 年远远跑赢大盘。

而 2008 年金融危机后，可口可乐的股价直到 2012 年才重新站上 1998 年的高点。截至 2012 年巴菲特投入的 13 亿美元已经成为市值 145 亿美元可口可乐的股票，期间收到的分红总额约为 30 亿美元，足足赚了 162 亿美元，收益是投资的 13 倍，这是一次非常成功的股票价值投资。

3. 投资分析

首先，从巴菲特投资可口可乐而言，其投资策略首先是成长股策略。巴菲特预期公司会把收益持续再投资，且在资产不断扩大情况下保持 10 年净资产收益率，这样现价就很低了。静态来看，当时的价格是一个一般的价格，从长远发展看则是被严重低估的价格，是市场无效的机会。而巴菲特对可口可乐公司未来发展有着很强的预见能力，从而抓住了机会。

其次，此次投资表现在价值回归战略。当股价定价偏低，加之有成长性收益，则意味着有耐心等待价值回归的机会。可口可乐在修正错误后，加大力度推行全球推广战略。1989 年柏林墙拆除后，迅速占领原东德市场；1991 年初，在德国全境买下从事瓶装和分销运输的工厂；20 世纪后，在全国庆典和全球要事中发挥重要作用；现今，可口可乐主导着世界软饮料市场，且是大型快餐连锁店的首选供应商，如麦当劳、肯德基及航空公司等。

最后，把握买入时机。格雷厄姆认为：“具有良好表现的股票一般都以高价出售，而投资者对其未来的预期有可能是错的，非常规的高速增长无法永远持续，完美的扩张意味着重复这一成功将更加困难，在其最热门的时候购入的成长股，会造成灾难性的后果。”从可口可乐的走势来看，1995～1997 年，可口可乐股价涨幅远超公司净利润的涨幅，以至于 1997 年末市盈率达到 40.66 倍。当 1998 年股价冲至 80 多美元时，以 1997 年每股收益计其市盈率已超过 50 倍。因此，若从 1998 年 7 月 14 日以 87.94 美元买入，则到 2008 年将亏损 19.38%，期间最大亏损幅度甚至可达 54.87%。这就是价值高估的问题所在。因此，好股票并不意味着投资者可以在任何价位买入。

五、问题阐释与分析

（一）“巴氏理论”在中国使用存在的问题

中国证券市场一直以来奉行主力达成一致将巨额资金向某些企业集中，然后一般主力机构跟进，最后是中小投资者全面认同并抢进的模式。在这种投资模式下，中国证券市场的中小投资者多进行短线操作，牛市时交易大厅人声鼎沸，交易量成倍扩大，由此造成某些企业趁机圈钱，股票价格大大高出企业价值，造成泡沫；熊市时股价大跳水，股民深套其中无法自拔，常常期盼政府能够有利好政策出台刺激股市产生新一轮的增长。在这种情况下，巴菲特的投资理念在中国很难得到切实的应用。巴菲特强调的是投资企业胜于投资股票。巴菲特不仅投资一个企业的股票，而且通过占有企业一定的股权取得企业的管理权，参与企业的日常管理和战略的制定。但是一直以来，中国企业股权结构复杂，同股不同权的情况比较普遍。因此，企业的股东对企业的管理、战略的制定等方面没有切实的权利，很难将实业投资与股票投资结合起来。

通过对我国证券市场现状的分析可以看出，目前我们还不具备长期投资理念产生的条件。因此，绝不能简单模仿或照搬巴菲特的战略投资思想与投资方法。但巴菲特的战略投资理念和方法对中国投资者的确有可资借鉴的意义。

（二）“巴氏理论”借鉴意义分析

首先，要树立正确的投资理念，就要正确地认识市场。巴菲特将思考股票价值、选择股票、确定是否投资、何时投资融合成为一个关于投资的习惯体系。

巴菲特始终强调投资并非短期行为，同时，投资并不是盲目的，投资是要有切实可行的计划，要有正确理念指导。对于中国市场而言，要树立正确的理念，首先就要正确地认识市场。从本质上看，中国股市的投机性较强，但并不意味着价值投资理论就失效了。股市既是投资场所，又是投机场所，两者之间的轻重比例基本上可以区分出一个股市的成熟与否。当然这种划分标准也不是绝对的。投资者一切投资行为的最终目的都是希望在风险一定的条件下实现收益的最大化，或在收益一定的条件下使风险最小化。为了实现这个目标，投资者就必须对所投资企业的价值进行评估。运用的方法主要有财务分析（尤其是现金流量分析）、投资项目评估和管理者综合评估，其他还包括上市公司外部环境（如宏观经济环境、法律环境）、所处行业状况、科技发展的水平，上市公司的研发能力、管理制度、产权与治理结构状况等。所以，巴菲特的投资理念，特别是必须投资于自己了如指掌并且是具有较好行业前景的企业的投资理念，对中国投资者来说，还是有重要的借鉴意义的。

其次，不可忽视集中投资组合理念的应用价值①。任何投资都存在风险，其差别是投资风险发生的概率不同，风险的程度不同而已。因为投资有风险，所以，个人的投资不能把所有的资金放在同一投资品种、同一投资方式上。大多数人都知道分散原则的意义，那就是要把鸡蛋放在不同的篮子里。然而，在实际运用中，不少投资者却又走到了反面，往往将“鸡蛋”放在太多的“篮子”里，使得投资追踪困难，造成分析不到位，这样又会降低收益。许多投资者认为持有许多不同的投资品种就已经是进行了分散化投资。他们没有意识到这些投资品种有类似的风险因素，这样的投资就不能说是进行了有效的分散投资。当各种投资不呈同方向变化时，总体风险实际上小于平均风险。只有建立有效的投资组合才能有效地分散风险。巴菲特就特别不赞成投资过于分散，认为多元化投资只是起到保护无知的作用，并不能给投资者带来满意的收益。巴菲特认为进行长期投资最主要的是选择企业，如果这些企业的发展前景以及近年来的基本面是好的，属于绩优企业，就可以集中地、长期地投资，这样会降低风险，取得较好的投资收益。这一理念运用于实践中，就是有目的地将注意力集中在几家有选择的公司上，并尽可能地对其进行密切的研究，掌握其内在价值，寻找时机进行集中投资组合，并长线持有，以获得稳定的、长期的投资回报。

最后，要重视公司实际价值理念的借鉴意义②。巴菲特的重视公司实际价值的理念对中国证券市场的投资者来说，更具有重要借鉴意义。投资者进入股市，虽然买的是股票，但实质上买的是公司价值。因此，正确的投资理念是要买价值，不买价格。因为价值是真实的、理性的，其抗跌性较强，而价格可能是虚化的，也可能是人为抬高或由庄家做出来的。投资者不应该不考虑公司的内在价值，而盲目地追随股价去买价格的变化。许多投资者比较乐于短线频繁操作，进进出出，满足于获取投机差价。他们往往每天会花大量时间去研究短期价格走势，关注眼前利益。在市场低迷的时候，由于过多地在意短期收益，常常会错失良机，或者频频买进卖出，承担较大交易成本，表现出很不成熟的投资心理。殊不知，市场的短线趋势较难把握。如果运用巴菲特的投资理念，在投资时更加关注公司的实际经营状况和实际价值，这样就会使投资变得理性一些。巴菲特发现许多投资者很不喜欢拥有那些股价下跌的股票，而对那些一路上涨的股票则非常有好感。但他认为，证券的价格会受各种因素的影响，多数股票在其公司的实际价值上下波动，且并非所有的涨跌都符合逻辑。因此，他的投资原则就是在考察企业的实际价值的基础上，寻找或等待股票的理想价位买进，即发现企业的价值远大于市场的股票价格时，或那些极具投资价值企业的股票价格却在短期内严重下跌时，在这两种状况下，就果断地大量买进，并长期持有。

参考文献

[1] 宗学哲：《股神巴菲特的理财法》，载于《中国经济时报》2003年5月28日。

① 张飒岚：《现代证券投资组合理论在中国证券市场的应用综述》，载于《时代金融》2007年第6期。

② 吴思：《伯克希尔公司投资理念和方法的借鉴意义》，载于《中国保险报》2011年5月23日。

［2］丘创：《从卖鸡蛋想到巴菲特田》，载于《新财经》2000 年第 1 期。

［3］昝胜锋：《从格雷厄姆、费雪到巴菲特——价值投资理念的分析》，载于《黑龙江金融》2004 年第 4 期。

［4］巴菲特：《巴菲特致股东的信》，机械工业出版社 2004 年版，第 27 ~ 34 页。

［5］刘建位：《巴菲特股票投资策略》，机械工业出版社 2005 年版。

［6］本杰明·格雷厄姆：《格雷厄姆投资指南》，江苏人民出版社 2001 年版。

［7］格林威尔：《价值投资：从格雷厄姆到巴菲特》，机械工业出版社 2002 年版。

［8］艾瑞克·莱斯德：《聪明的投资人》，民主与建设出版社 2005 年版。

［9］菲利普·费雪：《如何选择成长股》，海南出版社 2004 年版。

［10］彼得·林奇：《彼得·林奇的成功投资》，机械工业出版社 2007 年版。

［11］谢德高：《巴菲特投资方略全书》，九州出版社 2001 年版。

［12］沃伦·巴菲特：《劳伦斯·坎宁安，巴菲特致股东的信——股份公司教程》，机械工业出版社 2008 年版。

［13］张飒岚：《现代证券投资组合理论在中国证券市场的应用综述》，载于《时代金融》2007 年第 6 期。

［14］安迪·基尔帕特里克：《投资圣经——沃伦·巴菲特的真实故事》，机械工业出版社 2005 年版。

［15］珍妮特·洛尔：《巴菲特如是说：世界上最伟大的投资者的聪明和智慧》，海南出版社 2006 年版。

［16］本杰明·格雷厄姆、贾森·兹威格、沃伦·巴菲特：《聪明的投资者》，王中华，黄一义译，人民邮电出版社 2010 年版。

［17］本杰明·格雷厄姆，戴维·多德：《证券分析》，巴曙松、陈剑等译，中国人民大学出版社 2014 年版。

［18］吴思：《伯克希尔公司投资理念和方法的借鉴意义》，载于《中国保险报》2011 年 5 月 23 日。

案例5：VC缔造了改变世界的苹果公司

一、苹果公司简介

苹果公司是美国的一家高科技公司。由史蒂夫·乔布斯、斯蒂夫·沃兹尼克二人于1976年4月1日创立，并命名为美国苹果电脑公司，2007年1月9日更名为苹果公司，总部位于美国加利福尼亚的库比提诺，核心业务是电子科技产品，目前全球电脑市场占有率为3.8%。

苹果公司1980年12月12日公开招股上市，2012年创下6235亿美元的市值纪录，截至2014年6月，苹果公司已经连续三年成为全球市值最大公司。2013年9月30日，在宏盟集团的“全球最佳品牌”报告中，苹果公司超过可口可乐成为世界最有价值品牌。2014年，苹果品牌超越谷歌，成为世界最具价值品牌。

2016年7月20日，《财富》发布了最新的世界500强排行榜，苹果公司名列第九名。

2016年11月22日，市场研究公司Strategy Analytics发布最新报告，今年第三季度，苹果占据全球智能机行业营业利润的91%。

2017年2月，Brand Finance发布2017年度全球500强品牌榜单，苹果公司排名第二。

创始人史蒂夫·乔布斯

美国总统曾这样评价乔布斯：“乔布斯是美国最伟大的创新领袖之一，他的卓越天赋也让他成为这个能够改变世界的人。”比尔·盖茨也说：“很少有人对世界产生像乔布斯那样的影响，这种影响将是长期的。”改变了世界的乔布斯在世界的眼中更像是一个奇迹的存在，然而纵观他短暂而辉煌的一生，无论是出身还是事业都没有想象中那么顺利。

史蒂夫·乔布斯1955年2月24日生于旧金山，17岁高中毕业，19岁迷上佛学，21岁在自家车库里成立苹果电脑公司，30岁离开苹果，42岁重返苹果并任CEO，48岁患胰腺癌，52岁苹果推出iPhone，55岁推出iPad，56岁离世。他手中的那个苹果几乎改变了全世界，史蒂夫·乔布斯是一个美国式的英雄，几经起伏，但依然屹立不倒，就像海明威在《老人与海》中说的，一个人可以被毁灭，但不能被打倒。

收养乔布斯的保罗是一名机械工程师，他在“二战”之后搬到了旧金山。乔布斯在杏果园也就是后来的硅谷长大，自小的成长环境深深地影响了乔布斯，他从小迷恋上了电子学，惠普的工程师将他带到年轻工程师的聚会上，乔布斯第一次见到了电脑，他开始对计算机有了一个朦胧的认识。后来，初中的乔布斯在聚会上结识了斯蒂夫·沃兹尼亚克，两人一见如故。斯蒂夫·沃兹尼亚克是学校电子俱乐部的会长，对电子有很大的兴趣。

由于经济原因，乔布斯只上了一个学期大学就辍学了。那时他生活颇为窘迫，靠捡拾可乐瓶出售来换钱维持生活，还经常去附近的印度教神庙靠敲钟来换取免费的一餐。他选修了书法课，其余时间便与沃兹尼亚克研究电脑。

当时，两个20多岁的电脑迷乔布斯和沃兹尼克想要拥有一部自己的电脑，却买不起Altair 8080电脑，于是自己动手做出来一部，这就是苹果电脑的雏形，即Apple－Ⅰ。沃兹尼克编写了一个BASIC编译器在6502芯片上运行，在模拟该芯片可行后，沃兹尼克开始设计基于6502微处理器的计算机。1976年3月1日，沃兹尼克完成了自己的计算机基本设计方案，并在Homebrew计算机俱乐部的聚会上展示时，许多人表示要购买。乔布斯很快意识到沃兹尼克设计的计算机具有赚钱的潜力，并努力说服沃兹尼克生产电路板并将其作为产品销售。为了筹集生产计算机电路板的资金，乔布斯以1500美元的价格卖了他的红白色大众汽车，沃兹尼克则以250美元的价格卖了自己心爱的惠普65可编程计算器，这是他们创业的种子资本。乔布斯假借企业家的派头和口吻，充分施展其社交才能，竟然说动了一位电子器件商，以30天的期限赊购出价值25000美元的器件。各种元器件凑齐后，乔布斯和沃兹尼克开始了他们没日没夜的加工赶制工作，在这20多天内，汽车房的灯光几乎昼夜通明。当时的乔布斯和沃兹尼克还没有开办公司的想法，他们只是打算装足100台，以每台500美元的价格售出，这样除了还清赊账之外还可以把卖掉的汽车和其他东西的钱挣回来。终于，在赊账后的第29天，他们将装好的50台计算机卖给了商店，同时也还清了欠款。

苹果Ⅰ号的销售情况出乎意料的好，乔布斯和沃兹尼克开始意识到，他们的小资本根本不足以应付这种急速的发展。在他们的计算机吸收过程中，乔布斯和沃兹尼克得到了一个重要的市场信息，即单板机和散装件不是社会大部分人所需要的，完整的耐用的计算机才是他们所需要的。因此，他们的计算机被放进一个粗糙的木头盒里进行展示。乔布斯对这些现象的发现产生了深深的思索。

彼时，整个微型计算机市场还是一个空白。因为为政府机关和各大公司生产和研制大、中型计算机是当时大的计算机公司（如IBM）热衷的领域，他们对微型计算机市场不屑一顾，而根据乔布斯和沃兹尼克的计算机销售情况，可以看出微型计算机市场的潜力十分巨大。为此，他们分头去找自己在Atira和惠普的老板，请这些大公司接受他们的苹果计算机原型，但这两家公司都不感兴趣。在被两个雇主拒绝后，乔布斯以敏捷的企业家式的头脑和创造性，细微地分析了所有因素，最后决定创办自己的公司。开始时，沃兹尼克对这个决定不以为然，后经乔布斯的多次劝说，沃兹尼克终于答应入伙。1976年秋，他们决定设立自己的公司。

二、苹果公司发展历程

（一）苹果风险企业的诞生

乔布斯和沃兹尼亚克最初计划只生产电路板（成本25美元，售价50美元）并卖给计算机爱好者，这些爱好者会将电路板与必要的芯片和其他零件一起装配成计算机。后来，乔布斯计划通过向零件供应商借债组装计算机来拓展业务（每个电路板的利润只有25美元，而组装一台完整电脑的利润则有160美元）。创办风险企业不但要有风险创业精神，而且还需要风险资本的有效支持。资金问题是苹果公司开业初期首先碰到的问题。

1. 风险资本的介入

乔布斯制定的雄心勃勃的计划需要比订单产生的现金还要多的资金。乔布斯和沃兹尼克首先想到的是原先供职的两个公司的老板，但是他们拿着苹果机去见这两位老板，两位老板对他们的产品并不看重。乔布斯并不气馁，乔布斯在其原上司的公司下找到了风险投资家唐·瓦伦丁。1976年秋的一个下午，唐·瓦伦丁来到了乔布斯和沃兹尼克的汽车房，但是，乔布斯的邋遢形象给这位投资家的印象并不好，于是，乔布斯又被介绍给了另一位企业家——英特尔公司前任生产部的经理马克·库拉。

与此同时，沃兹尼克继续改进苹果电脑的性能，并于1976年8月底设计出一种更高级的个人计算机Apple－Ⅱ型。到1976年底，Apple－Ⅱ型销售额达到20万美元，其中利润为20%。乔布斯的雄心壮志和沃兹尼克的设计能力给刚从英特尔退休的马克库拉留下了深刻的印象。1976年11月，他来到苹果公司帮助制定商业计划。

年仅38岁，却已是一个百万富翁的马克库拉是一位练达的企业家，他对微电脑业务十分精通。在知道乔布斯他们的设计后，马克库拉很快来到乔布斯的汽车房，对“苹果”样机进行了实地考察，并提出了一大堆问题，最后当马克库拉对乔布斯和沃兹尼克问及“苹果”电脑的商业计划时，他们表现的是一窍不通。但是马克库拉以他多年风险投资的经验判断出这两个小伙子的发展前途，于是告诉他们：要想吸引风险资本，一个详细的商业计划是所必需的。此后，马克库拉给两个年轻人上了半个月的管理课，同时，三个人日夜工作，花了两个星期的时间拟出一份苹果公司的经营计划书并制定了一份非常全面的“苹果”电脑研制生产计划。根据Apple－I的销售情况，马克库拉大胆地将销售目标定为10年内达到5亿美元。意识到公司将会快速成长，马克库拉不仅自己投入了9.1万美元，还在美国银行获得25万美元的信贷额度。

融资完成后，他们三人于1977年1月3日正式成立苹果电脑股份有限公司。乔布斯和沃兹尼克的资产估价为全公司股份的2/3，马克库拉则以其9.2万美元的投资获得苹果公司1/3的股份。马克库拉意识到，苹果公司要像商业计划书所要求的那样快速成长的话，就需要经验丰富的领导层。乔布斯和沃兹尼克都深感自己不能胜任日常经营治理，他们推举马克库拉为董事会主席，并说服国家半导体公司总裁斯科特出任苹果公司的总裁。1977年2月，斯科特接受挑战担任苹果公司的首任总裁，年薪26000美元，这只是他在美国国家半导体公司收入的1/3。乔布斯担任副董事长，沃兹尼克担任副总裁。之后他们三个人带着“苹果”的经营计划走访马克库拉熟悉的其他风险性创业投资家，结果又筹募了60万美元。其中一个投资者是罗克，他曾对英特尔公司进行过风险投资。在他们的努力下，苹果公司开始引起人们的注意，吸引了一些重要的金融投资商，其中包括温洛克（洛克菲勒家族）。至此共筹到300万美元资金，已具备了开始大规模生产的能力。1977年4月17日，Apple－Ⅱ以革命性定价1298美元和富有吸引力的产品形象在旧金山举行的首届西海岸计算机展示会上亮相，并刮起了计算机行业的风暴。

Apple－Ⅱ型是第一台针对大众市场设计的计算机。终端用户第一次可以买到价格便宜、易于使用、性能高于一般微机的个人计算机。苹果的名字与徽标让人感到友好、亲切，不会产生惧怕感。整个机箱紧凑、小巧、轻便，便于搬运，色调也很吸引人。另外，键盘和屏幕由轻塑料取代了金属，屏幕比电视屏幕小，但不影响字体的清楚度，并具有彩色处理能力。公司为使用者提供了自己的程序，操作手册使顾客可以轻松方便地把握整个系统软件。此外，许多公司也开始开发兼容的应用程序。

1979年夏末，苹果电脑公司决定进行一轮上市前的对外私募融资即夹层融资。通过唐·瓦伦丁和马克库拉的关系，融资很快成功，包括施乐公司、罗斯柴尔德（LF Rothschild）、Untenberg、Towbin、Brentwood资本公司以及一些个人投资者等共计16个投资人，以每股10.5美元的价格认购了苹果电脑公司的股份，苹果电脑公司此次共融资727万美元。施乐公司当时就设有专门的风险投资部门，施乐公司以100万美元购买了将近10万股股份。施乐公司投资后，准许苹果参观其神秘的帕洛阿尔托研究中心，“乔布斯像个孩子一样东看西看，观量着各种新技术，欣喜若狂”。有了这轮融资，苹果电脑公司终于有了大公司的迹象。

2. 公司上市

1980年12月12日，苹果公司首次公开上市，那是华尔街一番空前的非凡景况。每股价格为14美元，股市以22美元开盘，几分钟内460万股股票销售一空，当天以29美元收盘，公司市值为17.78亿美元。460万股，每股22美元，总共吸收了1.012亿美元的资金，苹果电脑公司公开募集的资金比1956年福特公司上市以来其他公司的IPO都要多，为1956年福特公司上市以来最大规模的IPO。经过股权稀释后，25岁的乔布斯持股比例为15%，但仍为苹果电脑公司的最大股东，其个人身家因苹果电脑公司的上市而超过2亿美元，成为媒体追逐的“宠儿”，成为全美最富有的40位大亨中最年轻的一个。第二大股东马克库拉持有的700万股，价值也超过2亿美元，按计算，马克库拉四年前投资的9.1万美元增值了2200多倍。沃兹尼克的400万股价值则超过1亿美元。在公司上市前，沃兹尼克制定了一个名为WozPlan的职工认股权计划，允许员工最多能够购买2000股股份，而价格却很低。通过这个计划，大约有80多名员工都手持苹果电脑公司股票。因为苹果电脑公司的上市，也造就了从秘书到主管的40位新百万富翁。苹果电脑公司创造的百万富翁超过了此前历史上的任意一个公司。除此之外，在创收初期，风险资本家们也因为投资苹果公司的决策得到了丰厚的回报。

不久，施乐公司就将所持的苹果股票出售了，获得的回报是3000万美元，是当初投资的30倍。而旧金山著名的风险投资家阿瑟·罗克在投资苹果公司后不到3年，从当初投资的5.67万美元到上市后，手中持有的股票猛增到了1400万美元，增值250倍。而据估计，如果当初韦恩①没有退股，1980年其身价也应该达到上亿美元，但韦恩却因一念之差而失去了成为亿万富翁的机会。在2000年高科技泡沫的时候，有人推算，如果当初韦恩不退股，其身价也应该是15亿美元，但77岁的韦恩现在却一个人孤独地生活在拉斯维加斯城郊区，靠卖邮票和政府救济金度日，他年事已高且穷困潦倒，甚至买不起一个苹果的产品。

3. 瞩目的业绩

Apple－Ⅱ型电脑诞生仅两年就销售出20万台以上。1977年销售额为250万美元，1978年为1500万美元，1979年达7000万美元，1980年达1.17亿美元，1981年达3.35亿美元，1982年达5.83亿美元，实现了原定的5亿美元的销售收入目标。1982年12月，苹果公司成为首家年销售收入增长10亿美元的个人计算机公司。1982年6月14日，苹果计算机公司首次进入《财富》1000强，排名第598位。1983年5月，苹果公司诞生不到5年就成为《财富》杂志500强大公司之一，排名第411位，是商业史上成长最快的公司。这是第一次一家新公司在五年之内，就进入《财富》杂志500强大公司的排行榜。而一年后，苹果公司竟青云直上，一下跳到了该项统计的第291位。至此，人们不得不对这个仅有7个年头的年轻公司刮目相看了。

苹果公司成功的实例给美国的银行家做了很好的示范。从此，美国逐步有了800家风险投资银行，供他们专门做与科技人员打赌的事情，这在很大程度上支持了美国高科技企业的创业，从而造成了目前全球100个新产品中，美国独占76个的绝对垄断地位。

（二）苹果的转折——乔布斯被迫离开苹果

1983年，乔布斯为了让当时的百事可乐总裁约翰·斯卡利加入苹果，说出了那段著名的话："你是想卖一辈子糖水，还是跟着我们改变世界？"乔布斯和斯卡利共同执掌苹果的那段时间里，创造了最棒的产品（第一部Mac）和最棒的广告（"1984"）。然而，很快这段蜜月就结束了，斯卡利把乔布斯赶出了苹果。

1985年2月，乔布斯获得里根总统颁发的国家技术大奖（National Medal of Technology）。同年5月，由于公司内部的权力斗争，获得董事会支持的苹果电脑公司CEO斯

① 罗纳德·韦恩，苹果公司三位创始人之一，苹果成立12天后决定退出。

卡利解除了乔布斯在 Macintosh 部门的职务。5 月 31 日，苹果电脑公司公布第一季度大幅亏损及大裁员，同时宣布解除乔布斯的所有职务，只保留一个董事长的空头衔。拥有较少股份的乔布斯在没有苹果电脑公司实质控股权的前提下，他已不能做出有关实质性的决策。9 月 13 日，乔布斯辞去董事长职务，正式离职。作为苹果公司的联合创始人，他被自己一手创办的公司踢出家门。董事会解除乔布斯职务的原因是，他们感到“苹果将毁于他的疯狂之下”。

1986 年，苹果电脑公司实现收入 19 亿美元，净利润突破 1.54 亿美元。1987 年，收入突破 20 亿美元，净利润为 2.18 亿美元。1988 年，收入站上 40 亿美元大关，净利润为 4 亿元。1989 年，收入站上 50 亿美元大关，净利润为 4.54 亿元。

表面上看，苹果公司取得了巨大成功，其实已是危机四伏。在斯卡利掌舵时期，苹果没有推出一款有意义的新产品。斯卡利为了报表上数字的漂亮，为了获得华尔街的追捧，也为了自己的个人利益，在他任 CEO 期间，只一味地追求利润增长，甚至不惜提高产品价格，结果却使苹果在 PC 市场的占有率从原来的 20% 下降到了 8%。这种做法虽在短时期内增加了收入，却无异于饮鸩止渴。

1990 年，苹果电脑公司净利润略有增长。1991 年，净利润便开始下滑，仅为 3.1 亿美元。1992 年，净利润虽再次上升至 5.3 亿美元，但 1993 年 6 月，苹果电脑公司业绩再次大幅下滑，苹果电脑公司的收入从上一财年的 79.77 亿美元下滑到 70.87 亿美元，净利润更是从上一财年的 5.3 亿美元下滑到 8700 万美元。“斯卡利毁掉了苹果”，终于，苹果电脑公司解除了斯卡利的 CEO 职务。1992 年 10 月，斯卡利离开了苹果电脑公司。

与此同时，乔布斯在离开苹果之后，创办了 Next 公司（即后来的 NeXT 公司）。这一次乔布斯吸取了上一次的教训，持有 Next 公司 63% 的股份，他要有绝对的控股权。1987 年，NeXT 公司获得了富翁罗斯·佩罗（Ross Perot）的投资。1989 年，佳能公司向 NeXT 公司投资 1 亿美元。1993 年，NeXT 公司彻底放弃了硬件业务。创办与经营 NeXT 软件公司是一段屡败屡战的艰难历程，但乔布斯始终牢牢掌握了控股权，也正是这段历程让他真正成熟起来，乔布斯懂得了控股权和资金的重要性。

在离开苹果电脑公司的那段时间里，除了创办和经营 NeXT 外，乔布斯还于 1986 年斥资 1000 万美元购买了视觉效果工作室皮克斯（Pixar）公司。皮克斯出品了一些最受欢迎的动画电影，包括《玩具总动员》《玩具总动员 2》《怪物公司》《海底总动员》等。1995 年，皮克斯公司在纳斯达克上市，乔布斯的身价超过 10 亿美元。2006 年，迪士尼用大约 74 亿美元的价格收购皮克斯，收购后二者合并，乔布斯在迪士尼董事会获得一席之地，并成为迪士尼最大的个人股东。

（三）乔布斯回归，苹果再次崛起

1996 年 12 月 20 日，苹果电脑公司宣布以 4.27 亿美元收购 NeXT 软件公司，其中包括 3.775 亿美元现金、2500 万美元的苹果股票以及 1600 万美元的苹果股票认购权。

作为NeXT软件公司的最大股东，乔布斯从这项交易中获得了1亿美元现金和150万股苹果股票。

凭借NeXT软件公司，乔布斯终于回归苹果，出任苹果电脑公司董事会主席吉尔·阿米里奥的顾问。但乔布斯似乎对当时的苹果信心不足，随着苹果股价的持续走低，1997年6月，他卖掉了手中150万股苹果股票，又一次象征性地留下一股。

苹果仍在努力挣扎。1997年6月苹果电脑公司宣布第二季度亏损7.4亿美元。1997年7月9日，苹果股价仅3.19美元，跌到12年中的最低点，如图5－1所示。

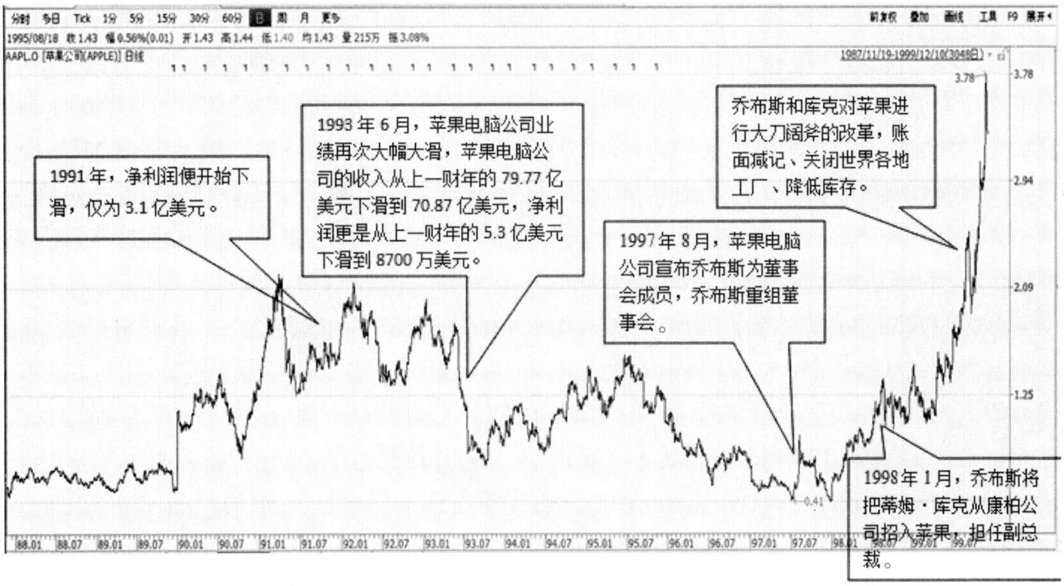

图5－1 乔布斯的回归及改革关键交易日的股价（1987～1999）

1. 连同库克，乔布斯大幅改革苹果

1997年8月，苹果电脑公司宣布乔布斯为董事会成员。乔布斯对苹果进行了大刀阔斧的改革。首先，他重估了苹果股票期权的价值，把员工的业绩与股票奖金挂钩，于是员工的士气被激发出来了。其次，引入了微软，微软向苹果注资1.5亿美元，获得了苹果电脑公司非投票权股票，微软同意为Mac机研发办公软件（微软在后来已全部售出了所持有的苹果电脑公司股票）。作为交换，苹果电脑公司撤销了对微软侵犯版权的诉讼，并将微软IE浏览器集成到苹果操作系统中。这夯实了苹果的现金基础。再次，乔布斯辞掉了与他意见不合的主管，换上了他信任的人。最后，还出台了一些大大小小的新规定。这些新措施为苹果电脑公司重现辉煌奠定了基础。

1998年初，乔布斯在董事会的同意下，把蒂姆·库克从康柏公司招入苹果，担任资深副总裁，主管苹果的电脑制造业务。这次，乔布斯选对了人。之后，乔布斯与库克对苹果的库存管理、制造和分销运作进行了大量的改革。库存产品在苹果资产负债表上存在的时间迅速从以月计算降为以天数计算。截至1998年9月25日，苹果只维持着6

天的库存量，相当于7800万美元的商品价值，这比上年的31天库存量和4.37亿美元商品价值有了大幅降低。到了1999年底，库克进一步把该数字挤压为2天和2000万美元。

2. 新管理层架构之下，苹果公司运营的威力突显

此后，在新的管理层架构之下，苹果不断推出新产品。2001年10月苹果推出iPod数码音乐播放器，配合其独家的iTunes网络付费音乐下载系统大获成功，一举击败索尼公司的Walkman系列成为全球占有率第一的便携式音乐播放器，随后每隔一年推出的数个iPod系列产品更加巩固了苹果公司在商业数字音乐市场的地位。苹果的其他产品也在市场中也占据了主要地位。

随着苹果商业版图的扩大，随之而来的知识产权纠纷也越来越多。2010年10月，诺基亚（微博）起诉苹果公司，认为该公司在未向其支付费用的情况下使用其专利技术。两个月后，苹果公司在特拉华州提起反诉，声称诺基亚侵犯了苹果13项的专利。苹果公司随后将该数字更改为9项。2011年6月13日，诺基亚公司表示，其与苹果公司之间的所有专利权诉讼已全部达成和解。2011年2月，苹果公司挫败诺基亚连续15年销售量第一的地位，成为全球第一大手机生产商。一年后，诺基亚因亏损惨重而不得不从法兰克福证券交易所退市。

苹果iPad的问世，令中国的一家上市公司——汉王科技遭受了沉重打击，其汉王电纸书因iPad的冲击而出现滞销。2012年2月，汉王科技发布业绩快报：2011年实现营业收入5.33亿元，较上年同期减少56.90%；归属于上市公司股东的净亏损为4.34亿元，上年同期实现净利8790万元。至此，汉王科技已经连续五个季度亏损。对于亏损，公司解释主要有三大原因：一是电子书市场受到平板电脑等相关产品的冲击，产品的价格进行了大幅下调，导致产品的收入和毛利出现较大幅度下降；二是公司对相关存货计提了存货跌价准备；三是在终止了部分项目的研发及产品化的同时，对有市场前景的重点项目增加投入，导致研发费用有较大幅度的增加。媒体评论称："汉王科技无疑已经是深陷泥潭，面对苹果、Kindle等产品几乎毫无还手能力。"

2011年8月10日，苹果公司市值（market capitalization）超过埃克森美孚①，成为全球市值最高的上市公司。爱尔兰财经新闻网站BusinessWorld于8月20日报道称，苹果公司目前的市值为欧元区前32大银行的市值总和。欧元区前32大银行的市值总和为3400亿美元，这一市值总和是基于这些银行的流通股来计算的。

标准普尔资深指数分析师霍华德·斯利福布莱特表示，苹果公司跃居全球市值第一是一个时代的象征，美国最高市值公司一般能反映出消费者的需求，并且拥有其他对手无所匹敌的产品。美国投资银行Gleacher & Co分析师布赖恩·马歇尔认为，苹果给予了投资者之前从未看到过的东西，"这家有着35年历史的公司增速就像是一家创业公

① 在美国，埃克森美孚和通用电气一直交替占据市值排行第一宝座，但是微软在1999年超越了他们。不过到2000年时，通用电气再次成为市值第一公司。财经信息供应商FactSet的数据显示，这三家公司在接下来的五年时间里的市值非常接近，不过苹果公司却在迅速崛起。埃克森美孚在2005后一直是全球最高市值公司，直到2011年8月10日。

司，即便是在2008年和2009年，苹果的增长也如同野草一般。”

2011年8月25日，苹果公司董事会宣布，乔布斯已经辞去首席执行官职位，董事任命库克，原首席运营官为公司的新任首席执行官，实现苹果管理者的平稳过渡。

2012年2月3日，苹果超过惠普，成为全球最大PC厂商。

三、问题的阐释与分析

纵观苹果发展历程不难发现，苹果的成功是多种因素共同作用的结果。风险资本的进入奠定了苹果发展的基础，苹果管理层的风险企业家精神提供了发展的动力，苹果成功的经营战略管理宏观上确定了苹果的成长方向、成长速度及实现方式，独具特色的品牌、营销方式的确立是苹果吸引大量忠实消费者，不断扩大市场的有力支撑。苹果公司的成功离不开前期风险资本家马克库拉的进入。可以说，库拉不仅为苹果公司带来了丰厚的资本金，更带来了管理方法与经验，奠定了日后苹果公司的成功。当然，作为苹果的风险资本家，库拉也赚得盆满钵满。

（一）风险投资（Venture Capital，VC）

从投资行为的角度来讲，风险投资是把资本投向蕴藏着失败风险的高新技术及其产品的研究开发领域，旨在促使高新技术成果尽快商品化、产业化，以取得高资本收益的一种投资过程。从运作方式来看，是指由专业化人才管理下的投资中介向特别具有潜能的高新技术企业投入风险资本的过程，也是协调风险投资家、技术专家、投资者的关系，利益共享，风险共担的一种投资方式。

风险投资的特点有：投资对象多为处于创业期的中小型企业，而且多为高新技术企业；投资期限至少3~5年以上，投资方式一般为股权投资，通常占被投资企业30%左右股权，而不要求控股权，也不需要任何担保或抵押；投资决策建立在高度专业化和程序化的基础之上；风险投资人一般积极参与被投资企业的经营管理，提供增值服务；除了种子期融资外，风险投资人一般也对被投资企业以后各发展阶段的融资需求予以满足；由于投资目的是追求超额回报，当被投资企业增值后，风险投资人会通过上市、收购兼并或其他股权转让方式撤出资本，实现增值。

1. 案例分析

苹果公司的案例中投资方与被投资方实现了双赢，可谓是一次非常成功的风险投资。首先，从苹果公司角度来说，风险资本家马克库拉先投资了9.1万美元，然后与乔布斯一起共同走访了包括阿瑟·罗克在内的其他风险投资家，筹集约60万美元风险资本，并争取到美国商业银行25万美元的信用贷款，共筹资约100万美元后，苹果公司开始正式运营。除此以外，为提高投资成功率，马克库拉出任苹果公司的董事长，指导苹果的经营和管理，乔布斯任副董事长，沃兹尼克任研究与发展的副总经理，总经理由马克库拉推荐的斯科特担任。搭建良好的组织架构之后，这家公司很快走上正轨，并在五年之内就进入《幸福》杂志500家大公司排行榜。

其次，风险投资家通过苹果获得了丰厚的利益回报。1980年12月12日，苹果公司以每股22美元的价格首次公开发行股票，早先在苹果公司投资下注的风险投资家，都获得了丰厚的回报。阿瑟·罗克1978年投入的5.76万美元在首次公开发行时价值1400万美元，增值243倍。而马克库拉最初投入的9.1万美元增值超过1600倍。

2. 问题的反思

风险投资的贡献不仅限于提供资金，更在于它对创新经济的支持。创新需要大量的资本推动，银行资本却显然不能有效支撑这类事业。经济学家熊彼特一向视“创新”为经济增长的内生变量，成批的重大技术创新有赖于金融资本的支持①，尽管在一些国家执行起来并不容易，但在理想情境下，风险投资确实可以有效助推初创企业成长，并在生意上形成亦师亦友的战略关系。需要知道的是，与经典教案所展示的图景不同，并非所有的创新型企业都是完美的标的，大多数高科技公司本身存在大量的问题，诸如不懂市场开拓，战略定位混乱、管理不善、财技匮乏等问题。若没有这些要素，即便同时拥有天才和天才般的创新都不能为企业与社会创造出更多价值。熊彼特指出，创新的企业家从来都不是发明家而是发明创造的实践者。因此一项创造或创新只有通过企业与企业家的一系列市场化、商业化的努力方能转化为社会价值，推动人类社会发展乃至改变世界，即使苹果公司也不例外。同时在实务操作中，许多创业型企业家并不愿意别人对自己的企业指手画脚，他们更愿意说“你们只需开好支票即可”。而实际上，若仅仅在资本方面支持创新型高科技企业是不够的。作为纽带，资本使VC与企业家拥有了共同的利益前景，从而自相互控制的泥潭中摆脱出来。VC可能为被投资企业带来组织结构调整、商业模式重塑、资源整合等方面的支持，这些都是商业竞争中重要的成功要素，正是由于这些创新之外的辅助因素延续了创新企业的生命力。很难想象，如果没有一开始马克库拉的管理输出与架构调整，苹果电脑公司能否成为后来的苹果②。

苹果企业的风险投资者更看重的是人与苹果的技术。苹果的早期风险投资人是有着“风险投资业之父”的亚瑟·洛克。洛克是英特尔公司背后最大的风险投资人，而洛克与苹果结缘，则是马克库拉的功劳。

洛克以谨慎和挑剔的投资风格出名，他是在马克库拉多次“诱骗”他到电脑展去参观之后，才同意投资的。洛克回忆说：“人们全部集中在苹果电脑的摊位上，我连想要靠近去碰到那台电脑都非常困难。”他形容乔布斯是他见过的最有主宰能力的一个人。“投资于人”，是洛克一贯的投资理念，洛克坦承自己是技术的门外汉。他投资的是“人”，而不是“产品”。“我寻找目标的首要条件就是那人是否诚实，而这要花很长的时间才能知道。不是说这个人是不是会偷东西，或者拿了钱就逃之夭夭，而是他有没有勇气正视自己犯的错误。你如果问100个人他们想不想发财，没有一个会说不想，但光有致富的欲望还不行，必须要有牺牲精神——‘牺牲’不仅仅是指一天工作20个小时，

① 熊彼特1939年的观点，从某种程度上说他可以算是最早开创风险投资思维的经济学家。

② 陆洋：《苹果改变世界，VC改变苹果》，载于《财经论丛》2012年5月。

更是指勇于说不的能力。”洛克在一次接受采访中，如此表达自己对创业人的评判。

洛克对投资项目非常挑剔，宁缺毋滥。他会花上一至三个月跟创业者深谈，从各个方面了解他的人品。他的案子一般来自友人的推荐；他对创业企划书的形式也没有行文洋洋洒洒、装订精美绝伦的要求，如英特尔的计划也只有短短两页。

1978 年，洛克以每股 9 美分买了 64 万股，投资了 5.76 万美元。这些投资在 1980 年 12 月 12 日苹果电脑第一次公开上市之后，价值 1400 万美元，每 1 美元钱投资收回 243 美元。在洛克“点石成金”的投资史上，又增上亮丽的一笔。但即便如此，洛克对乔布斯的评价却是，“有了想法，一意孤行去做，而不顾结果是否对公司有益”。这种让人充满幻想同时也带有不确定性的创业者，总让投资人又爱又恨。

帕洛阿尔托的风险投资家盖斯（Jean - Louis Gasse）曾经评价乔布斯：“他让人难以忍受；他会把人弄哭。但他几乎总是对的，而且即使他犯错的时候，他的错也是那么有创意，以致仍然让人称奇。”

马克库拉看重的就是苹果公司属于无形资产的专利权及知识产权，投资 9 万美元所占的股份比例是 30%，余下的 70% 是苹果电脑公司开创人乔布斯等的知识产权股份。尽管苹果公司在创业初期缺乏资金，但对风险投资商来说，良好的技术才是其资金的投入方向。投资商能够让技术方控股，则完全是为了挖掘和发挥技术人员的无限潜力。苹果公司的成功就是美国高科技产业和金融投资服务业的完美结合。

同一般的投资者不同，美国许多风险投资者都直接介入所投公司的经营管理。当一个人有了技术而身无分文且毫无名气时，风险投资家就会提供帮助。只要投资商看准了技术发明，就会融资组建公司，并且技术方以知识入股而所占的股份可高达 60% ~ 70%。不仅如此，风险投资商还会帮助技术方选派经营管理人员。

在资金紧缺的时候，风险融资的出现为苹果公司的成立搭建阶梯，使其能够快速抓住经济发展的机遇，而不会因为资金的缺乏而错失机会。如果没有风险融资，乔布斯与沃兹尼克就算再有才华，没有资金也不能做出一番事业，成立苹果公司。而且，机遇是可遇不可求的，因为风险融资的及时出现，使他们在其他大企业还没有意识到小型微机市场的利润空间前抢占市场，为苹果公司的产品打开销路。

（二）苹果公司的风险企业家精神

苹果公司能够改变世界，取得今天的成就，可以说与创始人乔布斯是分不开的。乔布斯把一生都献给了苹果，而苹果公司的发展带着乔布斯个人的风格。乔布斯是一位优秀的领导者，虽然他看起来有些离经叛道而且脾气火爆，但时间证明，他的很多理念都是正确的。

1. 重视创新，创新是风险企业家精神的核心

创新是推动经济发展的原动力，它同样也是风险企业赖以生存和发展的基础。失去创新，风险企业就无法按最优的方案进行资源配置、减小风险、降低成本、提高收益。没有创新，风险企业就没有了“明天”。而乔布斯的一生都在不断创新、创造。他曾说

“创新是无极限的，有限的是想象力”。要有一种好的思想，这种思想可以是一种创新的产品，也可以是一种前所未有的服务项目。

贯穿苹果公司初期成功的一条主线，是乔布斯和沃兹尼克两人孜孜以求的创新精神和尽一切努力打破现有规则的冲动。从自己组装“苹果I”微型机，卖掉两人的大众汽车和计算器以筹集资金，寻找投资家马克库拉的支持，到“苹果”的命名，率先点燃“软件技术竞赛”的火焰，直至推出鼠标并保持价格低廉而又简便易学的电脑特性，苹果公司的创业者经过不懈的努力，很好地保持和发扬了创新精神。彼得·德鲁克在他的《创新与企业家精神》一书中写道：“高科技产业代表的是明天，而不是现在。”因此，衡量一个高新技术风险企业的企业家精神，其关键在于把握经济学家约瑟夫·熊彼特所说的“创造性的破坏”。破坏的目的是为了发展，产生更大的现金流和利润。然而除了收取直接的经济效果之外，创新精神还有利于对不完全信息进行改善，从而降低风险，并降低企业内部管理成本和外部市场交易成本。创新包括四个层次：指引发展方向、提供必要支持并促进应用的技术创新；克服结构性障碍、进行新的体制安排的制度创新；将零散琐碎的事实经验上升到系统化规范化理论高度的理论创新；基于对传统的企业家风险规避程度的改变的风险态度创新。后三种创新都依赖于管理水平的提高。

在德鲁克眼中，企业家的本质是有目的、有组织的系统创新，而创新就是改变资源的产出，就是通过改变产品和服务，为顾客提供价值和满意度，创造出一种新的满足，创造出新的消费诉求。纵观乔布斯在苹果的岁月，乔布斯善于抓住一个又一个的创新机遇。按照创新的范围和层次，德鲁克的创新分为三大类：产品的创新（产品或服务的创新）；管理的创新（制造产品与服务，并且将它们推出上市所需的各种技能与功能的创新）；社会的创新（市场、消费者行为和价值的创新），乔布斯在这三个层面展现了优秀的企业家才能。

（1）产品的创新。

乔布斯懂得为消费者提供价值和满足消费者需求的创新才是一个公司安身立命的根本，苹果知道大众对复杂的高科技有一种渴望，生活在一个个性化的时代，消费者需要在品位和内涵上来逃离社会的庸俗和同质化。苹果的使命就是满足消费者的这些需求。如果纯粹从技术上讲，它们并没有十分突出的特点，也没有什么其他公司不能攻克的高端技术难题。但苹果却告诉了我们播放音乐的“小东西”可以像艺术品一样精致、美观，电脑可以没有鼠标、键盘，手机外观可以很个性化。

（2）管理的创新。

乔布斯不仅在产品上的创新让人叹为观止，在管理上的创新也是炉火纯青。

①商业模式的创新。就在十多年前“水平产业模式”还占据个人电脑市场主导权的时代，苹果的“垂直产业模式”饱受质疑，当今天我们看到苹果的产品质量稳定和利润最大化时，我们不得不佩服乔布斯的战略眼光。

②战略的创新。20世纪80年代，消费者买到任何一款电脑都会给他们带来从未有过的“惊喜”，这时对普通百姓来说，苹果与IBM没什么区别，他们只会关注于产品的

价格，在那个年代，平民战略有它的规模优势，就在企业们纷纷效仿平民路线时，乔布斯依然坚持他的精品路线，终于迎来了摆脱同质化的时代，精品路线开始发挥神力。

（3）营销上的创新。

仔细研究乔布斯的营销模式，我们会发现他不是在营销产品，而是对营销进行创新，营销一种精神，营销一种文化。他创新了营销活动，认为销售活动并不是在营销产品而是在营销一种身份，营销一种生活方式，使苹果产品真正成为人们的一种生活方式和身份的象征。

（4）社会的创新，即市场、消费者行为和价值的创新。

乔布斯总是能准确理解消费者的潜在诉求，就在微软的平板电脑遭遇滑铁卢时，苹果的 iPad 却是火爆销售，因为乔布斯发现了新的市场，他把 ipad 定位于介于笔记本电脑和智能手机之间的一种电子产品，而不是笔记本的取代产品，无键盘、可玩的游戏、看电子书、编辑文本、手指操作……乔布斯创新了市场，创造了效用。

2. 与最优秀的人一起工作

对于一个风险创业企业来说，乔布斯非常看重前十个员工的能力。他倡导“必须和最优秀的人一起工作，最终把个体互动产生的力量汇总，这样整体的力量远远大于个体力量的总和。”

3. 不招聘落俗套的员工，愿意冒险

随着规模的发展壮大，苹果公司也面临着提高管理水平和技术水平的问题。乔布斯和沃兹尼克不拘泥于传统的等级和规章制度的限制，知人善任，敢于用人。这种反传统的风险创业精神吸引了许多才华横溢的年轻人来参加创业和生产。在创业的最初几年，苹果公司的员工多是二三十岁的年轻人，他们努力工作，积极进取，同他们的老板一样富有冒险精神。

经典的西方经济学认为，理性人是风险规避型的，这就意味着人们通常会采取稳妥保守的态度，回避风险。然而风险企业家与传统企业家的区别在于，为了谋求风险企业在初期的快速甚至超常规发展，必须“走捷径”，“做没说不能做的事”。这就要求风险企业家具备冒风险的胆量和勇气，更要有明智和清醒的头脑。风险主要来自四个方面：内部技术风险，内部管理风险，外部市场风险即“市场失灵”，以及资本风险。弗朗克·耐特指出，与不确定性相区别的是，风险是可以量度的，也是可以通过某种途径加以控制的。当风险企业家通过冷静的分析判断，认定了一条道路的时候，他就必须大胆决策，果断实施，敢于在这种可能带来极大增值、也同样有可能产生不良后果的专用性资产上投资。只要运用了合理的方法，贯彻了正确的理念，风险是可以加以克服的。

优秀的企业家信奉的话是：“Rules are good. Break them.（规矩是用来打破的。）”苹果公司的用人制度充分体现了这一原则。正是依靠全体员工的风险创业精神，公司才在六年里从一个车库小厂迅速发展为一个拥有 4000 名员工、年产数十万台微电脑的中型企业。

4. 产品上绝对完美，兼顾质量与美学

乔布斯是一个完美主义者，尤其在对待苹果的产品上，不断突破与超越自己。1977

年4月苹果Ⅱ型样机的问世，在技术和推广应用上都大大增加了实用价值，确立了在软件开发上的优势。这种完美的结合巩固了苹果公司在个人计算机市场上的地位，销售长盛不衰，在日新月异的微电脑市场上创造了奇迹。后来，IBM的进入给苹果公司造成了巨大压力。经过一系列周密的计划和组织，苹果公司登出了一幅题为“欢迎IBM”的整页广告，以示迎战的信心和实力。结果，苹果公司抓住了操作简易和价格低廉这两个特色，不断优化和更新自己的产品，稳住了产品市场，其在微电脑市场中的份额始终保持在26%。在经历了重大挫折和严酷竞争之后，苹果公司在20世纪80年代后期更加壮大也更加成熟。

事实上，不经过挫折和竞争的洗礼，就不会成为优秀的企业，也不会创造出骄人的业绩。风险企业一般是中小规模的高新技术企业。在履行了把握机会、甘冒风险的步骤之后，风险企业家把目光转移到寻求更大、更长远的发展目标上。这就在客观上向风险企业家提出了在能力、心理、知识和个人修养等方面达到新的境界的要求。而企业家也有足够的动机实现这一自我超越的目标，主要是由于以下几个原因：首先，企业规模的扩大、股权的多元化，风险企业家占有企业的相当部分产权，从而不再简单地追逐利润最大化，而是追求更高层次的企业整体价值增长目标。其次，竞争的激烈和多元化要求企业做出更快的反应和“跟随行动”，甚至采取“先入为主”的主动行动策略。“管理的经济”已经进化到“创新的经济”（彼得·德鲁克）。风险企业家从被动等待转向主动为创新活动寻找内生动力，激发创新的正反馈过程发生。乔布斯对苹果公司软件开发计划的推动，在本质上就是创新的内力驱动。再次，声誉成为契约的重要功能。委托代理理论证明，代理人有动机使他的行为方式影响市场看法，使自己声誉的价值得到提高。乔布斯和沃兹尼克为苹果公司长期发展做出卓越的贡献，也获得了丰厚的回报，这种回报不仅表现在他们的现金收入上（1983年，不满30岁的乔布斯个人具有的公司资产净值达2.84亿美元，成为全美最富有的40位大亨中最年轻的一个），也体现在他们的市场声誉、期望价值的升高上。良好的口碑本身也成为激励他们不断进取、超越自我、达到更高境界的重要因素。另外很重要的一点是，自我超越已经从企业家的个人层次向组织层次迈进了一大步。个人行为的力量毕竟是有限的，更为积极的做法是通过一定的组织形式改变导致机会主义行为的环境。这就意味着用组织行为代替个人行为，通过柔性化的制度安排，降低交易成本和管理成本。乔布斯和沃兹尼克在苹果公司的创业实践，已经超出了个人成长的范畴，而且推动和促成了苹果公司的组织机能的提高。

（三）战略的成功对苹果公司的成功很重要

苹果公司不再是一个单纯的电脑公司，而是一个电子消费品的高科技股份公司。虽然在电脑行业打拼了多年，但真正出现高增长还是在发明了iPod之后。如果没有灵活的战略头脑，重新审视企业未来的发展，还是围绕电脑行业进行“红海”里的拼杀，就不可能有今日的苹果。从电脑行业来看，苹果公司转行做起了音乐播放器，简直是不务正业，因此，在iPod上市之初，苹果公司受到了很多同行的嘲笑。但实践证明苹果公司的决策是对的，没有当初的iPod，就没有后来的iPhone，以及现在的iPad，它们的发展具有相同的模式。这一系列新产品的成功，反过来又带动了iMac系列电脑的销售。

1. 明确战略管理的思路

苹果公司的成功说明，战略管理虽然很难，但战略管理的思路其实很简单：基于消费者的偏好，开发出一个能使用户价值最大化的产品（或服务），再围绕该产品或服务设计出一套业务系统或商业模式来，该模式要达到能自我繁殖发展但竞争对手却难以模仿的要求，最后围绕模式的实施严格进行全过程管理，注重每一个细节，目的是不给竞争对手可乘之机，巩固自己的竞争地位。

2. 战略管理要注重对全过程的管理

苹果公司的成功再一次证明，战略管理不仅要注重战略分析和战略制定，更要注重战略实施过程的管理。苹果公司的成功不仅是战略转型、企业重新定位的成功，而且是对战略实施过程严密控制的结果。苹果公司注重从产品研发到制造、销售的全产业链的严格管理，因为乔布斯认为，不管哪个环节出现了纰漏都可能导致意想不到的坏结果。

（四）苹果的特色营销①

苹果公司营销的特色体现在广告、保密文化和专卖店上。苹果公司在营销上十分重视广告的效用，所制作的广告就像它的产品一样令人惊叹和瞩目，不少广告已成为业内的经典。

1984年，苹果公司利用美国橄榄球超级碗大赛的广告时间，推出了后来称为历史经典的60秒广告——“1984”。这则广告目的是介绍即将推出的电脑，但在广告里却没有电脑。苹果公司在这个广告里影射当时对计算机行业的封闭统治，而砸碎电幕的健美女性则是代表先进生产力的苹果电脑。这个首播于1984年1月22日时间只有60秒的小电影后来也成为广告史上最著名的广告之一，也被认为是历史上首个“事件营销”案例，这个推广活动本身的轰动效应所吸引的受关注程度已足以与产品本身媲美。“1984”表达了苹果的理念和目标，让大众而非政府或大公司掌握操纵技术，让计算机变得普通人可及而非控制人的生活。向世人传递着这样的信息苹果产品将使人们从电脑霸主工的统治中解放出来。这个广告仅在超级杯橄榄球大赛的电视转播中播出了一次，却造成了空前的轰动，美国的三大电视网和将近50个地方电视台都在超级杯后报道重放了“1984”，还有上百家报纸杂志评论“1984”的现象和影响，这些都为苹果公司和电脑做了免费广告。同样，后期推出的广告“Think Different”是另一个经典，里面也没有产品出现，苹果通过广告向公众传递的是它的文化和理念。

苹果公司多年来形成的一种“保密文化”，新产品不到最后正式发布，外界从苹果公司处获得不到任何产品信息，这种文化可在市场营销活动中发挥正面影响。

① 叶健：《苹果公司核心竞争力分析及其启示》，复旦大学硕士论文2009年。

在 iPhone 手机的开发过程中，苹果把其在 iMac 电脑和 iPod 音乐播放器上修炼已久的“饥饿营销”和“病毒营销”推向了一个新的高度，iPhone 的所有细节保密了长达30 个月，严密的保密制度是为了控制饥饿的强度。苹果让消费者和媒体对其信息极度渴望，从对于 iPhone 外观工业设计的臆测和猜想，到其商业模式的实施。一两年来，外界只知道苹果在筹备一款手机产品，而苹果自己却闭口不谈，任何与 iPhone 的资料都被刻意隐藏起来。直到苹果正式发布的那一刻，几乎所有有关这款手机的信息都是全新的且从未被泄露过的。

iPhone 在 2007 年 6 月开始销售一周之内，用户的饥饿感和病毒式传播的威力随即被引爆。苹果原来的目标是在 2007 年底之前销售 100 万部 iPhone，实际上只用了 6 天时间就实现了这个目标。渠道也饥饿不堪，而用户再演了排队等待的盛况——没有哪一个品牌、哪一个型号的手机得到如此高密度的关注。海外市场也爆发了热情，在一个护照能买 5 部 iPhone 的情况下，大量 iPhone 被携带到美国以外的市场。全世界的黑客也在疯狂地研究破解苹果的系统。

苹果很好地利用了其忠实“粉丝”对其新产品资料的强烈需求作为营销活动的带动者，iMac 和 iPod 已经为苹果积攒了足够的“粉丝”基础，从而带动潜在消费者的关注热情。

而病毒性营销利用的是用户口碑传播的原理，在互联网上，这种“口碑传播”更为方便，可以像病毒一样迅速蔓延，让营销信息像病毒一样传播和扩散，营销信息被快速复制传向数以万计、甚至百万计的受众。由于这种传播是用户之间自发进行的，因此几乎是不需要费用的网络营销手段。苹果的病毒营销就是通过利用公众的积极性和人际网络。苹果在公布 iPhone 时并没有披露太多资料，任何与苹果和 iPhone 相关的信息都会引起用户的极大兴趣，通过互联网，这些信息不断受到追捧。在这种情况下，各大互联网站和媒体也会主动对 iPhone 的资料进行传播，因为它们也需要 iPhone 为其带动流量或吸引读者。这导致无数个臆想的设计图在网上传播。iPhone 的潜在市场需求越来越大，进而也引起媒体的浓厚兴趣。

强势的品牌、讨好的产品加上出色的营销手段是饥饿营销和病毒营销的基础。但这种模式只能在苹果手里才能得到全面发挥，其他企业所应用的不过是渠道管理和新品发布的诱惑片段，并不能贯穿整个产品开发到销售的始终。

与其他消费电子厂商不同的是，苹果公司自己所开设的专卖店，集合了购买、维修和服务体验。不仅可以零售所有的苹果产品，还把它作为用户体验的场所，通过这种体验模式与消费者亲密接触，让大家真切感受到苹果创意的文化和生活方式。

苹果第一家专卖店于 2001 年在美国开张，里面有体验区，用户可以任意试用所有苹果产品，还有被称为“天才吧”的客户服务区，为顾客解答各类问题或是进行产品维修，以及一对一的服务项目。苹果专卖店也是很好的宣传和服务渠道，在为消费者提供一流产品体验的同时，也利用这种零售体验的形式，贴近消费者。七年间，苹果已经在美国、英国、加拿大、意大利和日本开设了 200 多家零售店，全球已有两亿多人次到零售店把玩或是购买各类产品。

专卖店将自身定位在一个传导苹果时尚文化和培训技术交流的平台，苹果独特的体验式销售方式在此店的体现尤为突出。在此，你不用担心因长时间停驻而不买单的尴尬，专卖店的店员会让你体验产品而不去主动干扰你的视线，而他们也会运用自己专业的苹果专业知识根据你的需求量身定制各类解决方案。

和苹果的产品一样，苹果零售店提供的“体验”被成功证明是可以赚钱的。根据公司2008年第一季度财报，目前苹果有20%左右的销售收入来自零售店，而且其销售额比上年同期增长了53%。2007年3月，苹果零售店甚至被美国《财富》杂志评为全美最佳零售商店。

我们正处于冗余经济的时代，产品的感性设计和感性营销正是这个时代提出的要求。现在客户需要的不是一个简单的产品功能，而是使用产品过程中获得的一种良好体验和感受。而感性能刺激客户内心深处的情感，让客户产生冲动型购买的欲望。苹果的特色营销走的正是感性的路线，从而滚雪球般赢得越来越多的用户。

特色营销为苹果培养了众多忠诚的顾客。可以从新产品上市前的排队文化中感受到苹果迷们的痴迷与狂热。为了可以最先拥有这一科技时尚小玩意儿，不管是持续高温还是暴雨天气，都无法阻挡众多苹果迷们排队购买的热情。许多人提前几天就带上自己的宠物狗、一把折叠椅、一张毛毯以及满腔的期待与热情开始在苹果专卖店外安营扎寨，风雨无阻地排队等候这激动人心的时刻到来。旁人也许会非常不理解，晚几天等人少点再来买难道不行吗，又不是以后买不到。正如一名苹果迷对记者说：“我已经为此排队等了五天了，我的胜利就要到来。我想我做的第一件事就是交完钱，打开盒子，向全世界炫耀我的iPhone！”这批忠诚且疯狂的苹果迷可以帮助苹果在短短几天内就能实现其他公司不敢想象的销售量。

特色营销使苹果的产品更加吸引用户的注意力。苹果一向对新产品很少向外界公开，由于不能从苹果公司获得新产品信息，众多苹果迷自发做了各种设计与猜测，这导致无数个臆想的设计图在网上传播，关于苹果产品在网上不断被人搜索和评价，在产品公布之前，就已经吸引了足够的人气。人们也就愈发渴望苹果来揭开谜底，在产品公布日和上市首日，这种气氛更是达到顶峰，苹果迷们都像在过节一样开心，苹果公司已经可以不用再做任何宣传，全世界所有的媒体都在主动地大篇幅的免费为苹果进行报道。

通过特色营销，向人们宣扬一种先锋时尚的生活方式，iPod、iTurns、ITMS和iPhone苹果有着引导消费者习惯的非凡魔力，而当消费者认真享用苹果的产品和服务时，进一步感受到了它的真实价值，于是苹果的大获成功是一件水到渠成的事情。只要有苹果产品存在的地方，人们总能感觉到一种独特的“酷”文化。

通过特色营销，苹果已成为时尚与科技结合的品牌。国际品牌管理机构Interbrand公布的“2008年度全球最佳品牌”排行榜中，谷歌、苹果、亚马逊网站、Zara国际和任天堂被评为上升最快的全球品牌。进步幅度第二大的则是第24名的苹果，其品牌价值上升了，已达到137.2亿美元。苹果产品已经在消费者心目中有了一个鲜明的印记，那就是：优越的性能、炫酷的外形和完美的设计，苹果产品意味着特立独行，意味着“酷”的工业设计，意味着时尚。特别是对于年轻人，拥有一台苹果 iPod 或 iPhone 或是他们向世界炫耀没有落伍的最好资本。

通过特色营销，苹果更加了解用户的需求。苹果做了大量工作去研究消费者的体验与感受，并获得用户大量的积极反馈。甚至在新产品推出前，这种交流已经开始，苹果迷们纷纷在网上发布心目中的新产品应该会有什么功能，什么外形，苹果免费获得这些宝贵的信息和构思，更加了解顾客的需求，在产品开发阶段就能把用户的需求加入产品中去，让用户可以在产品面世时体验到惊奇与震撼。

参考文献

[1] 案例风险投资与苹果公司的成长，http：//www. doc88. com/p－9992180886528. html.

[2] 乔布斯创业史：车库里诞生的苹果公司，http：//www. sina. com. cn.

[3] 王春香：《苹果公司成功的奥秘及对中国企业的启示》，载于《辽宁经济管理干部学院（辽宁经济职业技术学院学报)》2012 年第 3 期。

[4]《风险投资与苹果公司的成长》，http：//www. doc88. com/p－9992180886528. html.

[5]《苹果公司资本沉浮录：风投带来金钱和商业经验》，http：//www. sina. com. cn.

[6]《乔布斯：风险投资之父眼中的他——错也是那么有创意》，http：//blog. sina. com. cn/s/blog_52d26a0601009i39. html.

[7] 马秀山：《知识产权与风险投资——从苹果电脑公司的创业谈起》，载于《安徽科技》2003 年第 11 期。

[8] 成张帆、秦梓皓：《企业家精神与企业创新——以乔布斯和苹果为例》，载于《经营管理者》2012 年第 4 期。

[9] 高晓玲：《苹果公司成功的原因分析及其启示》，载于《北方经济》2013 年第 20 期。

[10] http：//baike. so. com/doc/140114－148135. html.

[11] http：//blog. sina. com. cn/s/blog_52d26a0601009i39. html.

[12] http：//finance. sina. com. cn/chanjing/sdbd/20120426/184111934894. shtml.

案例6：投资收益分析——以贵州茅台为例

一、中国白酒行业宏观环境分析

PEST 分析是指宏观环境的分析，宏观环境又称一般环境，是指影响一切行业和企业的各种宏观力量。对宏观环境因素做了分析，不同行业和企业根据自身特点和经营需要，分析的具体内容会有差异，但一般都是应对政治（political）、经济（economic）、社会（social）和技术（technological）这四大类影响企业的主要外部环境因素进行分析。

（一）政治法律环境分析

目前，我国社会主义市场经济制度已基本确立，法律制度和经济制度在不断发展完善之中，国家对企业市场主体资格的确认、财产保护、市场经营行为等方面都通过有关法律做了明确规定。现在正处经济高速发展时期，政治环境稳定，是白酒企业发展的黄金时期。中国加入 WTO 为白酒走出国门提供了很好的机会，但同时洋酒对白酒的冲击也会更大，总之，中国加入 WTO 对白酒企业来说就是一把“双刃剑”。国家工商总局颁布于 1996 年 1 月 1 日起施行的《酒类广告管理办法》中第七条和第九条限制和规范了酒类广告的内容和酒类广告的数量，使得白酒的营销成本上升；《酒类商品零售经营管理规范》和《酒类商品批发经营管理规范》两个行业标准的颁布以及《酒类流通管理办法》将会进一步规范酒类流通秩序，保护企业利益；《食品质量认证实施规则——酒类》《饮料酒标签标准》以及白酒产品质量标准的修订等，对白酒行业的设定了更高的技术门槛，有利于真正有实力的白酒企业进一步发展；自 2006 年 4 月 1 日起，白酒行业进行消费税政策调整，取消粮食白酒和薯类白酒的差别税率，改为 20% 的统一税率，保留每斤白酒 0.5 元的定额税率从量征收政策。2008 年 1 月，两税合并，企业所得税从 33% 降为 25%。税收重大利好，增加利润 10% 以上。新税制的实施将减少国内白酒行业的负担，尤其是大型白酒企业的负担，使高档酒尤其是名酒涨价所带来的压力得到缓解，盈利空间增加，从而提升企业的市场竞争力。

（二）经济人口因素分析

国家统计局公布的数据显示，我国现有 13 亿人口，未来还会保持近千万的自然人口增长。我国人口总的特点是基数大，预计到21世纪中叶中国人口将突破16亿，到那时人口才可能出现下降。对于白酒企业来说，庞大的消费人群无疑是巨大的机遇。近20年来中国经济一直保持高速发展，特别是2004～2007年GDP增速一直保持在10%以上。人均国民收入和购买能力大幅度提高。2008年末全国金融机构各项存款年末余额达到478000亿元，城乡居民储蓄存款221503亿元。随着国民收入水平的提高，必将带来巨大的社会消费的增长，特别是中高档消费品的增长，对于白酒企业来说这也是一个难得的市场机遇。尽管受到金融危机的影响，中国经济在2009年第一季度依然保持了6.1%的增长。我们对未来中国经济前景看好，中国的经济的基本面处于良好状态，出口受到巨大影响，但是白酒消费主要是国内市场。因此白酒行业发展受到金融危机的影响较小，同时为白酒企业实施走出去战略提供了良好的机遇。

（三）社会文化环境分析

中国的白酒历史悠久，拥有上千年的历史，早在商朝时期（距今3200多年前），中国就已经掌握了利用酒曲酿酒的技术。中华民族数千年的饮食文化中包含着丰富的酒文化，主要体现在：营养健康的饮食科学，色、香、味的饮食艺术，风俗礼仪的饮食哲学，追求个性的饮食文明，酒消费中涉及的全部思维、行为、情感、语言、文学、科学、技术及艺术创作等内容。中国的酒文化源远流长，几乎在所有的场合都离不开酒。受近年来出现的一系列的食品安全问题如假酒事件和三鹿奶粉事件等的影响，人们越来越关注食品安全，越来越注重消费的安全和健康。作为即将成为中国消费主体的“80后”一代，他们成长在中国经济社会高速发展时期，市场经济和社会变革深刻地影响着他们的价值观乃至行为方式。全球化、信息化、国际互联网改变了他们的观念、思维和表达方式，也给他们搭建了认识世界、走向世界的平台。消费中追求自我、追求时尚、追求个性的消费特征在他们身上显现出来。传统的白酒产业如何培养新一代忠实的消费者成为了白酒企业所面临的巨大挑战。

（四）资源和技术环境分析

我国地处北半球，南北气候差异明显，四季分明，日照充足，受到大陆季风影响在南方和东部雨量充沛，非常适合农作物生长。这为白酒的酿造提供了丰富的酿造原料和良好的酿造环境。近年来我国城市化进程加快，大量农田被城市建设和基础设施建设所征用，导致粮食大幅减产，粮食进口增长较快。粮食价格的上涨，导致白酒企业的成本上涨。但同时随着近年来我国天然林保护工程、长江中上游生态屏障的建设工程的实施，我国生态环境明显好转，加之近年来我国一系列的“三农”政策的出台，将为我国粮食生产打下良好的基础。白酒固态发酵技术是我国传统的酿酒技术。随着技术的进步，出现了以提高出酒率为特征的液态工艺和固液结合的液态法白酒酿造技术，使白酒工业的整体技术水平有了明显提高。在单位耗粮水平大幅度降低的同时，生产工艺、制酒技术、微机应用、微波烤熟等新技术和现代化检测手段的应用方面都取得了重大进展。白酒生产工艺现在已经基本定型，剑南春发明的白酒纳米技术更是令世人瞩目。近年来各种先进设备的引入使得人们对白酒有了更加深刻的认识，如泸州老窖对浓香型白酒进行了气象色谱分析分析了出白酒的主要成分。这为白酒朝着更加科学的方向发展奠定了基础。近年来出现的白酒勾兑技术使得企业能够生产出更加适合人们口味的白酒产品。

二、公司背景分析

（一）中国贵州茅台酒厂有限责任公司简介

中国贵州茅台酒厂（集团）有限责任公司总部位于贵州省北部风光旖旎的赤水河畔茅台镇，平均海拔423米，占地面积10653亩，建筑面积350万平方米。公司拥有全资子公司、控股公司30家，员工3万多人，并参股21家公司，涉足产业领域包括白酒、葡萄酒、证券、银行、保险、物业、科研、旅游、房地产开发等。贵州茅台酒厂可以说是我国白酒行业中的龙头老大，除了生产销售世界三大名酒之一的茅台酒之外，还涉足食品加工、包装材料、防伪技术开发，信息产业相关产品的研制开发等多个行业多个方面。茅台酒历史悠久，源远流长，是酱香型白酒的典型代表，享有“国酒”的美称。目前，公司茅台酒年生产量已经突破一万吨，43度、38度、33度茅台酒拓展了茅台酒家族低度酒的发展空间，茅台王子酒、茅台迎宾酒满足了中低档消费者的需求，15年、30年、50年、80年陈年茅台酒填补了我国极品酒、年份酒、陈年老窖的空白，在国内独创年代梯级式的产品开发模式。公司产品形成了低度、高中低档、极品三大系列的70多个规格品种，全方位跻身市场，从而占据了白酒市场的制高点，称霸于中国极品酒市场。

公司主导产品贵州茅台酒是中国一张飘香世界的名片，是中国民族工商业走向世界的带头人，与法国科涅克白兰地、英国英格兰威士忌并称世界三大（蒸馏）名酒，是我国大曲酱香型白酒的鼻祖和典型代表。一个世纪以来，已先后18次荣获各种国际金奖，并蝉联历次国内名白酒评比之冠，是白酒行业内唯一集绿色食品、有机食品、国家地理标志保护产品、国家非物质文化遗产于一身的健康食品。公司属中国500强企业，“贵州茅台”多次入选《财富》杂志最受赞赏的中国公司，连续多年入选全球上市公司《福布斯》排行榜，多次入选“CCTV最有价值上市公司”，茅台以高达1285.85亿元的品牌价值，荣获2016年华樽杯大奖，在中国酒企中率先突破千亿元品牌价值大关。2016年，公司营业收入（含税）502.4亿元，利润总额251.1亿元，上缴税金188亿元，企业总资产1396亿元，出口创汇占全国白酒行业的72%。税金、人均创利税、人均上缴税金、股票总市值、品牌价值和主导产品的营业收入、利税、利润等指标稳居我国白酒行业榜首。

中国贵州茅台酒厂有限责任公司的前身是中国贵州茅台酒厂，并在1999年11月20

日改制，正式成立贵州茅台酒股份有限公司，注册资本为人民币 18500 万元。2000 年 7 月 31 日，该公司在上海证券交易所上市，股票代码 600519，中国贵州茅台酒厂有限责任公司所占股份为 64.68%，性质为国有法人股，成为中国贵州茅台酒厂有限责任公司的第一大股东，公开发行 7150 万 A 股股票。上市以来，贵州茅台的业绩和股价一直被股民看好。茅台酒不仅以其独特的品质举世闻名，而且营业范围也涵盖了各行业各领域，如信息产业相关产品的开发、研制，饮料、包装材料的生产销售，防伪技术、餐饮、运输服务，等等。贵州茅台有“每股分红王”的称号，分红由 2008 年的每 10 股 11.56 元上升到 2012 年的每 10 股 64.19 元，保证其股价长期稳定。然而在上市初期，贵州茅台的股票并不被看好，它以 31.39 元的价格发行，在首日开盘价格为 34.51 元。之后几年内，由于经营不善，业绩不好，股价一度下降到 24 元每股。从 2005 年开始，市场回暖，经过内部管理的调整、贵州茅台的股价迅速上升，基本维持在 200 元以上，2012 年达到 266.08 元每股，一度超越了山东黄金和中船集团，成为当时中国第一高价股。茅台优秀的业绩，加上多年来坚持将利润返还给投资者，以及持续增长的股利政策，让广大的投资者对贵州茅台信心十足。

（二）贵州茅台的优劣势分析

1. 贵州茅台的优势分析

正是因为贵州茅台特有的口感和其不可撼动的“国酒”地位使其一直处于供不应求的状态，而且饥饿营销的销售模式使得贵州茅台在涨价时，不但不会影响消费者的购买热情，而且会将其作为收藏品和增值品大量囤积，从而保障了贵州茅台酒销量的稳定持续增长。无论是在国内还是国外，贵州茅台都有极高的知名度，甚至多次在国宴中被作为礼物赠送给访华的诸国领导人，使得能消费得起价格昂贵的茅台酒一度成为身份高贵的象征，现如今贵州茅台更是像奢侈品一样得到消费者的广泛追捧。无论是从售价还是产量的角度进行考量，贵州茅台都表现出了超出行业均值的水平，高达 80% 的利润率和近 2000 吨/年的销量，更是用数据证明了贵州茅台良好的财务状态和光明的发展前景。不仅如此，贵州茅台开拓了适合自身的销售渠道，不仅加强了对各个分销环节的掌控也降低了销售费用，进一步提高了利润。在面对单位或个人团购这样大量的客户群时采用直销的销售模式，跳过了经销商等一系列中转环节，直接从仓库拿货给消费者，加快资金回笼的同时还降低了销售成本，一举多得。在面对数目巨大但零散分布的零售客户群时，则采用“经销商 + 超市”的销售模式，迅速扩大市场占有率。贵州茅台丰富的品种满足了众多需求各异的消费者，按照不同口感、精装程度、自用还是送礼、酒精度数等不同标注，开辟出 19 种不同系列，并将各个系列延伸出不同的主打产品，有针对性地进行宣传推广，提高知名度，使得受众群体迅速扩张，保障贵州茅台的销量稳定增长，为其在股市中的上升走势保驾护航。随着人们物质条件的改善，对贵州茅台这类高端白酒的需求不断上升，使得贵州茅台的产量难以满足消费者高涨的购买热情，借此利用一杯难求的现状，继续饥饿营销，使贵州茅台常年保持在供不应求的状态。贵州茅台能够在全行业中保持高竞争力的重要的内部因素是由于贵州茅台作为酱香型白酒，制作过程复杂，完整的制作是以一年为一个周期，需要经历七次取酒、八次发酵和九次蒸馏。其酿造工艺和原材料的选择、酿酒时间的把控具有不可替代性，同时需要贵州独特地理位置和独有的亚热带湿润季风气候。多项条件缺一不可，共同构成了贵州茅台酒的内在价值。由于贵州茅台价高量少，其主要的消费群体是军队、官方、国宴或者有地位和财富的高收入人群，相对于价格，他们更在乎酒的口味和知名度，因而适当的提高茅台酒价不会影响整体的销量。反而能喝得起贵州茅台成为有身份、有地位的象征，广大群众对它也是争相追捧，成为逢年过节的送礼首选。

2. 贵州茅台的劣势分析

由于常年来贵州茅台只是凭借其“国酒”的身份广泛被使用在国家宴请外宾的重要场合，疏于对品牌的宣传，仅有的宣传方式又十分单一，没有达到理想的效果。在八项规定出台之后，贵州茅台逐渐淡出了消费者的视野，市场份额逐渐下降。另外，贵州茅台虽然销往国外多个国家，但口味与洋酒略有不同，且价格高于出口的其他国产白酒，无论是在口感还是价位上都不能满足国外消费者，因而国外市场的主要购买力还是海外华侨，不能使用自身的直销模式，经营成本较高，海外市场带来的利润微薄。贵州茅台下面根据不同受众的爱好开拓了不同的子品牌，不同的子品牌下各酒种也略有不同，但由于宣传不够全面，消费者仅仅根据品牌的名字难以判断是否符合自身的需求，难免出现所购非需的情况，降低了消费者的喜爱程度。另外，直销模式可以降低中间环节费用，提高资金回流的速度，贵州茅台热衷于直销而忽视了对终端销售渠道的开拓，时常出现消费者在仓库门口购酒的情况，影响品牌形象，也不利于更广阔消费市场的开拓，限制了贵州茅台酒业持续稳定的发展态势。贵州茅台酒制作工艺独特，无法在短时间内实现机械化作业，并受到天气，地理条件等多方面自然因素的限制，要经过漫长的制作周期，甚至储藏时间要到达五年以上，延缓了从生产到实际进入市场的时间，不能紧跟市场的脚步，在供求关系发生改变时不能及时作出调整，进而限制了茅台酒的市场占有率。贵州因为其国有企业的身份得到了广大消费者的信任，但同时也“反受其害”，国企中普遍存在的人情交易、子女顶替的不良现象也在贵州茅台中被“验证”，过度的“任人唯亲”使得高知识分子得不到重用甚至无法进入企业，企业的革新无法紧跟时代发展的潮流，技术人员的缺乏甚至使得贵州茅台百年传承下来的制作工艺面临失传的绝境。贵州茅台公司所在地贵州省位于中国西部山区，落后的发展水平使得消费者对贵州茅台酒的产量和口感产生置疑，营销团队缺乏专业的培训，水平较低，营销手段无法紧跟市场的变化做出调整，年轻群体在职工总数中所占比例不大，缺乏对时代需求考察的敏锐度。过度追逐低成本的直销模式，不注重新市场的开拓，使目标群体原地不动甚至逐年递减。

三、贵州茅台财务分析

贵州茅台作为白酒行业的龙头老大，有很高的市场份额，那么它的财务状况又如何呢？本节将从横向和纵向两个方面利用报表分析法中的比率分析法，先对贵州茅台的经营成果和资产状况作出研究，再对贵州茅台的营运能力、盈利能力、偿债能力和发展能力作出科学的判断。

（一）贵州茅台股份公司资本结构现状

贵州茅台股份公司 2001 年 8 月在上交所挂牌上市，始终以销售白酒为核心业务，上市以来未发生大的变化。为保证对贵州茅台股份资本结构分析的合理性和财务数据的真实性，以上市以来的年报作为数据来源。资本结构是企业财务结构不可避免的问题，不仅决定公司价值大小，影响着企业财务状况和稳定发展，也是企业偿债能力和再融资能力的重要因素。债务资本结构比率、负债结构比率、股本结构和账务杠杆这四个角度，是本节分析贵州茅台股份公司资本结构现状的主要着眼点。下面基于 2001 ~ 2014 年财务数据，对其资本结构做一个相对全面的描述（见表 6 – 1）。

表 6 – 1　　贵州茅台股份公司 2001 ~ 2014 年资本结构现状

	2014年	2013年	2012年	2011年	2010年	2009年	2008年	2007年	2006年	2005年	2004年	2003年	2002年	2001年
资产负债率（%）	16.03	20.42	21.21	27.21	27.51	25.89	26.98	20.16	36.15	35.93	33.84	29.98	26.85	26.73
股东权益比（%）	83.97	79.58	78.79	72.79	72.49	74.11	73.02	79.84	63.85	64.07	66.16	70.02	73.15	73.27
流动负债占比（%）	99.83	99.84	99.81	99.82	99.86	99.80	100	100	100	100	99.99	99.98	100	100
非流动负债占比（%）	0.17	0.16	0.19	0.18	0.14	0.2	0.00	0.00	0.00	0.00	0.01	0.02	0.00	0.00
流动负债占总资产（%）	16.01	20.39	21.17	27.16	27.47	25.98	26.98	20.16	36.15	35.93	33.84	29.97	26.85	26.73
长期负债占总资产（%）	0.03	0.03	0.04	0.05	0.05	0.05	0.00	0.00	0.00	0.00	0.00	0.01	0.00	0.00
流通股占比总股本（%）	100	100	100	100	100	100	48.22	43.22	32.03	28.6	28.6	28.6	28.6	28.6
第一大股东持股比例（%）	61.99	61.99	61.81	61.76	61.76	61.71	61.71	61.78	61.78	61.76	61.76	61.76	61.76	61.76
账务杠杆系数	0.53	0.94	0.98	1.02	0.99	1.1	1.94	0.96	1.60	1.26	0.76	1.07	2.93	0.00

1. 债务比率现状

负债管理能力指标是一个企业财务管理的关键指标，是指评价企业偿还到期债务（本金和利息）的能力。负债管理能力指标通常包括资产负债率、权益资产比、权益负债比等。资产负债率是说明总负债与总资产的比例关系，表明企业的总资产中多大比例来源于负债。是衡量债务违约风险的指标，总资产负债率越大，企业保障债权人权益的能力越弱，债务人的违约风险越大。股东权益比表明资产中所有者权益在资产总额的比例，该指标越大所有者权益对负债的偿还能力超强。

在企业现实的经营环境中，企业并不会为了控制财务风险追求过低的总资产负债率，负债比例受自身经营特点和所处的行业以及高层管理者对负债的偏好影响显著。从另一角度看，企业的不同利益相关者对负债比率态度存在明显差异。企业管理者希望在不显著提高企业财务风险的同时，通过负债给企业带来预期的收益；企业所有者希望负债比例大一些，由于负债利息可以抵扣企业所得税产生税盾效应，增加企业价值；债权人为了保障自己的资本安全，能够如期收回，不希望债务人有过多的负债。权益负债比越大，说明企业的资本中，股东权益资本对债权人长期负债保障性强，长期债务的偿还能力超大。从图6－1上趋势线我们可以知道贵州茅台资产负债率总体是下降。贵州茅台资产负债率从2001年的26.73%逐年上升2006年的36.15%，而在2007年有一个明显的下降，将近16个百分点，之后到2011年非常平稳，又开始增长到达27.21%，到2014年又下降到16.03%。总体而言，贵州茅台负债过低，远低于适宜比率40%～60%。根据贵州茅台2007年财务报告可以知道由两个因素决定，资产方面，存货增加了16.35%，库存基酒以及下一年度生产的启动设备的生产物资料的增加；负债方面，应交税费变动－49.72%，主要原因系本期上缴了上年上年度末未交税费所致。

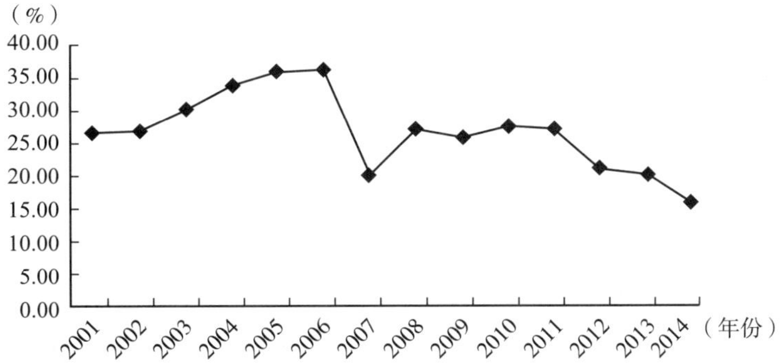

图6－1　2001～2014年贵州茅台股份公司资产负债率水平曲线

2. 负债结构现状

负债结构指企业长期负债、短期负债与总负债、总资产的比例关系。负债结构分析重点关注短期负债，短期负债是企业常用的融资途径，虽然债务成本较低，但是由于短时间内就需要还贷，可能对企业自由资金造成压力进入财务困境，所以也是高风险的融资途径。利率高是长期负债的缺点，优点是到期偿还期限长，对企业现金流影响较小。通过对企业负债结构分析发现长期负债与短期负债的比例，从而调整企业债务压力。为了能够更好地分析贵州茅台股份公司负债结构现状，选取流动负债占比、流动负债占比、流动负债占总资产比、长期负债占总资产比四个指标。

短期负债具有一定的灵活性和弹性，要想优化资本结构可以通过调整短期负债的比例。一般而言流动负债占比为50%最为合理。从图6－2、图6－3可以知道，贵州茅台股份公司自从2001年上市以来流动负债占比基本稳定，每年都保持在98.5%以上，总负债基本以流动负债为主，2001～2002年、2005～2008年这两个时间段内，没有长期负债。通过图6－3可以看到流动负债占总资产比2001～2006年缓慢上升。2007年有一个明显下降，2007年下降是因为上缴了上年度末未交税费所致。2008年又有一个明显的上升，增长速度高于往年。2008年贵州茅台股份公司流动负债上升，是由于经销商预付的货款增加、收取经销商各类保证金、抵押金等增加所致。此后的时间里先上升后下降，2014年达到历史最低点16.01%。

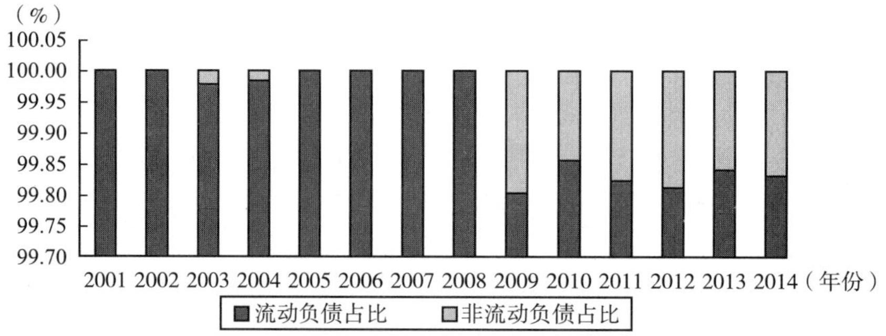

图6－2　贵州茅台股份公司负债结构（Ⅰ）

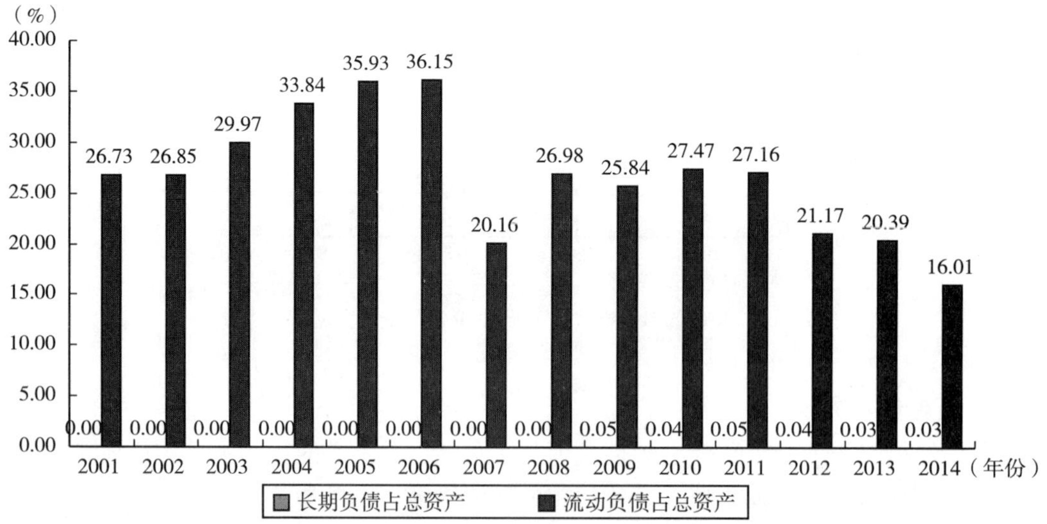

图6－3　贵州茅台股份公司负债结构（Ⅱ）

3. 股本结构分析

股本结构又称作所有权结构，既表明公司股份所有人身份，也表明持有股份之间的比例关系。我国股份公司的股本按持有人身份分为国家股、法人股；按流通性分为限售股和流通股。国家股、法人股、职工股在 2008 年股权分置改革后能在二级市场任意流通。为了能有效地分析股本结构，本节选择了流通股占比和第一股东持股比例两个指标。

贵州茅台股份公司第一大股东持股是中国贵州茅台酒厂（集团）有限股份公司，是国有法人股，图 6 - 4 显示贵州茅台第一大股东持股比例基本恒定，始终在 61% ~62% 之间，已成为公司控股股东。流通的比例逐年升高，从 2007 年开始解禁有条件限售股，流通股比例从 2007 年的 43.2% 上涨到 2009 年的 100%，贵州茅台在资本市场已成为全流通上市公司。

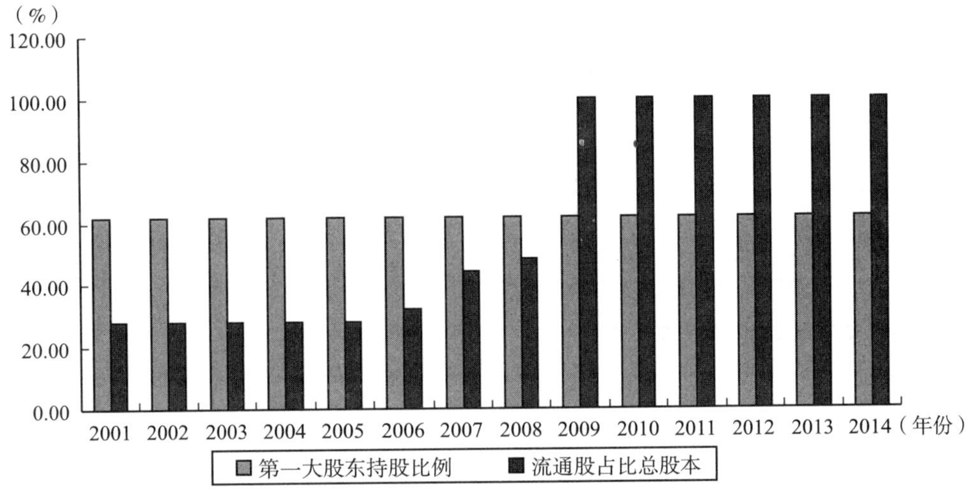

图 6 - 4　贵州茅台股份公司股本结构

4. 财务杠杆现状

财务风险是公司对于负债融资决策不科学引起的，衡量财务风险的工具称为财务杠杆，公式表达为：财务杠杆 = 息税前利润/（息税前利润 - 利息）。通过公式可知，财务杠杆大是高利息费用导致净利润变动率大所致。企业应当合理决策负债融资，发挥负债融资的作用，使负债收益本大于成本，抑制负债带来的财务风险，使企业的资本结构达到最优。

从图 6 - 5 中我们可以发现贵州茅台股份公司财务杠杆系数在 2008 年以前波动性较大，在 2002 年达到最高点 2.93，从 2009 年开始财务杠杆稳定，2014 年降到 0.53。贵州茅台股份公司在 2001 年到 2014 年均不存利息费用支出，因此，理论上净利润变动率等于息税前利润变动率，即财务杠杆系数应当为 1。

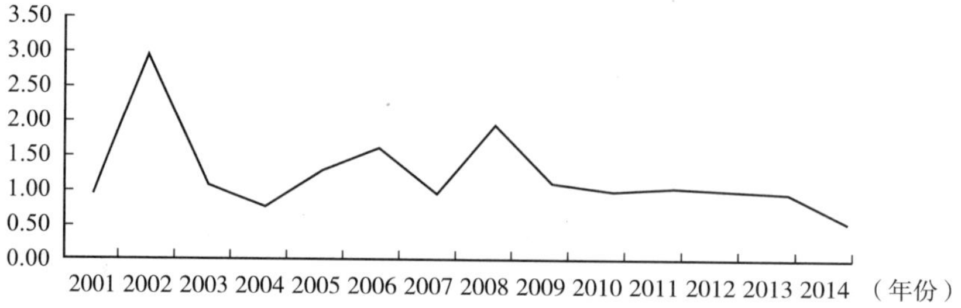

图 6－5　贵州茅台股份公司财务杠杆图

（二）营运能力指标分析

周转率的三个主要方面——应收账款、存货和总资产周转率是对公司的短期偿债能力作出评估的关键比率。本节也从这三个方面将贵州茅台的具体数据整理在表 6－2 中。

表 6－2　营运能力指标对比表

项目		2014 年	2013 年	2012 年	2011 年
应收账款周转率	贵州茅台	257.65	234.38	263.79	105.08
	行业水平	211.37	187.35	199.87	99.87
存货周转率	贵州茅台	0.15	0.14	0.24	0.24
	行业水平	0.14	0.13	0.21	0.22
总资产周转率	贵州茅台	0.45	0.47	0.59	0.53
	行业水平	0.54	0.52	0.66	0.66

从数据中我们可以看出，贵州茅台的三项比率都是远高于行业平均水平的，但是受到外部环境影响，2013 年贵州茅台和行业平均水平都有所下降。贵州茅台较高的应收账款周转率，保证了资金安全和一定的偿债能力，也表明自身具有一定应收账款的回收能力。将自身资金从应收账款中抽离用于其他扩大生产规模或产品研发中去，也进一步提升了保障自身利润的水平。2013 年后，贵州茅台的存货周转率水平较低，主要是由两方面决定的。一是八项规定出台之后，三公消费被严格把控；二是白酒行业的自身特点，即价值与储存时间成正比。并且整体而言，无论是贵州茅台还是整个行业，存货周转的表现都不是很好，因而要加以重视。除此之外，贵州茅台的整体营运能力还是不错的。流动资产变现能力越强，企业的流动资产能保证及时地偿还流动负债，也就是说企业当前的财务能力较强。企业长期偿债能力的强弱意味着企业是否具有偿还债务保障的能力，可以通过计算资产负债率和权益乘数来评估。指标越高就表明企业的债务风险越大，本节没有选择这个指标是由于贵州茅台的利息收入要高于利息支出，再分析该数据是没有意义的。

（三）偿债能力指标分析

偿债能力有短期与长期之分，用于评估企业资产偿还债务的能力。可参考的数据有流动比率、现金比率和速动比率等。比率的高低标示着企业短期偿债能力的强弱。企业的流动资产变现能力越强，企业的流动资产能保证及时地偿还流动负债，也就是说企业当前的财务能力较强。企业长期偿债能力的强弱意味着企业是否具有偿还债务保障的能力，可以通过计算资产负债率和权益乘数来评估。指标越高就表明企业的债务风险越大，本节没有选择这个指标是由于贵州茅台的利息收入要高于利息支出，再分析该数据是没有意义的。

通过观察表6-3、表6-4，可以得出以下结论：

（1）贵州茅台2011~2014年度的流动比率均超过3.0，并呈现出逐年上升的趋势，行业平均水平略低于贵州茅台，造成这种状态的主要原因可能是由于贵州茅台处于供不应求状态，产品流通速度快，而同行业的其他公司，或多或少有滞销或产品积压的情况。

（2）同时期贵州茅台的速动比率也很合理，代表贵州茅台应收账款的变现能力较强，短期偿债风险较小。

（3）负债的主要部分是预收账款，在营业收入中占比较大，巨额的预收账款保障了贵州茅台营业收入的快速、稳定增长。预收账款是贵州茅台调节收入的蓄水池，对经销商，贵州茅台采用先收款后发货的形式，在发货的时候，企业将预售账款计入收入。

（4）现金比率是速冻资产扣除应收账款之后的余额，贵州茅台的该项指标保持在合理的范围内，表明该公司的流动负债得到了很好的利用。

（5）贵州茅台近几年的资产负债率处于历史中等水平，远低于行业平均值。

（6）贵州茅台自身提供的资本充足，一定程度上保障了投资人的资金安全，也说明有能力归还长期债务。

表6-3　　偿债能力指标对比

项目		2014年	2013年	2012年	2011年
流动比	贵州茅台	4.32	4.22	3.80	2.94
	行业水平	3.23	3.07	2.36	2.36
速动比	贵州茅台	2.98	3.09	2.18	2.79
	行业水平	1.66	1.78	1.62	1.53

续表

项目		2014 年	2013 年	2012 年	2011 年
现金比	贵州茅台	2.32	2.33	2.32	1.93
	行业水平	1.25	1.19	1.16	1.26
资产负债率（%）	贵州茅台	25	23	21	27
	行业水平	39	36	36	40
权益乘数	贵州茅台	1.35	1.38	1.27	1.37
	行业水平	1.72	1.66	1.65	1.74

表 6－4　　贵州茅台的预收账款与营业收入和负债的关系

年份	预收账款（亿元）	营业收入（亿元）	预收占收入比例（%）	预收占负债比例（%）
2010	47.39	116.33	40.73	67.33
2011	70.27	184.02	38.18	73.98
2012	50.91	264.55	19.24	53.34
2013	30.45	309.22	9.84	56.89
2014	14.76	315.74	4.67	52.17

（四）盈利能力指标分析

产销规模和投资规模是评估企业盈利能力的重点，也是考察企业能否持续发展的重要指标。在分析企业的盈利能力时要考虑销售净利率、净资产收益率、销售毛利率、营业毛利率等指标。销售毛利率是企业销售成本除以销售收入的比值，在企业“三费”保持不变时，销售毛利率直接影响整体的营业利润。营业毛利率越高，以它为基础的销售净利率越高，也就是企业实现的销售收入净额中净利润所占的比重越大，即企业获取利润的能力越强。

从 2000 年上市开始，茅台的毛利率就基本保持在 80% 以上，在 2008 年之后甚至超过 90%（见表 6－5），并保持逐年上升的趋势，而同行业中业绩比较好的五粮液，其毛利率只有 50%～60%，贵州茅台远超同行业的毛利率从一定程度上说明茅台拥有良好的发展前景和增长潜力。稳定较高的销售毛利率是企业经营成果的重要表现，贵州茅台的销售毛利率之所以能够在同行业中保持较高水平，其重要原因是贵州茅台售价在中高档酒中较高，而直销的销售模式和大量的预售账款使其实际成本只占据了毛利中的很小比重。尽管 2012 年受到八项规定等一系列政策影响，但是在 20 年茅台的销售毛利率仍然保持在 90% 左右，说明茅台酒的成本得到了有效的控制，茅台酒的销售毛利率远高于行业平均水平，是构成茅台高利润的重要一环。净资产收益率高于行业水平，说明经营效率有一定的提高，而它又是评判企业盈利能力的主要参考标准。以政府扶持为主要导向的贵州茅台，饥饿营销模式使其长期处于供不应求状态，价高而量少是奢侈品的基本标志，贵州茅台正是利用这种模式，使其常年保持住较高的净资产收益率，继而保证了其较高的盈利能力（见表6－6）。然而，需要注意的是，过度依赖政府，在市场要价能力减弱时，贵州茅台的优势也就消失了。

表6－5　贵州茅台各年毛利率

年份	2004	2005	2006	2007	2008	2009	2010	2011	2012	2013	2014
毛利率（%）	82.22	82.52	83.84	87.95	90.30	90.17	90.95	91.57	92.27	91.55	91.15

资料来源：根据贵州茅台2004～2014年年报数据计算。

表6－6　盈利能力指标对比　单位：%

项目		2014年	2013年	2012年	2011年
销售毛利率	贵州茅台	91.2	91.6	92.3	91.6
	行业水平	66.9	67.2	67.9	65.1
销售净利率	贵州茅台	51.2	50.5	53.0	50.3
	行业水平	26.1	23.9	25.1	33.7
总资产净利润率	贵州茅台	33.8	33.7	35.1	30.6
	行业水平	16.6	16.0	18.7	16.5
净资产收益率	贵州茅台	43.6	42.4	45.0	40.4
	行业水平	27.0	26.2	29.2	26.0

（五）发展能力指标分析

在企业的生产经营过程中，为满足自身发展的需求，生产规模会不断扩张，市场覆盖率和消费群体不断扩大，产业结构不断升级，盈利能力不断提升，诸如此类企业表现出来的增长能力就是企业的发展能力。评价企业发展能力的指标主要有营业收入增长率、净利润增长率、总资产增长率、净资产增长率。

如表6－7所示，较行业平均水平而言，贵州茅台的营业收入增长幅度有目共睹，尽管在2012年前后市场环境、国家政策、国际形势等一系列外部因素对贵州茅台产生了一定程度的不利影响，但从总体发展趋势来看，依旧保持增长态势。这不仅要归功于贵州茅台自身产业结构的调整、营销方式的转变，也得益于其适时适度进行厂房扩建等一系列生产规模扩张行为，为销售增长提供了保障，表明以贵州茅台为代表的白酒行业的发展前景一片大好，其行业龙头的地位也逐渐显现。尽管受到内外部因素影响，贵州茅台的各项研究指标出现若干周期的涨跌波动，但整体来看，净资产、主营业务收入和净利润等均呈现积极的发展态势，也从侧面验证了高端白酒行业的发展前景会随着国民经济发展水平提高而更加乐观。

表6-7　　发展能力指标对比　　单位：%

项目		2014年	2013年	2012年	2011年
营业收入增长率	贵州茅台	41.2	33.6	43.8	58.2
	行业水平	24.6	18.9	25.9	25.8
净利润增长率	贵州茅台	39.9	32.7	51.4	73.2
	行业水平	41.7	36.5	57.0	82.7
总资产增长率	贵州茅台	26.7	23.6	28.9	36.4
	行业水平	25.9	23.3	19.2	38.8
可持续发展增长率	贵州茅台	38.1	35.7	38.3	37.7
	行业水平	32.3	29.6	25.3	29.1

结论如下：通过对2011~2014年白酒行业多家上市公司公示的财务报表数据的研究分析，发现其存在共同的弊端，但行业标杆性企业——贵州茅台的各项财务指标都略优于同行业水平。从盈利能力和发展能力来看，行业整体的毛利率、净资产收益率各项指标较为客观，贵州茅台表现更优，表明白酒行业现金流充足，整体发展前景广阔。从偿债能力和营运能力来看，贵州茅台独有的大量预收账款，提高了自身资产利用率，也保障了资金安全和及时偿还债务的能力。总体而言，财务状况优于行业平均水平。贵州茅台优于同行业的财务状况进一步提高了它的投资价值。随着知名度的提高、配合内外部因素的适当调整，贵州茅台销量持续上升，为达到产销平衡，公司应增加资金投入，扩大生产规模，提高产量。净利润率和总资产增长率随之提升，为投资者创造更高的股利收益，带动股票关注度，吸引处于观望状态的投资者将资金投入贵州茅台，进一步拉升股价，形成良性循环。原因分析如下：

（1）贵州茅台制作环节繁多，加上需要5年以上的贮藏时间，更减缓了其存货周转速度，对企业自身的存货管理能力要求愈发严格，使得存货周转率涨跌不定。

（2）适宜的外部环境为贵州茅台进一步扩张创造条件，销量、售价的提高带动了总资产收益率，与其相互关联的加权平均净资产收益率也顺势被提高。财务报表更加客观，拉动了股民的投资热情，股价上升使得每股收益增长率提高。

（3）“国酒”的称号使得贵州茅台无论在定价还是定位上都成为同行业的翘楚，其他条件不变时，高售价带来高收益，进而提高了毛利率，使得贵州茅台表现盈利能力的各项财务指标优于行业平均水平。

（4）供不应求的市场表现，使得贵州茅台使用独有的先收款后发货的销售模式，进而出现应收账款在负债方面占比居高不下的情况。贵州茅台拥有丰富的现金流，不仅保障了自身的偿债能力和资产安全，自身资金使用率也被提高，再用于扩大生产规模中，提高盈利能力，提升股价、股利，实现良性循环增长。受到2012年“三费”被严格把控的影响，2013年以贵州茅台为代表的白酒行业主要财务指标均出现小幅下滑，贵州茅台为保证销量，连续几次下调售价，一定程度上受到影响。但在2014年逐渐回升，较早实现年度计划，说明其并未受到严重的冲击，盈利能力依旧可观。贵州茅台得到消费者的广泛认可，无论是口感还是品牌价值都堪称行业楷模，即使公款消费占比下降，但经过适当调整，贵州茅台依旧可以凭借其奢侈品的固有特性成为行业标杆，拥有广大的发展空间。

四、贵州茅台股份公司的财务战略分析

（一）融资战略分析

上市公司融资战略分析实质上是对企业在筹资过程中形成的财务风险收益的分析。因此，分析的主要对象是资产负债表中的负债及所有者权益的配置。融资战略分析具体包括融资规模分析和融资结构分析。其中融资规模分析是利用近几年资产负债表中的相关数据，采用水平分析法，揭示公司资金占用规模的变动规律。融资结构分析则是采用垂直分析法，利用资产负债表中的有关结构比率，揭示公司财务风险以及风险与收益的均衡性。

1. 融资规模分析

为了反映资金占用规模变动，本节从该公司历年资产负债表中选取相关数据分析可知，茅台股份4年来资金占有规模逐年递增，2006年资金增长率为16.5%。相比近几年主营业务收入波动状况来看，公司伴随着经营业务规模的不断扩大，资金投入量也在不断增长。从融资来源看，该公司既有外源融资，也有内源融资。利用外源渠道融资时，由于债务资金的配置直接影响着公司的财务风险，因此本节选择资产负债率这个指标来初步观测其财务风险。该公司的资产负债率逐年提高，从2003年的29.99%增长到2006年的36.15%。这表明随着公司资金总额的增加，其债务规模逐步增加，财务风险逐步增加。

2. 融资结构分析

为了更深入地探究贵州茅台股份公司的融资策略，现对其历年资产负债表进行结构分析。相关数据如表6-8所示。

表6-8　　茅台股份融资结构分析

项目	2006年	2005年
资产负债率（%）	36.16	35.93
流动负债率（%） 其中：预付账款占流动负债比率	100 53.30	99.99 48.08
长期负债率（%）	0	0.01

从表6－8可知，近三年来公司的长期资产负债率非常低，表明公司债务中绝大多数是流动负债，特别是流动负债中的预收账款，而长期借款几乎没有。这足以表明公司的负债多数是由生产经营中的预收商品货款形成的，而公司主动根据资金需求进行筹资安排的负债——长期负债比例较低。同时，预收账款所占的高比例，说明公司产品销售供不应求，现金流比较充裕。因此，按照财务战略理论，该公司所采取的筹资策略属于稳健型的，资本结构以权益资本的直接融资为主，很少或几乎不采用财务杠杆，显现出强烈的股权融资偏好。理论上讲，采用稳健型的融资策略，一方面可以降低企业的财务风险，而另一方面公司资金成本较高，且对股东有不利影响。根据融资理论可知，长期债务资金有放大权益资金利润率的效应，即杠杆效应。因此，对于茅台股份来说，随着近几年经营业绩不断提高，公司经营风险并不高，此时完全可以逐步提高长期债务规模，更大限度利用财务杠杆降低资金成本，放大权益资金收益率，提高每股收益，提高股东收益率和公司市场价值。

（二）投资战略分析

通过投资战略的制定与实施，公司将各种有限的资源按照经营战略的需要配置在经营管理的各个环节，转化成各种形态的资产，进而创造各种形式的收益。因此投资战略的分析主要依赖资产负债表中的资产项目和利润表而进行。投资策略分析的重点包括投资方向的分析和投资效率的分析。

1. 投资方向分析

通过数据分析，茅台股份2003～2006年对外长期投资占总资产的比重均较低，2007年第一季度的对外长期投资率仅为0.65%。因此公司投资的方向专注于和主营业务有关的对内投资。深入分析2006年公司财务报表附注中关于投资的信息可知，公司本年度累计进行20项长期投资，这些投资重点集中于传统生产工艺的技改、营销网络的完善、生产规模和生产能力的提高等对内投资上。投资规模最大是“十一五”万吨茅台酒工程。通过上述分析可以看出，该公司整体投资思路是以自我发展为主，其风险相对较小，收益的安全性和稳定性较高。

2. 投资效率分析

由于公司侧重对内投资，因此本文重点分析资产规模与经营规模是否协调和资产收益的情况（具体数据见表6－9）。该公司平均总资产占用2006年比2005年增长20.89%，但主营业务收入增长24.57%，明显高于平均资产占用的增长速度。与此同时，净利润、平均总资产利润率及平均总资产周转率都呈上升趋势，且增长率高于行业平均增幅。数据表明茅台股份的资产规模比较合理，与经营规模相协调，且投资收益率较高。

表6-9　　期末资产规模合理性分析

项目	2005年	2006年	差异	差异率（%）
净利润	1111854.16	150411.68	38557.52	34.47
主营业务收入（万元）	393051.52	489618.69	96567.17	24.57
平均总资产（万元）	724562.48	872325.58	150763.1	20.89
平均总资产利润率（%）	15.50	17.24	1.74	11.23
平均总资产周转率（%）	0.535	0.55	0.015	2.80

从上述分析可以看出，该公司的投资策略属于稳健型的投资策略，投资项目集中于公司内部投资，以稳定和长期的收益性项目为主，对前瞻性的项目比较重视，较好地实施了公司的长期发展战略。

3. 股利分配策略分析

股利政策主要研究上市公司的留用利润如何在股东和企业之间进行分配。通过股利支付方式和股利支付率这两个指标可以反映上市公司所执行的股利分配战略。现阶段我国上市公司通常采用现金和股票作为股利的支付方式，茅台股份也不例外。

（1）贵州茅台酒股份有限公司历年股利分配方案。

①贵州茅台历年股利分配方案（见表6-10）。

表6-10　　贵州茅台2004~2014年股利分配方案

股利宣告日	派息股本基数（万股）	每10股派息	每10股送红股	分红总额（万元）
2014年6月18日	103818	43.74	1	454099
2013年6月3日	103818	64.19	0	666407
2012年6月27日	103818	39.97	0	414960
2011年6月27日	94380	23.00	1	217074
2010年6月29日	94380	11.85	0	111840
2009年6月25日	94380	11.56	0	109103
2008年6月10日	94380	8.36	0	78901
2007年7月9日	94380	7.00	0	66066
2005年7月30日	39325	5.00	0	19662
2004年6月18日	30250	3.00	0	9075

通过分析表6-10贵州茅台2004~2014年的股利分配方案我们可以看出，贵州茅台的股利分配方案是现金股利政策和股票股利政策相结合的，每一年年中会宣告截止到上一年年末的股利分配，上市以来贵州茅台每年坚持派息。在产品市场上，贵州茅台属于白酒行业的高价酒，在股票市场上，贵州茅台同样属于“高派现”的上市公司，近

年来贵州茅台现金股利的分配规模不断扩大，从2004年的派息股本基数30250万股一路上升到2014年的103818万股，除2006年贵州茅台进行股权分置改革以外，近10年来现金股利的派发金额也是不断攀升，从2004年每10股派息3元到2013年最高每10股派息达到64.19元，增长了20多倍。

②与同行业其他上市公司的比较（见表6-11）。

表6-11　　白酒行业部分公司2009~2013年度股利分配政策统计

公司名称	2009年	2010年	2011年	2012年	2013年
泸州老窖	10股派7.5元	10股派10元	10股派14元	10股派18元	10股派12元
山西汾酒	10股派5元	10股派5元	10股派5元	10股派5元	10股派3.5元
水井坊	10股派5.4元	10股派2.3元	10股派2.3元	10股派2.3元	不分配
五粮液	10股派1.5元	10股派3元	10股派5元	10股派8元	10股派7元
酒鬼酒	不分配	不分配	不分配	10股派2元	不分配

由表6-11可以看出，白酒行业的派现金额呈现上升的趋势，但有的公司例如酒鬼酒从不派发现金股利。表6-11列举的是我国白酒行业比较著名的几家上市公司，通过这几家公司的股利分配政策可以看出，大部分公司的派现金额都在每10股10元以下，基本维持在比较平均的水平。而贵州茅台的派现金额高达每10股20至60元，远远高过同行业的平均水平。通过对比可以看出贵州茅台的派现金额远远高于其他著名酒类上市公司。同时，我国证券市场的平均现金股利支付水平为每10股接近3元，远远低于贵州茅台的21.76元/10股，由此可见，贵州茅台是名副其实的“高派现”。

（2）贵州茅台酒股份有限公司股利分配特征。

①以现金支付方式为主。

根据表6-12我们可以看出，自2009年以来，贵州茅台一共进行两次送红股，并且每年都进行派息，现金股利规模也在不断扩大。在2009年，贵州茅台的派现金额为每10股派送11.85元的现金红利，2010年该公司的派息金额达到每10股派现23.00元的现金红利并且每10股送1股，2011年派息金额增加到每10股派息39.97元，2012年每10股的派息数达到最高，高达64.19元，2013年虽然派息的数额有所下降，但每10股赠送1股并派息43.74元仍然是相当高的一个分红总额。实行高额的现金分配是企业利润丰厚、现金充沛的体现。2013年，贵州茅台实现每股收益14.58元，实现营业收入3107059.62万元，同比增长16.88%，季度环比增长15.30%，实现净利润1513663.98万元，同比增长13.74%，这些数字都能充分展示出贵州茅台正在实行良性运作，正在快速发展。

表6－12　　贵州茅台近五年内分红情况

分红年度	每10股送股数（元）	每10股派息数（元）（含税）	每10股转赠数（元）	分红总额（元）（含税）
2013	1	43.74	0	4540999320.00
2012	0	64.19	0	6664077420.00
2011	0	39.97	0	4149605460.23
2010	1	23.00	0	2170740000.00
2009	0	11.85	0	1118403000.27

②股利政策连续稳定。

自贵州茅台上市以来，每年坚持派发现金股利，这在我国上市公司中是十分少见的，据资料统计，2000～2010年我国的上市公司中能够连续派发10年现金股利的只有45家，占全国上市公司总数的4.62%，在2011年，这个数据有所上升，截至2011年底，连续10年发放股利的上市公司达到129家，占整个上市公司总数的18.5%。贵州茅台自2001年上市以来，已经累计向A股流通股股东派现了13次，派现金额高达上百亿元，单2012年一年的派现金额就达到了66.6亿元，这个派现金额在我国的A股市场是极为罕见的。贵州茅台已经多年获得当年A股上市公司中最高的现金分红方案，贵州茅台的营业收入和净利润都在连年递增，货币资金充足，这些因素都能够保证贵州茅台可以每年都向流通股股民派发股利，提高股民的信心。

③股利支付率较高。

通过表6－13列举出的贵州茅台2004～2013年的净利润我们可以看出，从2004～2013年，贵州茅台的净利润一直呈现上升趋势，无一年下降，并且每年以接近30%的速度在增长。从2004年的8.54亿元增长到2013年的153.17亿元，涨幅达到18倍，这样的增长幅度在我国都是非常少见的。而在2004～2013年10年中，贵州茅台的股利支付率平均值达到了33.35%，远高于白酒行业的平均值以及我国A股上市公司的水平。这十年来，贵州茅台的股利支付率虽然有所波动，但从总体来看，还是呈现了上升的态势，在2012年股利支付率更是高达50.08%。在经济不断波动的当今社会，一个企业的发展会受到很多内部因素和外部因素的影响，贵州茅台在上市后能够始终保持高增长率，这跟贵州茅台的自身努力和政府支持是分不开的。

表6－13　　贵州茅台近十年净利润及股利支付率

年份	净利润（亿元）	股利支付率（%）
2004	8.54	23.96
2005	11.69	12.65
2006	15.74	43.92
2007	29.66	27.87

续表

年份	净利润（亿元）	股利支付率（%）
2008	40.01	28.72
2009	45.53	25.93
2010	53.40	43.00
2011	87.63	47.36
2012	133.08	50.08
2013	153.17	30.06

五、贵州茅台的投资收益分析

（一）分析局限

（1）贵州茅台各品种酒类所占比重及相关数据的取得难度比较大。

（2）八项规定和“禁酒令”一类的国家反腐倡廉政策对酒类行业投资价值影响的相关外文文献较少。

（3）未能深入理解和把控宏观经济政策，未能准确理解政府所出台的相关政策规定，导致认知上存在一定缺陷。

（4）在利用剩余收益模型的计算方法去计算贵州茅台酒股份有限公司的理论投资价值时，还需要根据当前的数据和信息，对该公司未来经营情况进行预估，在这一过程中，存在着笔者的主观判断。因此，笔者在对公司理论价格进行分析时，主要借助于定量分析方法，同时，还充分考虑了该公司以往的财务数据信息和营业情况，以此来确保本次计算结果的准确和合理性。

（二）经营现状

贵州茅台股份公司经营范围广泛，主营业务为茅台酒、系列酒、饮料、食品的产品研制、酿造生产、包装和销售，防伪技术开发，信息产业技术相关产品研制开发。2012年中央出台限酒令，限制“三费”，茅台酒首当其冲，资本市场首先做出了反应，1月16日股票下跌11.18元，跌幅2.98%。贵州茅台股份公司利用自己著名的品牌、优等的品质、厚重的文化、独特的环境、特殊的工艺五大优势所组成的核心竞争力，通过直营店扩张、多元化品牌、价格促销成为白酒行业里率先反弹的企业，业绩不断回暖。2012～2014年经营业绩分别为264.55亿元、309.21亿元和315.73亿元，增长率分别为43.76%、16.88%、2.1%。

表6－14表明，2012～2014年贵州茅台股份公司主营业务收入很不稳定，通过对贵州茅台股份公司年度报告分析可以告知，影响主营业务收入不稳定主要有三方面因素。

首先，从行业发展趋势看，限酒令、限制“三费”的政策力度加大，高端白酒回归大众消费，商务性消费、个人消费等大众消费将成为主流；其次，从竞争态势来看，部分企业发展较快，B2C、O2O、电商网店等新营销手段和渠道使得行业竞争更加白热化、立体化；最后，从消费者行为看，随着80后、90后成为市场上的主流消费者，他们有着健康消费行为，少饮酒、不饮酒是他们所倡导的消费观念，他们对健康的红酒需求量不断加大，而曾经的白酒消费群体逐步老化，不论是消费能力还是消费频率都减弱，影响白酒的销量。而在2013年，茅台酒和系列酒两项营业收入比2012年分别增加20.9%和-22.98%，可见限酒令对公司的业务影响之大，2014年茅台酒和系列酒两项毛利率分别降低0.91%和9.59%。可以看到在一系列因素的影响下，公司的营业成本在上升。通过对2014年年报的解读，当年人工成本较上期比例上升了29.91个百分点。

表6-14　2012～2014年行业、产品或地区经营情况分析　单位：万元

年份	分产品	营业收入	营业成本	毛利率（%）	营业收入比上年增减（%）	营业成本比上年增减（%）	毛利率比上年增减（%）
2012	茅台酒	2403264	140040	94.17	41.78	27.89	增加0.63个百分点
	系列酒	242262	64384	73.42	66.98	41.15	增加4.86个百分点
2013	茅台酒	2905541	157421	94.58	20.9	12.41	增加0.41个百分点
	系列酒	186598	619701	66.79	-22.98	-3.75	减少6.63个百分点
2014	茅台酒	3063742	193807	93.67	5.44	23.11	增加-0.91个百分点
	系列酒	93545	40042	57.25	-49.87	-35.39	增加-9.59个百分点

从贵州茅台股份公司白酒销售量与主营业务收入来看，2012年，销售量25715.75吨、主营业务收入2.6亿元，2013年销售量25177.99吨、主营业务收入3.1亿元，2014年，销售量24167.72吨、主营业务收入3.2亿元。从2012～2014年白酒销售量与主营业务收入对比可以看出主营业务收入年年增加，而白酒销量年年减少，两者呈现相反趋势。贵州茅台股份公司在新的竞争环境下，销售价格正在反弹，高端的品牌路线为公司创造了大量现金。总之，2014年度贵州茅台股份公司销售茅台酒及系列产品基酒24167.72吨，同比下降4%；实现营业收入315.7亿元，相比上年同期增长2.11%；实现营业利润2210297.33万元，相比上年同期增长1.43%；实现净利润153.5亿元，相比上年同期增长1.41%，见图6-6。

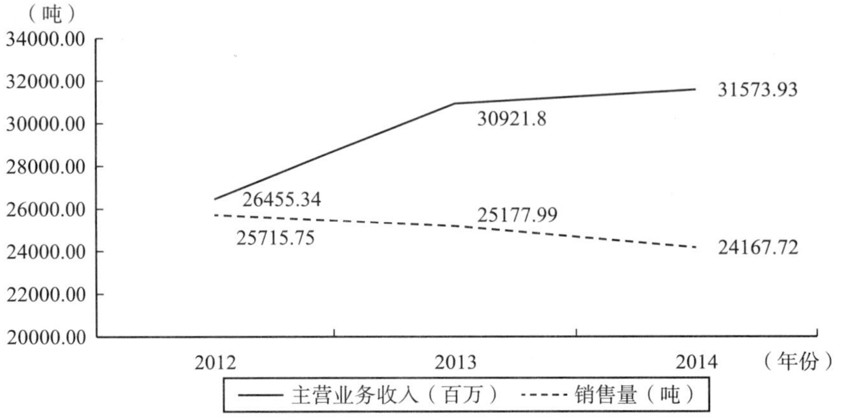

图6－6　2012～2014年贵州茅台股份公司销售量与营业收入对比

（三）投资收益分析

贵州茅台创新高被公认为是价值投资的典范。一项统计显示，贵州茅台2001年8月上市以来，股价累计涨幅超过75倍，最近10年的涨幅则超过5倍。换言之，21世纪以来，炒股大幅跑输房产投资，买贵州茅台股票却能跑赢房产投资。资料显示，2001年8月27日，贵州茅台正式登陆A股市场，当天如果有人买入该股并持有至今，16年后这些股份经过历年的分红送配之后总计回报接近80倍。如图6－7所示，贵州茅台的股价从2001年底的5.58元，一直飙升到2017年6月初的456.68元。

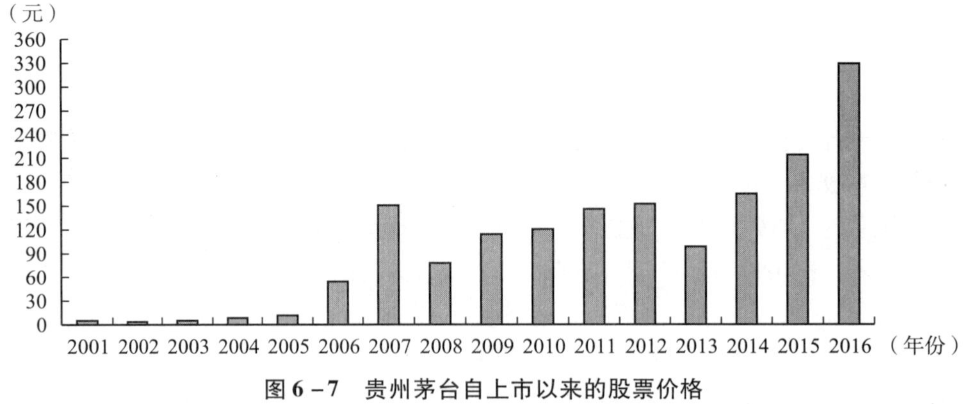

图6－7　贵州茅台自上市以来的股票价格

贵州茅台一直是A股的价值标杆。打开贵州茅台K线图可以发现，受经济危机和茅台业务调整等的影响，茅台公司的股价除了在2008年和2013年有过大幅的下降之外，其他年份都表现出较好的上升趋势，尤其在2013年之后，股价更是一路飙升。截至2017年累计涨幅高达80倍。2013～2016年4年均出现了持续上涨行情，如图6－8所示，2013年底茅台公司的股价为每股99.92元，2014年为每股164.76元，同比上升

64.89%。2015年这种上升趋势仍在继续，截至2016年底茅台公司的股价已经上升为334.20元。贵州茅台连年持续上涨，演绎了长线是金的价值投资理念，已是一骑绝尘的贵州茅台，依然被多家券商分析师看好。

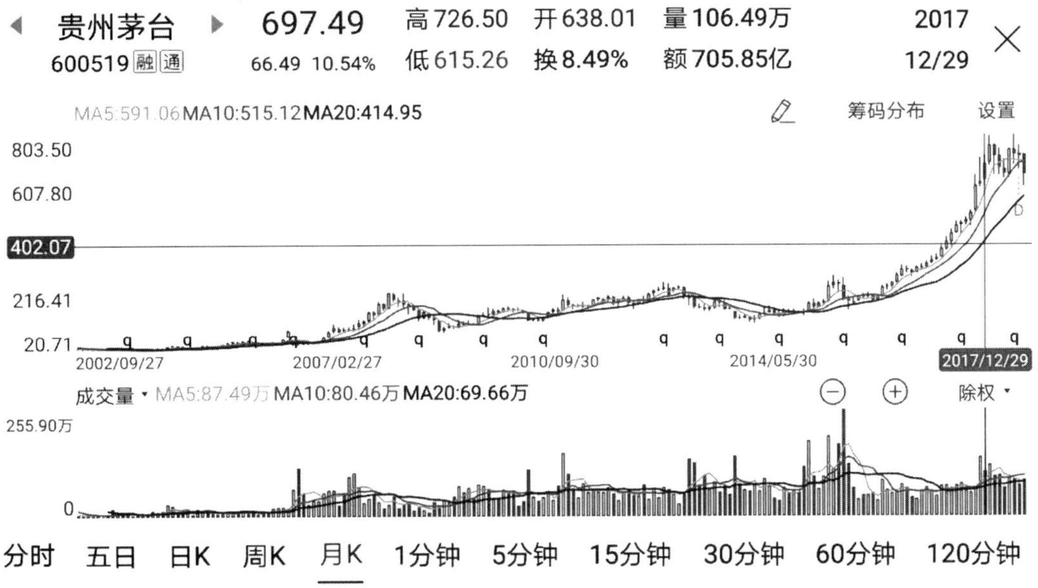

图6-8 贵州茅台自上市以来历史K线图

2016年12月14日，中金公司分析师邢庭志等发布研报，将贵州茅台2017年销量预期上调至31380吨，较2016年增加5000吨；上调贵州茅台2017年目标价16.5%至472元，维持推荐评级。按贵州茅台472元目标价计算，其总市值将超越中国石化。东方证券最新研报称，贵州茅台2016年收入增速超过市场预期，主要来自普茅、系列酒以及利息收入的增长。东方证券称，系列酒迅速放量，将成为普茅后另一增长重点。未来系列酒有望做到茅台酒1~2倍销量，或将成为公司继普茅后另一增长重点。东方证券表示，由于公司白酒龙头属性，根据可比公司估值给予公司15%溢价，即2017年24倍市盈率，对应目标价为390.96元，维持买入评级。平安证券也发布研究报告称，贵州茅台真实业务强劲，2017年至2018年利润增速可能远超市场预期，并且2018年春节前后提价概率很高，从而推动业绩再超预期，并对贵州茅台后市股价看高一线。2017年6月1日，贵州茅台股价突破450元，当日最高股价为456.48元/股，最终报于450.00元/股，股价再度刷新历史新高纪录。总市值超过5653亿元，创历史新高。然而对于茅台当前的股价，业内人士看来并不是最高点，450元/股、500元/股的茅台股价以及6000亿元的总市值目标，已经写进了多家券商分析的报告中。《证券日报》记者查阅贵州茅台年内的研究报告后指出，自2017年1月至今，在Choice数据库中，有23份券商研究报告，而这里面有的券商已经把茅台酒的目标价进行了调整。其中，中泰证券给予茅台酒的目标价从2月22日的431元/股，到4月17日发布的最新研究报告中已经提升至480元/股；而招商证券年内共4次发布对茅台的研究报告，在2月22日，招商证券给出的目标价为400元/股，而最新的目标价为500元/股。同样给出茅台目标价500元/股的还有太平洋证券。券商分析师一致看好茅台股价的未来上涨空间，而理由则是基于贵州茅台年报数据给出的。

公司自上市以来，贵州茅台的营收和净利一直呈现连续上涨的趋势。在2001年，贵州茅台的营业收入约为16.18亿元，到了2015年，公司实现的营业收入已经高达334.5亿元，而对应的净利润也从最初的3.28亿元一路飙涨到164.50亿元（见表6－15）。在14年的时间里，贵州茅台的营业收入累计涨幅约20倍，净利润的累计涨幅更是逾47倍之多。据贵州茅台2016年年报，在报告期内，公司实现营业总收入401.6亿元，同比增长18.99%；实现净利润179.3亿元，同比增长7.84%。公司经营活动产生的现金流量净额为374.51亿元，同比增长114.79%；基本每股收益为13.31元/股，同比增长7.84%。公司公布2016年利润分配预案：拟每10股派现67.87元（含税），分红数额85.2亿元（含税），分红比例占公司2016年度归属于上市公司股东净利润的51%。2017年4月14日，贵州茅台发布2016年年报，数据显示，贵州茅台实现营业收入388.62亿元，同比增长18.99%；净利润167.18亿元，同比增长7.84%。而在主营业务的具体收入上，茅台酒占据367.14亿元，其他系列酒占据21.26亿元，值得注意的是系列酒营收比上一年增91.86%，做大系列酒已初见成效。在产能上，2016年年报显示，贵州茅台共生产酒类将近5.99万吨，销售3.69万吨，库存量将近2.53万吨。在这次白酒价值回归的过程中，最为明显的是名酒价值的充分体现，茅台、五粮液、洋河、泸州、汾酒等名酒收益最大，股价在以往停滞不前的现象荡然无存，贵州茅台自2001年8月上市以来，公司的营收由16.18亿元增至401.55亿元，增加25倍，贵州茅台的股票价格持续上涨，2016年以来上涨111.59%。股价的上涨，第一说明白酒市场名酒回暖步伐进一步加快，消费者的价值取向由以往的中低端向中高端转变，品牌价值取向明显；第二说明名酒企业的核心价值得到了充分体现，名酒与其他品牌相比，两者之间的距离逐步在扩大，核心价值在企业股票上得以佐证。

表6－15　　贵州茅台自上市以来的主要收益指标变动

年度	主营业务收入（亿元）	利润总额（亿元）	净利润（亿元）	每股收益（元）	每股净资产（元）	净资产收益率（%）
2001	16.18	6.00	3.28	1.31	10.12	12.97
2002	18.30	6.40	3.70	1.37	10.37	13.21
2003	24.00	9.70	5.80	1.94	11.37	17.06
2004	30.10	14.91	8.21	2.09	10.60	19.68
2005	39.30	19.20	11.19	2.37	10.79	20.68

续表

年度	主营业务收入（亿元）	利润总额（亿元）	净利润（亿元）	每股收益（元）	每股净资产（元）	净资产收益率（%）
2006	48.90	24.80	15.04	1.59	6.25	25.51
2007	72.37	45.22	28.31	3.00	8.72	34.38
2008	82.42	53.85	37.99	4.03	11.91	33.79
2009	96.69	60.81	43.08	4.57	15.33	33.55
2010	116.30	71.62	53.39	5.35	19.49	27.45
2011	184.00	123.30	92.50	8.44	24.07	35.06
2012	264.60	187.00	140.10	12.82	32.89	38.97
2013	310.80	214.30	159.60	14.58	41.05	35.51
2014	322.20	218.80	162.70	13.44	46.77	28.73
2015	334.50	220.00	164.50	12.34	50.89	24.25
2016	401.60	239.60	179.30	13.31	58.03	22.94

2016年，贵州茅台营收388亿元，五粮液营收245亿元，洋河营收171亿元。茅台一枝独秀，强者更强，如果考虑到预收款因素，茅台的收入已完全超过五粮液和洋河之和。6月26日，贵州茅台市值一度冲高至6092亿元，全球酒类第一，为茅台股价突飞猛涨奠定了良好基础。股市里的贵州茅台也保持着一飞冲天的态势，其市值突破6000亿元大关，创下历史新高。在不到两年的时间里，贵州茅台股价实现了从160元/股的低谷上升到485元/股的历史新高。

作为中国白酒最负盛名的超级单品，53度飞天茅台酒不论从销量还是口碑，都称得上是最受人瞩目的“明星”。2016年茅台荣登“2016全球烈酒品牌价值50强”排行榜榜首，2017年茅台不仅又荣登榜首，品牌价值还得到了大幅提升，足见茅台巨大的品牌价值发展潜力。不久前，英国品牌评估机构Brand Finance发布“2017全球烈酒品牌价值50强”排行榜（Top 50 spirits brands 2017）。中国白酒品牌“茅台”排名首位，品牌价值为115.48亿美元。贵州茅台集团旗下的汉酱酒也入围此次Top 50榜单，排名第39位。

2017年以来，茅台股价之所以上涨35.24%，成为最受追捧的价值白马股，究其原因，正是从2016年6月开始的按月发货新政成为供应紧张和涨价的切入点。茅台酒价格被限制，但贵州茅台股价却一骑绝尘，任何调整都是绝佳买入机会。贵州茅台需要不断促进公司朝多元化方向发展，从而降低公司经营中所面临的风险。茅台公司自上市以后，受政府产业结构调整的影响，同时在国家其他相关政策的支持和鼓励下，其一直致力于高端酒品牌的发展和经营，经历了一个高速的发展时期。从该公司的财务报表中可以看出，其高端酒的主营业务高达99%，客户来源主要分布在政府机构。然而，我国政府于2012年提出了“八项规定”，该规定的提出，直接影响着茅台公司的销量，从而使其出现了“最差半年报”，不仅如此，该公司的预收账款也出现了严重的缩减。由此可以看出，一方面产品的单一使得该公司在发展过程中面临较大的经营风险，基于这一现状，公司应该进行多元化的发展，结合普通人群的需求，打造一批中低端产品，从而提升产品的市场份额。另一方面，该公司的资金相对较为充裕，且比较闲散，在这种情况下，茅台公司应该加强对其他产品的投资，从而通过这种方式来降低企业经营的风险，进而实现较高的收益。基于当前的市场和政策环境，茅台自身也进行了调整：首先，茅台母公司和技术开发公司连同习酒公司于 2012 年 3 月共同出资，成立了贵州茅台集团财务有限公司，该公司的业务内容主要涉及投资、融资和担保等，茅台集团自此实现了对资金的有效管理。其次，茅台公司开始打破原有的产品模式，充分考虑普通群众的需求和消费模式，致力于开发中端白酒品牌，例如茅台习酒、王子酒等。再次，茅台公司还成立了“买房小组”，正式入驻房地产行业。同时，积极改革公司结构，重视公司治理关系，在合理范围内缩减国有控股的比例。现阶段，我国最为重要的一个任务即为不断构建和完善市场经济，加快改革市场经济体制。在我国的经济发展中，国有企业有着极大的促进作用，因此，国有企业应该充分发挥自身的有效作用，重视所有投资者的切身利益，不断提升自身的发展和盈利，实现双赢。同时，基于国有绝对控股这一基本条件，应该不断提升其他投资者的控制权，使其能够充分参与到企业的经营中，以此来推动企业的综合发展。

现阶段，对我国资本市场而言，其仍处于半强势状态，在这种环境下，短线投机仍然比较活跃。面对不断变化的资本市场，为确保其理性和健康的发展，势必需要更多价值投资者的加入。此外，有效的监管体系还有助于促进资本市场的成熟和发展，只有在这种环境下，投资者才能真正享受到国家发展的红利。

参考文献

[1] 本杰明·格雷厄姆、贾森·兹威格、沃伦·巴菲特：《聪明的投资者》，王中华、黄一义译，人民邮电出版社 2010 年版。

[2] 本杰明·格雷厄姆、戴维·多德：《证券分析》，巴曙松、陈剑等译，中国人民大学出版社 2014 年版。

[3] 陈理：《全面理解并坚持巴菲特投资思想——在中道巴菲特 2008 年年会上的演讲》，载于《科学与财富》2009 年第 2 期。

[4] 特雷恩：《大师的投资智慧》，罗怀宇、刘晓楠、熊周译，中信出版社 2010 年版。

[5] 吴思：《伯克希尔公司投资理念和方法的借鉴意义》，载于《中国保险报》2011 年第 7 期。

[6] 吴思、唐生桂：《巴菲特投资思想演进以及对我国投资者的启示》，载于《生产力研究》2016 年第 8 期。

[7] 胡飞雪：《2010 年巴菲特致股东信的三个亮点》，载于《股往今来》2010 年第 11 期。

[8] 陈乐天、王坤秀：《巴菲特致股东的一封信给》，载于《证券市场导报》1997 年 9 月 15 日。

[9] 赵志君：《股票价格对内在价值的偏离度分析》，载于《经济研究》2003 年第 10 期。

[10] 刘建位：《巴菲特如何选择超级明星股》，机械工业出版社 2006 年版。

[11] 裴汉青：《浅析巴菲特的战略投资理念及其借鉴意义》，载于《理论学刊》2005 年第 9 期。

［12］姚景源、张爱香、杨彤：《巴菲特股票估值方法的实证研究》，载于《财会通讯》2011 年第 5 期。

［13］理查德·西蒙斯：《巴菲特经典投资案例——投资者操作手册》，中国财政经济出版社 2008 年版。

［14］菲利普·A·费舍：《如何选择成长股》，海南出版社 1999 年版。

［15］马灵：《沃伦·巴菲特的投资思想及方法研究》北京邮电大学硕士论文 2009 年。

［16］林燕飞、吴晓燕：《基于巴菲特投资策略的上市公司财务报表分析》，载于《财经界》2010 年第 5 期。

［17］［美］罗伯特·哈格斯特朗：《沃伦·巴菲特的投资组合》江春译，机械工业出版社 2000 年版。

［18］柯毅斐：《金融危机期间巴菲特的投资思想与投资实践研究》，复旦大学硕士论文 2009 年。

［19］陈晶泽：《股价连创新高：投资茅台“不老的传说”》，载于《第一财经日报》2012 年 6 月 18 日。

［20］夏芳：《贵州茅台股价突破 400 元大关》，载于《证券日报》2017 年 4 月 19 日。

［21］乔川川：《贵州茅台股价再创历史新高——机构四理由看好白酒股》，载于《证券日报》2017 年 10 月 20 日。

案例7：汇金控参股国有重点金融企业是“淡马锡模式”吗？

一、汇金公司的产生与发展

中央汇金投资有限责任公司（简称“汇金”）是根据国务院授权，代表国家依法对国有重点金融企业行使出资人权利和履行出资人义务的国有独资公司。目前控股参股机构包括商业银行、证券公司、保险公司和其他机构。汇金不开展其他任何商业性经营活动，不干预其控股、参股的国有重点金融企业的日常经营活动。

2007年9月29日中国投资有限责任公司（简称“中投公司”）成立后，汇金公司变更为中投公司的全资子公司，公司原定位不变。财政部发行特别国债，从中国人民银行购买汇金公司的全部股权，并将上述股权作为对中投公司出资的一部分，注入中投公司。汇金公司的成立是国务院为了维护金融稳定、防范和化解金融风险的一个“工具性”公司。[①] 作为金融稳定局的“窗口”，金融稳定局关于中国银行和中国建设银行股改的决策，很多是通过汇金公司来具体执行的。如有关金融稳定的行政性措施是由金融稳定局制定并执行的，而市场化的措施则是由汇金公司来操作。因此，汇金公司虽然采取了公司形式，却是一个非营利性的政策性机构，也不再仅是为国有商业银行改革而特设的。

截至2016年12月31日，汇金公司直接控股参股机构股份有限公司，具体包括：国家开发银行、中国工商银行股份有限公司、中国农业银行股份有限公司、中国银行股份有限公司、中国建设银行股份有限公司、中国光大银行股份有限公司；中国出口信用保险公司、中国再保险（集团）股份有限公司、新华人寿保险股份有限公司；中国建银投资有限责任公司、中国银河金融控股有限责任公司、申万宏源集团股份有限公司、中国国际金融股份有限公司；中信建投证券有限责任公司、中国中投证券有限责任公司、建投中信资产管理有限责任公司、国泰君安投资管理股份有限公司。

（一）汇金公司发展历程

2003年12月底，汇金公司成立。最初的使命是运用450亿美元外汇储备对中国银

① 秦梅玉：《汇金公司运行中的法律问题论析》，载于《中国商界》（下半月）2010年第7期。

行和中国建设银行注资，为国有商业银行进行股份制改造和上市创造条件。该公司由国务院国有独资商业银行改革小组指挥运作，形式上是国有独资投资控股公司。按照国有商业银行股份制改造的早先计划，是采用财务部发行债券的方式对四大国有商业银行注资。但是这是要经过严格的法律程序，手续比较烦琐，且涉及的资金规模在几千亿元以上，考虑到难以通过审核和核准，央行提出利用外汇储备注资的思路，并获得国务院国有独资商业银行股份制改革工作小组的认可。① 外汇储备主要有两种用途：一是应对可能出现的金融风险，防范汇率风险，保持人民币币值稳定；二是将其用于经营，进行保值增值，如我国外汇储备中的美国国债，就是一种投资，也可以将外汇储备投资于国内的重点金融企业，且我们外汇储备那些年来一直处于增长态势，在这个背景下，汇金公司注册成立。

汇金公司成立之初便被中央银行赋予了金融稳定政策执行平台的角色，央行每次召开金融稳定工作会议，汇金及其全资子公司都会有代表参加。与此同时，汇金的全部5000万元注册资金来自财政部，而运营的却是央行资金，成立之时动用450亿美元外汇储备对中行、建行注资，2004年6月动用催收央行再贷款的30亿元人民币注资交行。同年8月，国务院国有独资商业银行改革领导小组才第一次向媒体公开汇金公司的角色定位：汇金公司是“国务院批准设立的国有独资投资控股公司，主要职能是代表国家行使对中国银行、中国建设银行等重点金融企业的出资人的权利和义务，支持商业银行、中国建设银行落实各项改革措施，完善公司治理结构，保证国家注资安全并获得合理的投资回报，公司不从事其他任何商业性经营活动②。”

2005年4月，汇金只注资工行150亿美元，与财政部各持50%股份。截至2005年8月，汇金公司通过700亿美元的外汇储备和部分贷款资金，伸向多个金融领域，控股或参股数家金融企业，构建起一个庞大的金融控股公司的框架。③其投资已经涉及三大国有商业银行（中国银行、中国建设银行、中国工商银行）、一家股份制商业银行（中国交通银行）、一家政策性银行（中国进出口银行）、五家大型券商（银河证券、中金公司、华夏证券、国泰君安和申银万国）和一家投资金融性资产的全资子公司（建银投资）④。

由表7－1可知，以2005年6月注资银河证券为起点，开始投资证券业的汇金公司，完成了系列转变。即从为国有商业银行股改服务的公司，变成国务院维护金融稳定的工具；从仅仅注资国有商业银行变为还要对政策性商业银行和证券公司注资；从“保证国家注资的安全并获得合理的投资回报”变成“不以营利为目的”。通过转变，汇金公司成为内地资产最为庞大、实力最为雄厚的金融控股公司。汇金公司以内地最为庞大的银行资产为基础，广泛渗透其他金融企业，拥有最为纯粹的组织结构和产业布局。

---

①③ 秦梅玉：《汇金公司运行中的法律问题论析》，载于《中国商界》（下半月）2010年第7期。

② 尚鸣：《撩开汇金公司的神秘面纱》载于《金融经济》2006年第1期。

④ 郭金冰：《汇金公司增持四大国有商业银行对A股市场的影响——基于市场数据的比较分析》，载于《湖南商学院学报》2013年第1期。

表 7-1　　　　中央投资的投资路线

时间	投资对象	通过	所占股比	资金来源
2003. 12	中国银行	225 亿美元	100%	外汇储备
2003. 12	建行股份	225 亿美元	86. 13%	外汇储备
2004. 6	交通银行	30 亿元人民币	7. 68%	贷款
2004. 9	建银投资	25 亿美元	100%	外汇储备
2005. 4	中金公司	通过建银投资持股	43. 35%	外汇储备
2005. 6	工商银行	150 亿美元	50%	外汇储备
2005. 7	银河证券	约 60 亿元人民币	第一	贷款
2005. 8	中国进出口公司	50 亿美元	外汇储备	
2005. 8	华夏证券	通过建银投资持股	40%	
2005. 8	国泰君安	25 亿元人民币	21. 27%	贷款 15 亿元，注资 10 亿元
2005. 8	申银万国	40 亿元人民币	37. 31%	贷款 15 亿元，注资 25 亿元

资料来源：汇金网站官网。

2007 年 9 月，财政部发行特别国债，从中国人民银行购买汇金公司的全部股权，并将上述股权作为对中投公司一部分，汇金公司的重要股东职责由国务院行使。2011 年，国内 A 股市场持续低落。在国庆小长假过后的首个交易日，沪深两市高开低走，创下 15 个月以来最低点。不过收盘之后，市场传来一条重磅消息，汇金公司自 2011 年 10 月 10 日起已在二级市场自主购入工、农、中、建四大银行股票，金额达 2 亿元，并将继续进行相关市场操作。消息一出引起一片动荡，港股尾盘翻红，农行 H 股、中行 H 股转跌为升。10 日晚间，工农中建四大行发布公告，披露汇金今日增持 A 股情况，汇金当日增持工行 A 股 145. 8 万股，农行 391 万股，中行 35 万股，建行 73. 8 万股。按今日信托网四大行收盘价粗略计算，汇金增持工行耗资 5819 万元，农行 9650 万元，中行 1007 万元，建行 3256 万元，总计耗资 19732 万元，约为 2 亿元。[①] 2013 年 6 月 13 日，汇金公司动用了 3. 6 亿元，增持工行股票 1932. 14 万股，增持农行股票 4293. 49 万股，增持中行股票 1846. 59 万股，增持建行股票 2449. 04 万股。另外，还增持光大银行股票 2204. 62 万股和新华保险股票 206. 05 万股[②]。

（二）汇金公司的组织结构

中华人民共和国国务院行使汇金公司的重要股东权利，公司董事会、监事会成员均由国务院任命，并对国务院负责。成立之初，董事会的成员大部分来自财政部、人民银

① 郭金冰：《汇金公司增持四大国有商业银行对 A 股市场的影响——基于市场数据的比较分析》，载于《湖南商学院学报》2013 年第 1 期。

② 文晖：《汇金的券商“试验”》，载于《英才》2015 年第 4 期。

行和外汇管理局、证监会等部门要员，还有一部分由国务院其他部门通过各单位推荐，从众多和信任中严格选拔而来；而监事会，主要以财政部的官员为主。汇金公司设董事会，成员不少于五人；均由国务院委派，任期三年，可以连任；设董事长一人，为公司的法定代表人。设监事会，成员不少于三人；由国务院委派，任期三年，可以连任。汇金公司的章程经国务院批准后生效，而章程的修改，则由公司董事会拟订方案报国务院批准后生效，国务院授权公司董事会对章程进行解释。

汇金公司在重大决策上，要受董事会、监事会和财务的监督及国家有关部门的审计；在人员编制上，原大部分是司、局长级别的内部职员跟原来单位已经脱离关系，已不再具有公务员身份；在派驻银行的非执行全职董事的选拔上，通过人民银行、财政部、外汇管理局、银监会、证监会以及中央财经领导小组推荐的一些司局级领导，其工资、奖金、福利等也由汇金公司发放和负责。从汇金公司董事会和监事会的成员构成来看，虽然汇金名为公司，但仍有政府机构特性，国务院将金融类国有资产具体划归汇金公司管理，并作为明确的出资者代表，所以汇金公司被称为“金融国资委”①。汇金公司机构设置情况如图7－1所示。

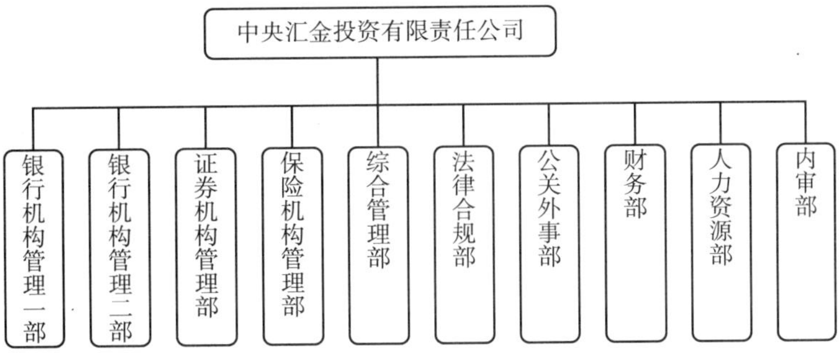

图7－1　汇金公司机构设置

资料来源：汇金网站官网。

银行机构管理一部：负责工行、农行、中行、建行股权管理工作。银行机构管理二部：负责国开行、光大银行、政策性金融机构等股权管理工作。证券机构管理部：负责汇金公司控参股证券公司等股权管理工作。保险机构管理部：负责汇金公司控参股保险公司股权管理工作。综合管理部：负责光大金控、光大银行、光大实业、国家开发银行股权管理工作；负责汇金公司日常办公和运营，负责撰写公司综合报告和战略规划研究，并承担公司董事会、总经理办公会的会务工作。法律合规部：负责处理公司的法律和合规事务，控制公司的法律风险，为其他相关业务部门提供法律支持，保障公司股权管理工作的外部合规，并配合公司其他相关部门，保障公司内部运作的合规性。公关外事部：负责公司的公共关系、新闻发布和外事工作。财务部：负责公司会计核算，根据

① 尚鸣：《撩开汇金公司的神秘面纱》载于《金融经济》2006年第1期。

国家会计准则编制会计报表和年度决算报告；编制和执行公司年度财务收支预算，并提供公司经营状况财务分析报告；管理公司存量资金。人力资源部：负责公司人力资源规划、开发、配置和管理，建立并实施绩效考核、薪酬福利及培训制度。内审部：负责制定内部审计规章制度，组织内部审计、协助开展外部审计，监督评价董事、高级管理人员和其他相关人员履职尽职情况，审核公司财务报告等重要文件的真实性、准确性。

（三）汇金公司投资行为

从2003年成立起汇金公司每年都有多次大规模投资注资行为，为中国银行业改革、国有企业改制等金融经济的重大问题和深化发展做出了不可忽视的作用。汇金公司主要的投资行为如表7－2所示，其主要投资的金融机构如表7－3所示。

表7－2　汇金公司主要投资行为

2003年	12月注资中国银行225亿美元
	12月注资中国建设银行200亿美元
	12月注资建银投资公司25亿美元
2004年	6月注资交通银行30亿元人民币
2005年	4月注资中国工商银行150亿美元
	6月注资银河证券公司100亿元人民币
	7月注资中国进出口银行50亿美元
	8月注资申银万国证券公司25亿元人民币，另提供贷款15亿元人民币
	8月注资国泰君安证券公司10亿元人民币，提供贷款15亿元人民币
	8月注资银河金融控股公司55亿元人民币
	9月注资中国光大银行100亿元人民币
	9月重组南方证券成立中国建银投资证券有限责任公司
2007年	11月30日注资中国光大银行200亿美元
2008年	9月购入中国工商银行、中国建设银行、中国银行各200万股股票
	11月注资中国农业银行1300亿元人民币（约190亿美元）
	12月增持建设银行A股7080.1万股
	12月汇金公司持有国开行48.7%的股权
2009年	签署了购买新华人寿保险股份有限公司38.815%股权的协议
2010年	8月正式受让中金公司43.35%股权
2012年	12月18日注资中国出口信用保险公司200亿元人民币
2013年	买入8.07亿份华泰柏瑞沪深300ETF，购入26.22亿份华夏上证50ETF

资料来源：汇金网站官网。

表7－3　　主要投资的金融机构

国家开发银行	持股比例：47.63%
中国工商银行	持股比例：34.71%
中国农业银行	持股比例：40.03%
中国银行	持股比例：64.02%
中国建设银行	持股比例：57.11%
中国光大银行	持股比例：41.24%
中国光大集团股份公司	持股比例：55.67%
中国出口信用保险公司	持股比例：73.63%
中国再保险（集团）股份有限公司	持股比例：71.56%
新华人寿保险股份有限公司	持股比例：31.34%
中国建银投资有限责任公司	持股比例：100%
中国银河金融控股有限责任公司	持股比例：78.57%
申万宏源	持股比例：25.03%
中国国际金融有限公司	持股比例：28.45%
中信建投证券股份有限公司	持股比例：33.29%
中国中投证券有限责任公司	持股比例：100%
中国光大实业（集团）有限责任公司	持股比例：100%
建投中信资产管理有限责任公司	持股比例：70.00%
国泰君安投资管理股份有限公司	持股比例：14.54%

资料来源：汇金网站官网。

二、汇金公司与其他持股公司

（一）汇金公司与中金公司

中国国际金融股份有限公司（China International Capital Corporation Limited，CICC）简称“中金公司”，是中华人民共和国首家中国公司与外国公司合资组建的投资银行，其主营业务为向中国大型国企提供海内外融资上市服务。中金公司成立于1995年，是由中国建银投资有限责任公司、摩根斯坦利（Morgan Stanley）、中国投资担保有限公司、新加坡政府投资公司、名力集团控股有限公司等，基于战略合作关系共同投资组建的中华人民共和国第一家中外合资投资银行。其子公司中国国际金融香港证券有限公司在1998年成立，随后中金上海分公司成立，并在北京、上海和深圳建立证券营业部，其业务扩大到全国范围[①]。2002 年，中金公司与广发证券、银河证券、海通证券四家证券发行商在中国证券业协会的 7 项指标中名列前茅，中金公司获得股票主承销金额、利润总额和人均利润总额三项第一，当年其完成 4 家公司的股票承销，远远超越承销股票发行企业最多的广发证券[②]。

2004 年，朱云来出任中金公司首席执行官。朱云来在 1998 年加入中金公司，当时担任公司资本市场部负责人，2008 年摩根士丹利公司由于“金融海啸”的困扰，与中国政府沟通后，将股份转让给两家美国私募股权公司 KKR 和 TPG。2015 年 11 月 9 日，中金公司在香港联交所挂牌上市，开盘价报 10. 9 港币，比招股价高 6%，IPO 共发售约 6. 114 亿股，集资 62. 85 亿港币[③]。2016 年 11 月，中金公司将以每股作价 9. 95 元人民币，总代价 167 亿元人民币向主要股东汇金公司发行 16. 7846 亿股，收购中国中投证券有限责任公司，简称“中投证券”。交易完成后，汇金在中金公司的持股量，由 28. 57% 增加至 58. 65%。中金公司的主要代表性项目如表 7 -4 所示[④]。

表 7 -4　　中金公司 1997 ~ 2007 年间主要投资项目

1997 年	完成中国电讯香港海外首次公开发行，融资 42. 2 亿美元
2000 年	完成中国石化首次海外公开发行，融资 34. 6 亿美元
	完成中国石油首次海外公开发行，融资 28. 9 亿美元
	完成中国联通首次海外公开发行，融资 56. 5 亿美元
2003 年	完成中国人寿首次海外公开发行，融资 34. 8 亿美元
2006 年	完成中国工商银行 A + H 股首次公开发行，合计融资 219. 39 亿美元，是全球金融史上最大的一笔融资项目
2007 年	完成中信银行 A + H 股首次公开发行，合计融资 59. 5 亿美元

资料来源：Wind 资讯。

（二）汇金公司与中投公司

中投公司的注册资本金为 2000 亿美元，来源于中国财政部通过发行特别国债的方式筹集的 15500 亿元人民币，是全球最大主权财富基金之一。拥有员工 1200 人，其中董事会成员共 10 人，包括 2 名执行董事、5 名非执行董事、1 名职工董事以及 2 名独立董事[⑤]。5 名非执行董事分别来自国家发改委、财政部、商务部、中国人民银行和国家外汇管理局 5 个部委。2007 年中投公司成立时，财政部发行特别国债，从中国人民银

①② 蔡亮：《中金公司：因傲慢而沉沦》，载于《产权导刊》2013 年第 4 期。
③ 卢西：《中金公司没落的贵族》，载于《新财经》2012 年第 8 期。
④ Wind 资讯数据。
⑤ 田田：《中投公司境外投资法律制度研究》，载于《华北电力大学学报（社会科学版）》2011 年第 3 期。

行购买汇金的全部股权，并将上述股权作为对中投公司出资的一部分，注入中投公司[①]。中投公司下设三个子公司，分别是中投国际有限责任公司（以下简称“中投国际”）、中投海外直接投资有限责任公司（以下简称“中投海外”）和汇金公司。中投公司的境外投资和管理业务分别由中投国际和中投海外承担。中投国际和中投海外均坚持市场化、商业化、专业化和国际化的运作模式。

1. 汇金与中投的联系

汇金公司和中投公司的公司性质基本相同，都是《公司法》上的国有独资公司，均由国家以外汇储备单独出资设立，其中汇金公司至少为450亿美元，而中投公司则为2000亿美元[②]。中投公司按照现流行的说法可以叫作主权财富基金。主权财富是通过特定税收与预算分配、国际收支盈余和自然资源收入等方式积累形成的，由政府控制与支配的，通常以外币形式持有的公共财富。传统主权财富管理方式较为被动和保守，对本国与国际金融市场影响也非常有局限性。主权财富基金具有两个方面的特征，首先这些基金由政府拥有、控制与支配；其次，这些基金追求资金回报的最大化目标。从主权财富基金的资金来源看，它们既可以是一国政府通过特定税收与预算分配而形成的，也可以是资源出口收入或非资源性贸易顺差等方式积累形成，但通常是和如何管理多余外汇储备分不开的。因此，多余部分的外汇储备就转换成投资基金，通过专业人士管理，来选择更广泛、更有效等具投资价值的产品、构造更有效的资产组合来降低风险，并获得高的利润和高的回报。近年来，主权财富基金数量快速增长，设立主权财富基金的国家，包括一些发达国家和资源丰富国家，也包括一些新兴市场国家和资源贫乏国家。主权财富基金资产规模急剧膨胀，截至2008年初，世界上约40个国家有主权财富基金，资产累计达到约2万亿~3万亿美元，已超过对冲基金和私人股权投资基金。[③] 其资产分布不再集中于G8定息债券类工具，而是着眼于包括股票和其他风险性资产在内的全球性多元化资产组合，甚至扩展到了外国房地产、私人股权投资、商品期货、对冲基金等非传统类投资类别[④]。主权财富基金已成为国际金融市场一个日益活跃且重要的参与者，市场影响力也不断增强。

汇金公司和中投公司都属于主权财富基金的范畴，其经营并不像央行那样在外汇储备管理上采取保守谨慎的做法，其追求安全性和流动性，也更重视对外汇储备进行积极管理，以实现投资回报的最大化为目标。为此，甚至可以牺牲一定的流动性，并承担更大的投资风险，如汇金公司近几年直接参股或控股多家商业银行和证券公司，而中投公司的第一笔业务更是拿出30亿美元投资收购美国“黑石”基金的10%无投票权的股份。中投公司负责管理我国2000亿美元的外汇储备，它的资金运用的结构是：2000亿美元的资金中大概有1/3投资于汇金公司，1/3的资金注资中国农业银行和国家开发银

① 方宁：《中国投资公司起航》，载于《中国对外贸易》2007年第10期。
② 熊伟、欧俊：《我国国有金融资本出资模式研究》，载于《金融监管研究》2016年第3期。
③④ 潘圆圆：《中国主权财富基金投资策略的转变及其原因》，载于《上海金融》2014年第3期。

行，另1/3投资全球金融市场①。中投公司注资汇金公司，而汇金公司则运用这些资金对国内的一些企业进行投资，是国务院批准设立的国有独资控股公司，主要职能是代表国家行使对国有商业银行等重点金融企业的出资人的权利和义务，保证国家注资的安全并获得合理的投资回报；公司作为纯粹控股公司，不从事其他任何商业性经营活动。中投公司成立后，拿出1/3的资金投资汇金公司，作为中投公司的子公司，汇金公司将整体并入。在分工上，汇金将继续做股权投资，即承担推动银行改革的任务，代表国家作为出资人长期持有这些金融机构的股权。

2. 汇金与中投的区别

（1）成立背景不同。央行之所以会以外汇储备注资组建汇金公司，还在于国有商业银行改革的需要。因而，汇金公司在成立后不久，就先后为建设银行、中国银行以及工商银行等三大国有商业银行注入近600亿美元的资本金，以支持它们冲销不良贷款，提高资本充足率，改善公司治理结构并改制上市。按照汇金公司2003年组建时的官方表述，其主要职能便是“代表国家行使对中国银行、中国建设银行等重点金融企业的出资人的权利和义务，支持中国银行、中国建设银行落实各项改革措施，完善公司治理结构，保证国家注资的安全并获得合理的投资回报”②。因此可见，汇金公司所扮演的并不仅仅是寻求利益回报的出资人的角色，更为重要的是，它还要承载起督促落实国有商业银行改革等一系列的政策性职责。设立中投公司的目标主要有，首先是缓解中国国内严重的流动性泛滥问题，除了引论部分已多有涉及之外，还可以从中投公司的设立时间看出。中投公司设立于2007年9月底，正是流动性过剩背景下，以股票市场和房地产市场为代表的资产价格攀升至最高点的时候。从2005年7月的低点到2007年10月的高点，沪市A股指数在短短两年多时间内上涨了650%，与此同时，北京、上海、深圳等城市的住房价格更是连续多个季度的涨幅都超过了10%。决策者选择在这一时刻推出中投公司，其意图不言自明。其次是尝试以主权财富基金的形式对外汇储备进行积极管理，按照国务院的要求，财政部发债的利息应由中投公司承担，如果以2000亿美元的规模计算，就意味着中投公司平均每个工作日必须赚3亿元人民币，所以，其来自营利性的压力是相当大的③。

（2）投资方向的不同。中投公司在很大程度上既是为缓解流动性泛滥问题而设，其所因此掌握的2000亿美元外汇储备就不能投资于国内。中投公司前董事长楼继伟就曾向媒体表示，“中投公司的投资方向，将以国际金融产品组合走资为主，既然是宏观目的的需要，就不能投资在人民币区，不能增加人民币的流动性。因此大部分将投向公开市场产品，小部分投向另类产品”④。所以，细数其成立后进行的几笔业务，要么是收购美国公司的股权，要么是投放到香港的H股市场。也正是由于主要把资金投放到

① 田田：《中投公司境外投资法律制度研究》，载于《华北电力大学学报（社会科学版）》2011年第3期。
② 熊伟、欧俊：《我国国有金融资本出资模式研究》，载于《金融监管研究》2016年第3期。
③ 潘圆圆：《中国主权财富基金投资策略的转变及其原因》，载于《上海金融》2014年第3期。
④ 方宁：《中国投资公司起航》，载于《中国对外贸易》2007年第10期。

国际金融市场，中投公司的成立才会犹如一颗“重磅炸弹”般，引起日益陷入严重流动性紧缩的国际资本市场的广泛关注。这样一个庞大的主权财富基金的问世，无疑对整个国际资本市场有着不容小觑甚至是值得期待的刺激和推动作用。在这种情况下，我们也才看到，中投公司成立短短数月内，就有花旗、美林、摩根士丹利、UBS等美欧大型商业银行、投资银行、对冲基金、私人股权投资基金纷至沓来，寻求合作。而汇金公司的投资方向则主要是国内的金融机构，并寻求成为这些金融机构的控股股东。汇金公司成立以来已先后注资中国银行、建设银行、工商银行、进出口银行以及银河证券、申银万国等十多家国内的金融机构，而这也显然与其承担的政策性职能紧密相关。

（3）注资方式的不同。汇金公司成立时，其450亿美元的注册资本是由中央银行直接以外汇储备注入的。因此，汇金公司成立过程中的法律关系极为简单明了，只有央行和汇金公司双方。两者因直接投资行为而发生联系，其中，央行是投资主体，是注资行为的核心，整个过程由其主导，一切活动由其操办，而汇金公司则只是央行的投资对象。但到筹建中投公司的时候，并没有延续该模式，而是选择了一个更为复杂的方法。首先，注资行为人由中央银行换成了财政部，由于财政部手中并没有注资所需要的资金，故而必须先通过发行特别国债筹集资本金。为此，财政部分批次发行了1.55万亿人民币的特别国债，其中2000亿元是分期向社会发行的，另外1.35万亿元则在全国银行间债券市场面向境内商业银行定向发行。其次，在筹集到注资所需的人民币资金后，财政部再用这笔款项购买中央银行持有的等值的外汇储备，并注入中投公司。因此，整个注资过程就被分解为两半：前一个部分是发行特别国债购买外汇储备的过程，而后一个部分则是对中投公司的注资过程（如图7－2所示）。

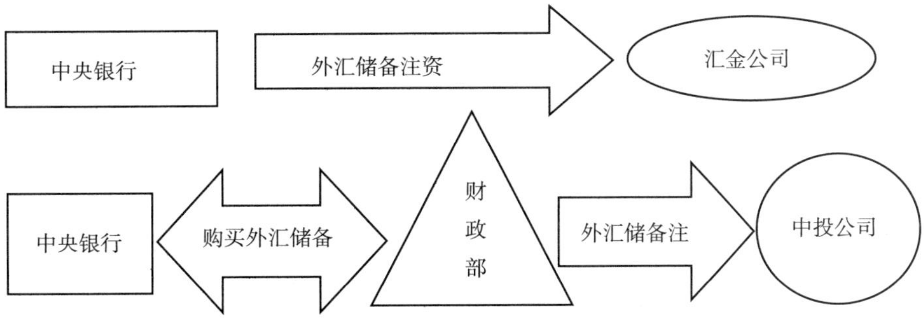

图7－2　汇金公司和中投公司的注资方式

中金公司是中国第一家中外合资的投资银行，即券商，而汇金公司是中金公司最大的股东。中投公司则持有汇金公司100%的股权，汇金公司持有中金公司58.65%的股权。而且三家公司最大的联系之一就是，中投公司、汇金公司和中金公司有一个共同的董事长丁学东。国务院2013年3月任命丁学东为汇金投资有限责任公司董事长；7月任命丁学东为中国投资有限责任公司董事长兼首席执行官；2014年10月，任中国国际金融股份有限公司董事长。①

三、汇金公司持股中国工商银行

汇金作为一个投资公司，低买高卖的市场操作是其遵循的规则，通过二级市场增持四大行股票，从市场角度可认为四大银行估值较低，具备投资价值。同时，汇金是国有银行的股东，汇金公司宣布增持会释放出一种积极信号，显示出汇金“稳住四大银行，就可以稳住银行股，稳住银行股就可以稳住A股”② 的战略意图，显示出汇金公司对中国经济以及与经济走势密切相关的中国银行业未来充满信心，对四大银行股票的未来表现充满信心。2008年美国的次贷危机和2011年的欧债危机都对中国的A股市场造成了很大的冲击，但是在国外经济形势极度恶化的形势下，中国政府采取了积极有效的措施避免了国内经济遭受过度的打击。汇金公司在市场非理性下跌过程中出手增持中国工商银行的股份极大地提升了市场投资者的信心，在短期内确实起到了维护大盘稳定的作用。

（一）汇金增持工商银行股票的过程

汇金公司作为中国工商银行的大股东，自2008年9月~2012年12月，分四阶段通过二级市场增持工行股份，从增持的时间区间来看，主要分为四个时间段。第一个时间段集中在2008年9月~2009年3月，此时的A股市场受到美国次贷危机和国内经济形势下滑的影响正处于极度低迷时期；第二个时间段集中在2009年9月~2009年10月，此时的A股市场在大小非解禁潮即将到来、市场流动性趋紧等不利因素影响下持续下跌；第三个时间段集中在2011年10月~2012年3月，受到欧洲债务危机的影响，此时A股市场走势与2008年情形相似，刚刚从2008年次贷危机中缓慢复苏的世界经济再次遭受重创，A股市场再一次经历漫长的下跌过程，此时的汇金公司再度出手，连续增持工商银行股票；第四个时间段集中在2012年10月~12月，上证指数从2012年5月的2450点跌至9月底的2000点附近，整个银行板块估值处于历史最低水平，工商银行的市盈率仅6倍，市净率仅1.3倍，如此低的估值水平与工行的超高盈利之间形成强烈的反差，2012年10月汇金公司再度出手增持工行股份③。

1. 第一阶段增持

从2005年6月开始上证指数从998点一路上涨，到2007年10月指数达到6124点创下历史新高，A股市场迎来了近两年半的牛市行情。正当经济形势一片大好之时，美国爆发了次贷危机，并且迅速蔓延到全球。国内的宏观经济形势发生了巨大的改变，国内居民消费指数CPI连续上升，2007年10月~2008年9月短短的一年时间内，上证指

---

①② 李鹏云：《汇金增持四大银行其意何在?》，载于《经理人》2012年第4期。

③ 郭金冰：《汇金公司增持四大国有商业银行对A股市场的影响——基于市场数据的比较分析》，载于《湖南商学院学报》2013年第1期。

数从 6124 点一路下探到 1600 点附近，日均交易量也出现严重的萎缩，从 2007 年日均 1000 多亿元缩减到 400 多亿元，投资者损失惨重，市场信心跌倒了底谷，恐慌情绪持续蔓延。政府为了防止宏观经济继续恶化，采取一系列调控措施，中国人民银行从 2007 年 1 月 5 日起连续上调存款准备金率，到 2008 年 6 月 7 日总共上调存款准备金率 15 次，存款准备金率从 9% 提高至 17.5%；2008 年 9 月汇金公司在二级市场自主购入工、中、建三行股票。受此利好消息的影响上证指数止跌回稳，9 月 19 日大涨 9.45%，汇金公司承诺在二级市场主动购入四大国有商业银行股份的消息更是刺激银行板块在 9 月 19 日全体涨停①，见图 7-3。

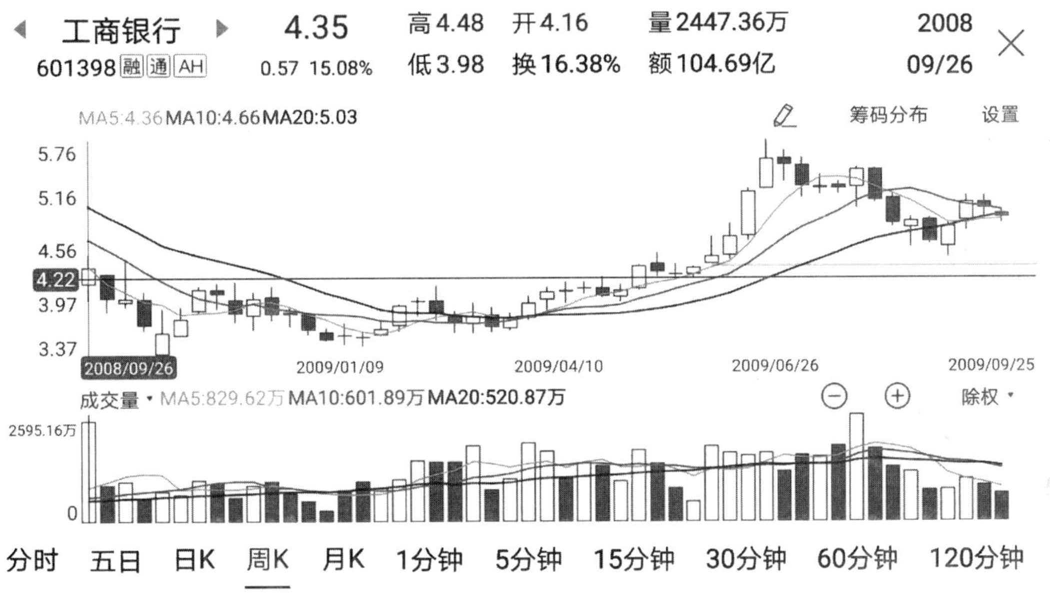

图 7-3　第一阶段增持期间工行股价 K 线图

资料来源：Wind 资讯。

2008 年 9 月 23 日，汇金公司通过上交所交易系统买入方式增持工行股份 200 万股，并且承诺在未来 12 个月内将继续在二级市场增持工商银行的股份。当日工商银行股价上涨 4.57%，成交 11.33 亿股，成交金额 48.51 亿元，以当日成交均价 4.28 元来测算，汇金公司此次增持工行股份耗资 856 万元。在 2009 年 9 月 25 日，大股东汇金公司通过二级市场买入的方式累计增持工行股份 280568528 股，约占公司总股本的 0.08%，完成 2008 年承诺的增持计划②。

2. 第二阶段增持

汇金公司于 2009 年 9 月 22 日～2009 年 10 月 9 日，通过二级市场买入方式累计增

① Wind 资讯数据。

② 郭金冰：《汇金公司增持四大国有商业银行对 A 股市场的影响——基于市场数据的比较分析》，载于《湖南商学院学报》2013 年第 1 期。

持工行股份30073579股，同时发布公告称股份解禁不等于减持，也不意味着汇金公司对中行、工行等国有重点金融机构持股政策有何重大调整。汇金公司将继续遵照有关规定，依法履行出资人代表职责，确保国家对国有重点金融机构的控股地位，支持国有重点金融机构稳健的发展。仔细研究会发现汇金在9月22日至30日之间累计买入2997万股，从盘面交易情况来看，汇金是越跌越买，跌幅越大买入力度越强，9月29日工行股价微涨0.42%但振幅却达到了2.33%，全天成交1.1亿股。① 到30日同样是振幅巨大的小幅上涨，这两个交易日的工行股票走势都显示出较长的下影线，充分说明汇金在低位强势护盘，汇金公司用实际行动证明解禁不等于减持，向市场传递出强烈的信号，市场对于大小非解禁造成的流动性冲击的疑虑也渐渐消散，中国工商银行股价从9月29日的4.7元开始发力上涨到11月中旬股价重新回到5.5元附近与1月初的股价基本持平②，见图7-4。

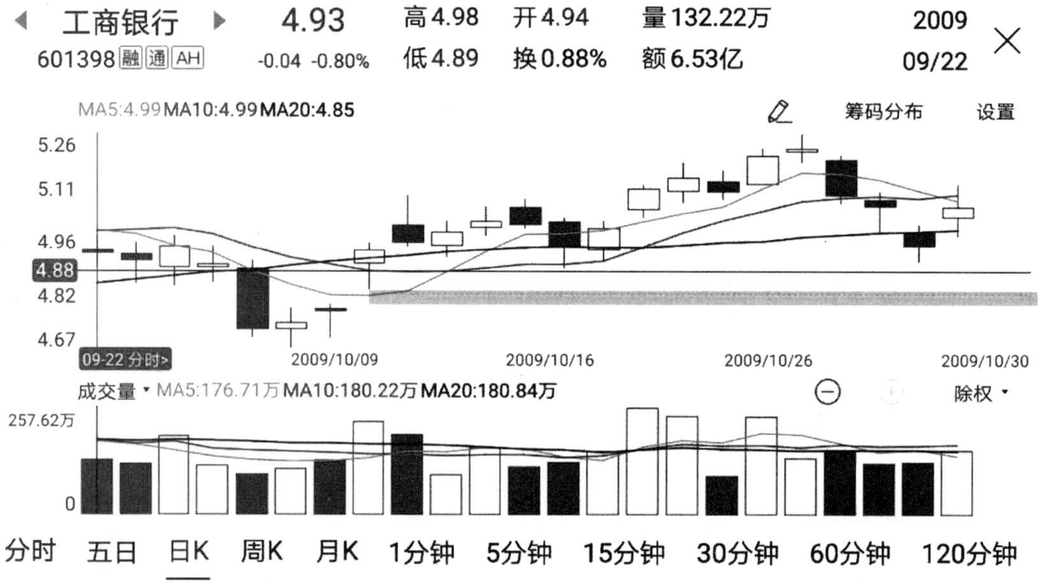

图7-4 第二阶段增持期间工行股价K线图

资料来源：长城证券。

3. 第三阶段增持

2009年12月希腊主权债务危机爆发，2010年3月迅速蔓延整个欧洲。当全球经济刚从美国的次贷危机中缓解不久，欧洲主权债务危机又接踵而至，我国国内居民消费指数从2009年2月开始不断攀升，到2011年7月CPI同比增速已经跟2008年的数值相

① Wind资讯数据。

② 郭金冰：《汇金公司增持四大国有商业银行对A股市场的影响——基于市场数据的比较分析》，载于《湖南商学院学报》2013年第1期。

当。中国人民银行自2010年1月起连续12次提高存款准备金率，到2011年6月存款准备金率达到21.5%的历史最高点位。同年10月10日汇金公司时隔2年后再度通过二级市场增持工行股票共1458万股，在当天股价低开高走，全天成交3700万股，汇金承诺在未来的12个月将继续增持工行股票。受此利好消息影响工行股价在10月持续上涨，到11月初累计涨幅9%，随后股价又向下调整到4.1元附近，期间汇金公司依然在不停地增持工行股份来对冲股价下行压力[①]，见图7－5。

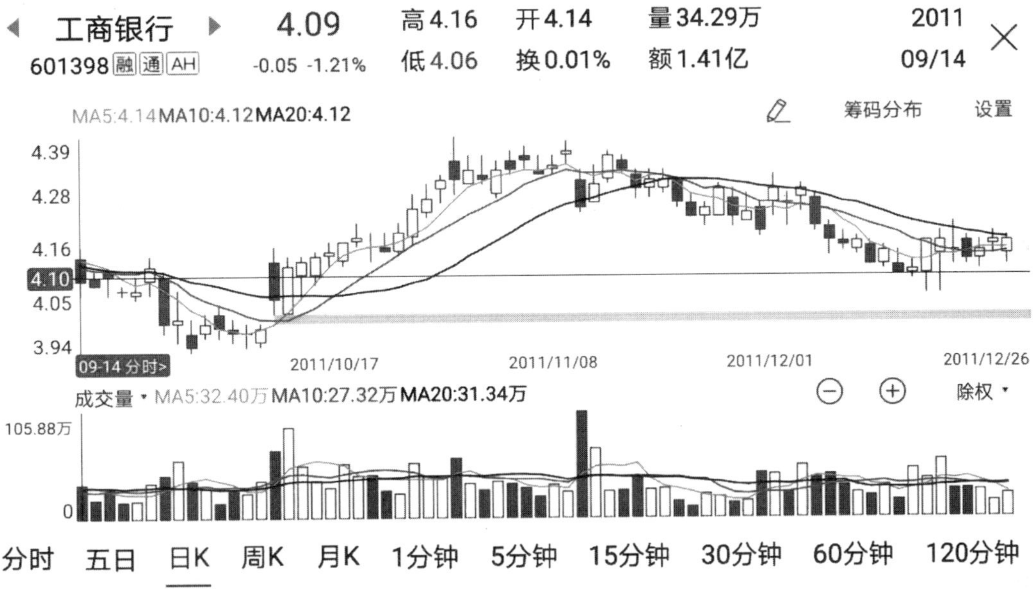

图7－5　第三阶段增持期间工行股价K线图

资料来源：长城证券。

4. 第四阶段增持

2012年10月8日、9日、10日三个交易日内，汇金通过二级市场增持工行股份合计15707712股，耗资约7300万元。[②] 10月8日工商银行股票交易K线图可以看出，当天呈出红色十字星走势，下影线长于上影线，显示出强大的买盘支撑，这无疑是汇金的托盘之举。自10月23日至12月4日工行股价进入盘整阶段，12月5日开始到12月31日，工行股份又出现放量上涨的迹象，从工行发布的12年年度报告可以看出，自10月9日到年底，汇金公司累计增持工行股份1.76亿股，如图7－6所示[③]。这充分说明在盘整阶段和放量上冲阶段汇金都在大力出手增持工行股份，显示出汇金公司对工行股票估值水平的信心和认可，积极响应了郭树清主席的买入银行股的号召。

---

① Wind资讯数据。

②③ 郭金冰：《汇金公司增持四大国有商业银行对A股市场的影响——基于市场数据的比较分析》，载于《湖南商学院学报》2013年第1期。

图7－6　第四阶段增持期间工行股价K线图

资料来源：长城证券。

（二）汇金增持工商银行股票目的

通过汇金公司四次增持中国工商银行股票的行为可以判断其增持股票的目的。首先为了稳定中国工商银行的股票价格，避免二级市场的过分杀跌。其次利用二级市场的上升走势来拉动工行的股价使工商银行的股票价值充分释放进而增加所持股份的整体价值。在诸多利空因素影响下大盘持续下跌，市场情绪极度恐慌时，汇金公司通过二级市场买入方式增持工商银行的股票，这样的行为被视为一种政府出手救市的手段。

从微观角度来看，汇金公司的职责是代表国家依法行使对国有商业银行等重点金融企业出资人的权利和义务，实现对国有资产的保值增值。要实现这一目标就必须通过进行主动市值管理的方式来实现，工商银行作为上市公司，其价值是由市值体现的，而市值又是由公司的股价来决定的，当股票价格持续下跌，严重背离其真实价值的时候就需要提供有效的需求去对冲由于不理性因素造成的超卖供给，使得价格逐步回归其价值。从宏观层面来看，股市健康稳定运转对国家整体经济发展起到至关重要的作用，股市长期低迷对宏观经济运行将产生不利的影响。股票市场相对稳定不仅有利于经济的稳定增长，也有利于吸纳社会上过剩的流动性，缓解通胀压力，因此作为政府来讲，保持股市健康平稳运行也是调控宏观经济的一种有效手段，作为政府本身来讲只能出台一些积极的政策去引导股市的走向，这些政策相当于外部因素，这些外因要对股票市场起作用，必须通过内部因素的作用来实现。政府为了让外因通过内因来对事物发展起作用也就是纠正市场的非理性偏差，就要通过改变二级市场供求关系来实现，汇金公司作为国家持股代表，其在二级市场增持工行等国有银行的股票便能使外因通过内因起作用，从而改变股市的发展方向，因此汇金公司增持工行股份的深层目的是代表国家来引导股市平稳运行。

（三）汇金增持工商银行股票效果

从短期来看，汇金公司选择在市场探底的过程中增持工行股票的行为起到了稳定工行股价，扭转其下跌趋势的作用，且稳定权重股股价间接带动大盘企稳的作用也非常显著。特别是公告日当天和随后几个交易日的效果尤其显著，在第一个增持阶段，汇金公司宣布要在二级市场买入工行股票，受此消息的影响，工行股价当天便止住跌势，在下探到3.13元的低位后最终收盘价定格在3.44元，随后的两个交易日更是拉出连续两个涨停板[①]。在短期内，汇金增持工行股份的举动的确带来了很好的市场效应，犹如给市场注入了一支强心剂，极大地提升了市场投资者的信心，使得工行股价和上证指数走出暂时的低谷。从长期来看，汇金增持工行股份效果不是很明显，由于边际效应递减规律的存在，使得长期内市场对增持的反应不如短期那么强烈。因此汇金才会分阶段增持工行股份，每当工行股票走势出现疲软大盘一蹶不振时，汇金公司就宣布展开新一轮的增持计划，从而提振市场信心，改变短期的低迷走势，这样循环着进行就能有效对冲掉一部分边际效应递减产生的副作用，再加上市场投资者已经对汇金增持形成了一种预期，每当大盘出现阶段性非理性下跌的时候，思维的惯性使得投资者面对这样的情形会产生汇金公司即将出手增持工行股份提振市场信心的预期，从而采取持股观望的态度，不会盲目地卖出股票造成进一步的下跌。

汇金公司在股票市场投资情绪低迷、大盘走势疲软时增持工行股份来稳定银行股股价，从而稳定整个大盘走势提升市场信心，从短期来看是可行的，但从长期来看借助具有代表性意义的大股东增持行为稳定整个大盘走势的效果不是很明显。保持经济稳健增长、创造优质的投资环境、建立有效的市场管理机制是资本市场健康发展的保证。工商银行作为世界上规模最大的银行，占A股市场权重比例也很高，并且工行98%以上的流通股由机构持有，以汇金为代表的国有资本持股比例更是达到了将近70%，因此汇金在整个市场处于低迷的时期出手增持工行股份想起到示范带头作用。[②] 通过对权重股的增持，能使工行股价企稳回升，从而带动整个银行股板块的股价稳定，由于银行股板块占整个市场的权重较大进而起到了稳定整个市场的作用，但研究后会发现，这一稳定的效果只在短期有成效，在长期内并不能一直起到稳定大势的作用，这就是问题的所在，通过示范性增持行为提高市场信心，稳定走势的作用是有限度的。

总之，依靠汇金出手增持大银行，稳定银行股股价，从而稳定和鼓舞市场，从短期看是可行的。但从长远发展来看，资本市场仅仅依靠一家或者几家公司出手来稳定整个股市的趋势将会越来越难。只有经济稳健增长，优质的投资环境，健全的管理机制等良

---

① 郭金冰：《汇金公司增持四大国有商业银行对A股市场的影响——基于市场数据的比较分析》，载于《湖南商学院学报》2013年第1期。

② 《工行要闻》，载于《中国城市金融》2013年第3期。

好的基本面，才能决定资本市场的最终走向，也只有做好市场基本面的建设，资本市场才能发展得更加健康。

四、问题的诠释及评价

我国国有资产管理模式可分为国有企业、实体、国资委三个层次。第一层次的国有企业，从事实际经营，包括实业企业和金融企业；第二层次的实体，直接持有国有企业股份并能对公司治理结构有重大影响，包括国有资产授权经营集团、四大资产管理公司，以及新近出现的汇金公司等；第三层次的国资委，代表最终的出资人（国家）行使所有者职能。国资委是2003年成立，根据国务院的授权，其监管的范围是中央所属企业的国有资产，不包括金融类的国有资产。而我国的国有金融资产管理体制至今尚未形成。随着汇金公司投资领域和规模的扩大，其已经成为掌握半片江山的金融航母。那么，对整个国有资产（实体性资产和金融类资产）的管理就出现了两个主体，即国资委和汇金。前者监管实业企业的国有资产，后者负责金融企业的国有资产，这两个机构的管理层次，可表示为：国资委模式：实体性国有企业—国有资产授权经营集团（如国家开发投资公司）——国资委；汇金模式：金融类国有企业（如银行、证券公司）—汇金公司—财政部。

从以下三个方面比较，汇金公司模式优于国资委模式：汇金公司本身是具有独立法人资格的公司，在某种程度上被视为有政府背景的企业，但不属于行政序列；而国资委是特设的行政管理机构，并不是个公司。汇金公司仅仅是单纯的投资公司，其治理结构相当清晰；而国资委系统是多层级的，因此中央和地方国资委之间难以形成各司其职的两级所有者结构。汇金公司通过直接向其控股的银行派出董事，来经营管理国有银行，这些董事的薪酬来自汇金，并且在董事会中依据个人的专业能力进行投票，汇金并不以行政命令约束董事的投票；而国资委的管理方式，更多是沿用行政化的“红头文件”来层层管理，管的不是企业，而是资产，国资委向国有企业派出的董事或者监事，服从的不是个性化的、市场化的判断，而是行政纪律。

（一）汇金模式的典范：淡马锡控股公司

淡马锡是新加坡财政部100%控股的专业化国有投资机构，1974年的淡马锡控股公司所辖资产范围甚广，涉及实业和金融两大领域，为新加坡财政部全资注册的国有控股公司，并直接由财政部负责。淡马锡控股公司的创建宗旨是负责持有并管理政府在国内外各大企业的投资，目的是保护新加坡的长远利益。这一模式的根本特点在于，它是一个国有产权企业化管理的平台，在这个平台上可以更加灵活有效地处置国有资产。新加坡国有资产管理层次表示为：国联企业—淡马锡—财政部[①]。

① 刘军国：《淡马锡模式的剖析与借鉴》，载于《宏观经济管理》2014年第3期。

新加坡建国之初“新加坡经济实力弱，市场环境差，基础产业和高科技产业急需发展，缺少具有国际竞争力的企业参与日趋激烈的国际竞争。为此，新加坡政府组建了纯国有的投资公司淡马锡控股有限公司，其投资的企业称为淡联企业，实现了利用市场机制对国有资本的高效配置，破解了国企低效与市场失灵的悖论”。既发挥了国家聚合资源的优势，又发挥了市场机制配置资源的优势，还找到了培育具有国际竞争力企业的有效方式。在谈及汇金公司时，很多人都会提及新加坡的淡马锡。淡马锡之所以能够实现“全球国企中赢利的神话”，关键在于其既拥有国家资本规模大、抗风险能力强的优势，又能够隔离行政干预而纯粹以市场原则进行运营。作为政府100%控股的投资机构，淡马锡拥有的资本优势，是私人资本难以相比的，在国内，作为国家经济的操盘者遵循以投资支持政府经济政策的原则更多投向私营部门不愿意或没能力投资的基础性行业和关键性行业，推动产业发展和经济转型，保护了国家的长远利益。面对国际竞争政府赋予其发展成为国际一流投资机构，最终达到提升国家竞争力的目的。目前淡马锡70%的投资集中在海外市场①。

作为国有控股投资公司的汇金公司，是政府出资设立的投资实体，经国务院授权对国有金融企业履行出资人职能的管理者，是实现政府意图并实施调控的有力工具和手段，这就决定了汇金公司相对容易与淡马锡模式接轨。淡马锡模式给我国带来了重要的启示和借鉴，通过几十年的探索和实践，我国市场化改革取得了巨大的成绩。但是，随着市场化进程的不断深入，关于国有企业的市场化问题，政府与市场的关系始终难以理顺。实践上，从基础设施战略性领域到国际竞争领域，我们都离不开国有企业。同时，国有企业存在的诸多非市场化弊端又成为非常突出的问题。因此要大力发展混合所有制经济，完善国有资产管理体制，以管资本为主改革国有资本授权经营体制，组建若干国有资本运营公司，支持有条件的国有企业改组为国有资本投资公司。这本质上是通过治理机制创新，找到提高国有企业市场化水平的实现形式。1974年6月25日，新加坡财政部长依据《新加坡公司法》全资出资组建了淡马锡控股有限公司。所以从公司的角度来说，新加坡政府是拥有淡马锡100%控制权的股东，淡马锡是一家完全商业化性质的公司，这点和汇金公司性质相同。② 淡马锡通过每年给股东派发股息以及对本公司利润的税收来为新加坡政府的财政预算做出贡献，而汇金公司是有董事会和监事会还有负责不同项目的部门共同组成。

（二）汇金公司的未来发展

我国国有银行的产权管理格局如下：财政部负责产权、收益和费用控制；银监会负责人事与监察。除此，还存在着其他几个主体，如人民银行、国家发改委、国家经贸委、各级政府，其职能范围各不相同。在这些主体中，对银行投向投量有发言权的，却对银行的成本收益和资产质量没有责任；而唯一对银行有资本控制权和财产处分权，因

①② 刘军国：《淡马锡模式的剖析与借鉴》，载于《宏观经济管理》2014年第3期。

而关心银行成本收益的财政部，却又对银行的经营方向和投向投量缺少发言权。而汇金对中行和建行注资以后，取代财政部成为出资人，并直接解决了国有资产出资人虚位的问题，改变了国有银行产权管理无体系的现状。

国有银行的主要问题在于产权管理关系不清，汇金公司要厘清与银监会和财政部的关系。首先汇金公司与银监会的关系，国有商业银行的人事权与监察权由银监会掌管，国有商业银行高层管理人员选择具有计划性与党管性，而非市场性，使得适应现代银行的高层管理人员的激励约束机制无法形成。这些高级管理人员的行为不是对银行股东利益负责，而是对其任命的个人或单位负责。而淡马锡成功的关键在于它拥有完善的经理人市场，经理人管理与政府完全脱离，因此，要借鉴新加坡淡马锡模式，汇金公司就要掌握人事权。新成立的国资委作为所有者，基本上掌握了旗下百余家大型国有企业的人事任免权，以此推理，汇金理应掌握旗下银行的人事任免权。

汇金公司已经转向一个纯粹的投资控股公司。那么，作为实际的商业运营实体，汇金公司该如何从单纯的出资载体转变为所有者监控载体。我们可以借鉴淡马锡模式，按现代公司治理原则，寻找一条合理路径逐步整合所有者权利边界，明确汇金公司对于旗下金融机构的人事权和收益权，探索以国有金融控股公司的方式体现所有者职能。与淡马锡控股公司只需向财政部负责不同的是，汇金需要加强透明度，披露公司章程和资产负债表等关键信息。

参考文献

[1] 孙铭：《解密汇金公司："金融国资委"雏形乍现》，载于《21世纪经济报道》2004年1月10日。

[2] 崔忠亚、兰红、顾明：《汇金：公司还是机构》，载于《全球财经观察》2004年9月3日。

[3] 李利明：《财政部拟强化银行财务监管汇金面临角色难题》，载于《经济报》2004年12月4日。

[4] 钟伟：《汇金的定位：能否走向淡马锡模式》，载于《南方周末》2005年5月8日。

[5] 何顺文、李元莎：《汇金公司的定位悖论》，载于《21世纪经济报道》2005年6月27日。

[6] 韩瑞芸：《央行"最后贷款人"职能调整路线图》，载于《21世纪经济报道》2005年7月14日。

[7] 李涛：《银改元年"尽职调查"》，载于《产权市场》2005年第9期。

[8] 钟加勇：《汇金已成金融国资神经中枢扩权一统金融天下》，载于《商务周刊》2005年第10期。

[9] 中共中央国务院关于深化国有企业改革的指导意见 [D]. 2015. 10。

[10] 王文、崔胜朝：《新加坡淡马锡董事会治理模式的启示》，载于《现代管理科学》2009年第4期。

[11] 徐慧泉、杨朝军：《汇金模式下金融国有资产监管体系建设》，载于《上海金融》2005年第5期。

[12] 赵勇、尹佳璇：《对汇金公司成立与注资行为的合理性与有效性之探讨》，载于《商业经济与管理》2004年第10期。

[13] 李笑峰、王澎：《从淡马锡模式谈中国国有投资战略》，载于《产权导刊》2008年第2期。

[14] 焦继军：《对运用外汇储备舍利国家投资公司的思考》，载于《企业家天地》2007年第12期。

[15] 唐冰开：《“汇金”注资的前前后后》，载于《现代商业银行》2004年第3期。

[16] 许谨：《从“汇金模式”看我国金融控股公司的现实选择》，载于《财经论坛》2008年第9期。

[17] 李永超：《淡马锡的成功对我国国有经济突围的启示》，载于《商业现代化》2006年第11期。

[18] 赵勇：《对汇金公司成立的理性分析》，载于《资本市场杂志》2004年第7期。

[19] 张桂芳：《国资改革的“淡马锡之路”》，载于《上海市经济管理干部学院学报》2006年第7期。

[20] 利明：《汇金公司变脸》，载于《法人》2005年第10期。

[21] 巴曙松：《汇金公司初试改革啼声》，载于《中国投资》2005年第1期。

[22] 熊惠平：《汇金公司角色和发展路径取向》，载于《金融教学与研究》2005年第1期。

[23] 巴曙松：《汇金公司定位影响国有商业银行改革路径》，载于《热点聚焦》2004年第10期。

[24] 孙明：《解密汇金公司》，载于《云南金融》2004年第3期。

[25] 刘丽君、童万民：《金融航母启航——解读汇金之路》，载于《中国总会计师》2004年第1期。

[26] 杨代平：《金融控股公司：我国金融业的发展模式》，载于《金融改革》2003年第4期。

[27] 张善：《论淡马锡模式对国有投资公司的借鉴》，载于《时代经贸》2007年第1期。

[28] 田郝朋：《论注资与汇金公司角色完善》，载于《经济金融观察》2006年第2期。

[29] 王紫：《汇金增持：一次信心的提升》，载于《中国金融家》2011年第11期。

[30] 贾伟、王信川：《汇金增持四大银行股份提振市场信心》，载于《经济日报》2011年第10期。

[31] 黄湘源：《汇金再度增持的意义》，载于《金融经济》2009年第11期。

[32] 胡宇：《汇金增持银行股的秘密》，载于《股市动态分析》2011年第11期。

[33] 袁京力：《汇金增持的时机、程序争议》，载于《证券市场周刊》2011年第37期。

案例8：国际资本流动（量子基金）与亚洲金融危机

一、量子基金及其发展背景

量子基金是全球闻名的大规模对冲基金，美国金融家乔治·索罗斯旗下运营的五个对冲基金之一。量子基金属于高风险基金，首要告贷（指向别人借钱）在世界范围内投资于股市、债券、外汇和产品，主要通过私募形式来筹集资金。索罗斯为之取名“量子”，是源于索罗斯所欣赏的德国物理学家、量子力学的创始人海森堡提出的“测禁绝定理”。索罗斯认为，就像微粒子的物理量子不可能具有断定数值相同，证券市场也常常处在一种不确定状况，很难去准确衡量和估值。

（一）量子基金概况

量子基金是由双鹰基金演化而来。索罗斯和吉姆·罗杰斯于1969年创建了双鹰基金，资本额为400万美元；1973年改名为索罗斯基金，资本额约达1200万美元；1979年，索罗斯将公司更名为量子公司[①]。公司虽建立在纽约，但出资人皆为非美国国籍的境外投资者，其目的主要是为了规避美国证券交易委员会的监管。量子基金投资于产品、外汇、股市和债券，并且大量运用金融衍生产品和杠杆融资，从事全方位的世界性金融操作。索罗斯引导的量子基金在跌宕起伏的世界金融市场中逐步成长强大。他曾多次准确预测一个行业或公司非同小可的生长潜力，从而获得超量收益。即使在熊市中，索罗斯也以其精湛的卖空技巧赚得盆满钵满。经过不到30年的运营，至1997年末，量子基金发展成为财富总值近60亿美元的巨型基金。在1969年投入量子基金的1万美元在1996年末已增值至1500万美元，共增长了149倍[②]。

在过去三十多年的发展历史中，量子基金的平均回报率高达30%以上，量子基金的辉煌也在于此。然而，1998年以来，投资失误使量子基金遭到重大损失，先是索罗斯对1998年俄罗斯债务危机及对日元汇率走势的错误判断使量子基金遭受重大损失，

① 《量子基金兴衰》，载于《中国经营报》2006年第2期。

② 秦援晋：《文化金融学初探》，辽宁大学博士学位论文2010年。

之后投资于美国股市的网络股也大幅下跌[①]。至此，索罗斯的量子基金损失总数达近 50 亿美元，元气大伤。2000 年 4 月 28 日，索罗斯不得不宣布关闭旗下两大基金“量子基金”和“配额基金”，从此，量子基金这一闻名世界的对冲基金至此寿终正寝。同时索罗斯宣布将基金的部分资产转入新成立的“量子捐助基金”继续运作；他强调“量子捐助基金”将改变投资策略，主要从事低风险、低回报的套利交易[②]。

（二）投资大鳄索罗斯简介

乔治·索罗斯（George Soros）1930 年生于匈牙利布达佩斯。1947 年他移居到英国，后从伦敦经济学院毕业，1956 年去美国，并通过其组建和管理的国际投资资金积累了大量财产[③]。

1979 年乔治·索罗斯在纽约建立了他的第一个基金会，即开放社会基金，1984 年他在匈牙利建立了第一个东欧基金会，又于 1987 年建立了苏联索罗斯基金会。索罗斯为基金会网络提供资金，这个网络在 31 个国家中运作，遍及中欧和东欧、苏联和中部欧亚大陆，以及南非、海地、危地马拉和美国[④]。这些基金会致力于建设和维持开放社会的基础结构和公共设施。

索罗斯曾获得社会研究新学院、牛津大学、布达佩斯经济大学和耶鲁大学的名誉博士学位。1995 年波伦亚大学（意大利）将最高荣誉——Laurea Honoris Causa 授予索罗斯先生，以表彰他为促进世界各地的开放社会所做的努力[⑤]。索罗斯是 LCC 索罗斯基金董事会的主席，民间投资管理处确认它作为量子基金集团的顾问。量子基金在量子集团内是最老和最大的基金，普遍认为在其 28 年历史中在全世界的任何投资基金中都具有最好的业绩[⑥]。

乔治·索罗斯号称“金融天才”，从 1969 年建立“量子基金”至今，他创下了令人难以置信的业绩，以平均每年 35% 的综合成长率令华尔街同行望尘莫及[⑦]。索罗斯似乎具有一种超能量左右着世界金融市场，他的一句话就可以使某种商品或货币的交易行情突变，市场的价格随着他的言论上升或下跌。一名电视台的记者曾对此作了如此形象的描述：索罗斯投资于黄金，大家就都认为应该投资黄金，于是黄金价格上涨；索罗斯写文章质疑德国马克的价值，于是马克汇价下跌；索罗斯投资于伦敦的房地产，房产价格颓势在一夜之间扭转[⑧⑨]。许多人迫切想知道索罗斯成功的秘密，但索罗斯对其投资

---

① 郭飞舟：《乔治·索罗斯金融投资思想研究》，复旦大学博士学位论文 2005 年。

② 黄东明：《私募基金运作机制探析》，浙江大学硕士学位论文 2002 年。

③ 王春法：《美国金融投机商——乔治·索罗斯》，载于《世界经济》1998 年第 2 期。

④ 巩玉亭：《论索罗斯开放社会基金会》，山东大学硕士学位论文 2010 年。

⑤ 陈子冰：《评索罗斯的反身性理论》，载于《前沿》2006 年第 4 期。

⑥ 于帅帅：《千面索罗斯：金融危机纵火犯还是慈善家?》，载于《中国市场》2009 年第 6 期。

⑦ 一枚：《索罗斯：“打垮英格兰银行的人”》，载于《中国商界》2009 年第 1 期。

⑧ 陆宁龙：《“金融天才”——索罗斯》，载于《中国石化》2006 年第 3 期。

⑨ 谢罗奇：《国际游资流动的有效监管研究》，湘潭大学博士学位论文 2016 年。

的事情守口如瓶，更给他蒙上了一层神秘的色彩。

二、货币危机的产生及其蔓延

20世纪90年代，以泰国、马来西亚、印度尼西亚、菲律宾（四国被合称为“亚洲四小虎”）为代表的东南亚各国经济飞速增长。然而，1997～1998年发生的货币危机给亚洲各国甚至世界经济都带来了巨大的冲击。亚洲主要股指纷纷大幅下跌；泰国、印度尼西亚、韩国等国货币严重贬值；多个国家不同程度地出现企业大规模倒闭，工人失业，经济萧条等现象。

（一）货币危机概况

1997年7月2日，泰国宣布放弃固定汇率制，实行浮动汇率制，引发一场遍及东南亚的金融风暴。当天，泰铢兑换美元的汇率下降了17%，外汇及其他金融市场一片混乱[①]。在泰铢波动的影响下，菲律宾比索、印度尼西亚盾、马来西亚林吉特相继成为国际炒家的攻击对象。1997年8月，马来西亚放弃保卫林吉特的努力，一向坚挺的新加坡元也受到冲击。印度尼西亚虽是受“传染”最晚的国家，但受到的冲击最为严重。1997年10月下旬，国际炒家移师国际金融中心香港，矛头直指香港联系汇率制。台湾当局突然弃守新台币汇率，一天贬值3.46%，加大了对港币和香港股市的压力。1997年10月23日，香港恒生指数大跌1211.47点；28日，下跌1621.80点，跌破9000点大关。面对国际金融炒家的猛烈进攻，香港特区政府重申不会改变现行汇率制度，恒生指数上扬，再上万点大关。1997年11月中旬，东亚的韩国也爆发金融风暴，17日，韩元对美元的汇率跌至创纪录的1008:1。21日，韩国政府不得不向国际货币基金组织求援，暂时控制了危机。但到了12月13日，韩元对美元的汇率又降至1737.60:1。[②]韩元危机也冲击了在韩国有大量投资的日本金融业。既1997年爆发的东南亚金融危机使得与之关系密切的日本经济陷入困境，日元汇率从1997年6月底的115日元兑1美元跌至1998年4月初的133日元兑1美元；5月、6月间，日元汇率一路下跌，一度接近150日元兑1美元的关口[③]。随着日元的大幅贬值，国际金融形势更加不明朗，货币危机继续深化。1997年下半年日本的一系列银行和证券公司相继破产，东南亚金融风暴演变为亚洲货币危机。

1998年初，印度尼西亚金融风暴再起，带来有史以来最严重的经济衰退，国际货币基金组织为印度尼西亚制定的对策未能取得预期效果。1998年2月11日，印度尼西亚政府宣布将实行印尼盾与美元保持固定汇率的联系汇率制，以稳定印尼盾。此举遭到国际货币基金组织及美国、西欧的一致反对，并扬言将撤回对印度尼西亚的援助，从而

① 常霞：《美国金融危机和亚洲金融危机起因的比较》，载于《市场研究》2009年第3期。
② 王学真：《东亚地区汇率波动的理论及实证研究》，东北师范大学博士学位论文2004年。
③ 黎晋：《1997年亚洲金融危机概况》，载于《现代审计与经济》2009年第2期。

印度尼西亚陷入政治经济大危机。1998 年 2 月 16 日，印尼盾同美元比价跌破 10000∶1。受其影响，东南亚汇市再起波澜，新元、马币、泰铢、菲律宾比索等纷纷下跌。直到 4 月 8 日印度尼西亚同国际货币基金组织就一份新的经济改革方案达成协议，东南亚汇市才暂告平静①。亚洲货币危机的蔓延路径如表 8－1 所示。

表 8－1　主要国家 GNP 及货币汇率数据

国家	GNP（亿美元）		涨跌幅	货币	对 1 美元的汇率		涨跌幅
	1997/6	1998/7			1997/6	1998/7	
泰国	1700	1020	▼40.0%	铢	24.5	41	▼40.2%
印度尼西亚	2050	340	▼83.4%	盾	2380	14150	▼83.2%
菲律宾	750	470	▼37.3%	比索	26.3	42	▼37.4%
马来西亚	900	550	▼38.9%	令吉	2.5	4.1	▼39.0%
韩国	4300	2830	▼34.2%	韩圆	850	1290	▼34.1%

资料来源：EIU country data.

（二）泰铢阻击战

在亚洲货币危机中，泰国之所以成为国际投机资本率先攻击的对象，主要根源在于其自身。在 1997 年泰国货币危机爆发的前 10 年里，泰国经济高速增长的背后潜藏着过度依赖外贸、贸易逆差过大等结构性问题。泰国开放资本账户后，资本大量流入催生了股市和楼市泡沫，并加剧了信贷扩张，跨境借款几乎不受限，造成短期外债过高。由于泰铢对美元汇率保持稳定，1996 年美元升值带动泰铢升值，同时日元发生了贬值，都重创泰国出口，造成该国经济下滑②。经济外部失衡、资产价格泡沫、金融部门脆弱、基本面负面冲击，给国际炒家以可乘之机。同时，政局动荡、政府频繁更替也削弱了泰国应对危机的能力。

1997 年初，以索罗斯的“量子基金”为代表的国际炒家开始拼命做空泰铢，他们在现货市场上用外资银行借来的钱抛售泰铢，同时在期货市场上买入泰铢对美元的期货合同。1997 年 5 月、6 月间，由于多方面的原因，泰铢贬值压力越来越大，外汇市场上投资者不断抛售泰铢，购入美元③。为了维持本已高估的泰铢对美元的汇率，泰国政府采取了一定措施，但是由于没有足够的外汇储备，面对金融家的炒作，最终败下阵来。同年 7 月 2 日泰国政府被迫宣布放弃泰铢与美元挂钩的固定汇率制，实行浮动汇率制。

① 《不要问警钟为谁而鸣——亚洲金融危机十周年反思》，载于《金融管理与研究》2007 年第 12 期。

② 管涛、谢峰：《重温亚洲金融危机期间的泰铢狙击战和港币保卫战：从技术角度的梳理》，载于《国际金融》2015 年第 4 期。

③ 《1997 年国际金融大事》，载于《国际经济评论》1998 年第 1 期。

当天泰铢汇率最低曾达到1美元兑32.6铢，贬值幅度高达30%以上①。

1. 泰铢危机的过程

索罗斯承认，狙击泰铢预谋已久，他的基金公司至少提前6个月就已预见到亚洲金融危机。在1995年1月中旬泰国的房地产价格开始下跌时，对冲基金就对泰铢进行了试探性进攻——在即期外汇市场大量抛售泰铢，但由于泰国央行入市干预，此次进攻并未酿成危机。当时墨西哥危机刚刚发生，包括世界银行和国际货币基金组织（IMF）在内的各方面，都对泰国具有信心，认为除了贸易逆差偏大以外，泰国经济比墨西哥要健康得多，并不具备发生货币危机的条件。虽然首战遇挫，但投机资本没有放弃，"量子基金"的情报部门通过各种渠道一直在搜集情报，对泰国经济金融方面的信息进行分析。索罗斯本人则坐镇后方，一边积极存入保证金、囤积货币，一边在市场上散布泰铢即将贬值的消息，吸引了大量投机资本蠢蠢欲动。随着泰国经济下行，资产价格泡沫破裂，金融部门问题显现，国际投机资本开始展开大规模进攻。

1997年2月，以"量子基金"为代表的国际投机资本大量做空泰铢，借入泰铢［包括通过曼谷国际银行便利（BIBF）借入泰铢］并抛售。2月14日，泰铢汇率跌至10年来最低点的1美元兑26.18泰铢②。泰国央行进行了坚决反击，在外汇市场上大量购入泰铢，同时提高短期利率，使投机资本的资金成本大幅提高。在这两项措施的作用下，泰铢即期汇率很快得到稳定，泰国央行暂时打退了国际投机资本的攻击。但泰国方面也付出了代价：一方面，外汇储备被大量消耗；另一方面，高利率对国内经济的负面影响逐步显现，银行和企业的坏账问题开始暴露。国际炒家此役虽然遇挫，但他们由此断定，泰国政府会死守固定汇率却实力不足，从而坚定了攻击的决心。国际炒家进一步逼近，把战场延伸到远期市场。早在1997年初，国际炒家就开始了大规模的买美元卖泰铢的远期外汇交易，"明修栈道暗度陈仓"，分阶段抛空远期泰铢，而泰国对此还全然不知，仍在大量提供远期合约。同年2~3月，银行间市场上类似的远期外汇合约需求量激增，高达150亿美元。此举引发投资者纷纷效仿。到了5月中，国际炒家又开始在即期市场上大量抛售泰铢，至5月底，泰铢已下跌至1美元兑26.6泰铢的低点③。

此时，泰国央行才开始反击：一是干预远期市场，大量卖出远期美元、买入泰铢；二是联合新加坡、中国香港和马来西亚货币当局干预即期市场，耗资100亿美元购入泰铢；三是严禁国内银行拆借泰铢给国际炒家；四是大幅提高隔夜拆借利率。此外，泰国政府还采取许多非常手段，包括威逼、利诱泰国的银行提供远期外汇合约的客户资料；扬言要打击刊登不利消息的媒体，并出动警察追踪发布负面新闻的人。但这一切为时已晚，泰铢已经落入炒家布好的圈套。国际炒家针锋相对，在6月继续出售美国国债筹集资金对泰铢进行最后的扑杀，同时散布泰国已经黔驴技穷的消息④。一些外资银行开始

---

① 贺水金：《泰国与马来西亚汇率制度的比较研究》，载于《上海经济研究》2005年第4期。

②③ 管涛、谢峰：《重温亚洲金融危机期间的泰铢狙击战和港币保卫战：从技术角度的梳理》，载于《国际金融》2015年第4期。

④ 李小牧：《九十年代金融危机的国际传导研究》，辽宁大学博士学位论文2000年。

在报纸上刊登广告，表示可以帮助投资者将外汇汇出泰国；泰国国内的贸易商也开始做出安排，加快将泰铢兑换成美元，加速了泰国外汇储备的消耗。

泰国政府一直坚守固定汇率，却没有更好的办法来反击国际炒家。经过几轮交锋，泰国的外汇储备消耗殆尽，至 1997 年 6 月，泰国央行的外汇储备仅剩下 60 亿 ~70 亿美元。虽然在 6 月 19 日泰国总理仍坚称泰铢绝不贬值，但随后泰国财政部长的辞职，则加剧了市场的恐慌情绪。6 月 28 日，泰国外汇储备进一步减少到 28 亿美元，干预能力几近枯竭，完全失去了抵抗。当局被迫于 7 月 2 日宣布放弃固定汇率，导致泰铢暴跌①。7 月 28 日，泰国向 IMF 发出救援请求，泰铢贬值标志着东南亚货币危机全面爆发。

2. 危机产生的原因

1997 年的金融危机最初由泰国的货币危机引发，泰铢的对外价值在极短的时间内受到非意愿性的剧烈贬值，货币危机导致外资流入中断并撤出，进而引起流动性危机。当流动性危机爆发后，在不稳定投机的推动下，流动性危机与货币危机相互激荡导致流动性和货币危机迅速扩散，再加上国际社会没有及时、反而不恰当的干预使得危机程度开始不断恶化。1997 年金融危机的爆发，可以分为直接触发因素、内在基础因素和世界经济因素等几个方面。

（1）经济因素。亚洲一些国家的外汇政策不当，为了吸引外资，一些国家一方面保持固定汇率，另一方面又扩大金融自由化，这给国际炒家提供了可乘之机。国际金融市场有数以万亿美元的流动国际资本，国际炒家一旦发现在哪个国家或地区有利可图，马上会通过炒作冲击该国或地区的货币，以在短期内获取暴利。泰国即是在本国金融体系没有理顺之前，于 1992 年取消了对资本市场的管制，使短期资金的流动畅通无阻，为外国炒家炒作泰铢提供了条件②。为了维持固定汇率制，这些国家长期动用外汇储备来弥补逆差，导致外债的增加③。这些国家的外债结构极其不合理，在中期、短期债务较多的情况下，一旦外资流出超过外资流入，而本国的外汇储备又不足以弥补其空缺，则本国货币贬值是不可避免的。

（2）市场因素。市场体制发育不成熟，政府在资源配置上干预过度，金融体制特别是监管体制不完善是导致危机的另一个主因。市场中的“出口替代”型模式使多数亚洲国家获得了经济的增长，同时也带来了不可避免的隐患。首先，经济发展到一定阶段，生产成本会提高，出口会受到抑制，引起这些国家国际收支的不平衡；其次，当此类出口导向战略成为众多国家的发展战略时，会形成它们之间的相互挤压④；此外，产品的阶梯性进步是继续实行出口替代的必备条件，仅靠资源的低价优势无法保持市场竞争力。亚洲这些国家在实现了高速增长之后，没有解决此类市场性问题。同时，透支性经济高增长和不良资产的膨胀是危机的根源，保持较高的经济增长速度，是发展中

---

① 朱晓媛：《汇率制度变革对泰国对外贸易影响研究》，中央民族大学硕士学位论文 2016 年。
② 王勤：《东南亚五国金融自由化改革及其借鉴》，载于《南洋问题研究》1999 年第 2 期。
③ 华猛：《上世纪末世界金融危机的再回顾与思考》，载于《银行家》2009 年第 9 期。
④ 成启桢：《亚洲经济发展模式及其深化探微》，载于《国际问题研究》1996 年第 3 期。

国家的共同愿望，当高速增长的条件变得不够充足时，为了继续保持速度，这些国家转向靠借外债来维护经济增长。但由于经济发展的不顺利，到20世纪90年代中期，亚洲有些国家已不具备偿还债务的能力。在东南亚国家，房地产吹起的泡沫换来的只是银行贷款的坏账和呆账，例如韩国的大企业从银行获得资金过于容易，造成一旦企业状况不佳，银行不良资产立即膨胀，而不良资产的大量存在，又反过来影响市场投资者信心。

（3）世界因素。经济全球化带来的负面影响是货币危机产生的背景，经济全球化使世界各地的经济联系越来越密切，但同时也带来了民族国家间利益冲撞的加剧，资本流动能力的增强，加大防范危机的难度等。不合理的国际分工、贸易和货币体制，对第三世界国家不利，在生产领域，仍然是发达国家生产高技术产品和高新技术本身，产品的技术含量逐级向欠发达、不发达国家下降，最不发达国家只能做装配工作和生产初级产品。在交换领域，发达国家能用低价购买初级产品和垄断高价推销自己的产品。在国际金融和货币领域，整个全球金融体系和制度也有利于金融大国。

（三）港币保卫战

趁美国股市动荡、日元汇率持续下跌之际，国际炒家对香港发动新一轮进攻，恒生指数跌至6600多点。香港特区政府予以回击，金融管理局动用外汇基金进入股市和期货市场，吸纳国际炒家抛售的港币，将汇市稳定在7.75港元兑换1美元的水平上。一个月后，国际炒家损失惨重，无法再次实现把香港作为“超级提款机”的企图①。与泰国在经济金融方面存在许多问题不同，香港的经济基本面更加健康。从整体上看，香港有着完善的市场经济制度，经济富有活力，1997年香港实际GDP增速达到5.1%，财政盈余占GDP的比重为6.3%，通货膨胀虽然较高，但已经连续三年下降②（见表8－2）。

表8－2　香港实体经济基本情况　　单位：%

年份	1990	1991	1992	1993	1994	1995	1996	1997	1998	1999
实际GDP增长	3.8	5.7	6.2	6.2	6.0	2.4	4.3	5.1	－5.9	2.5
失业率	n. a.	n. a.	1.9	2.0	1.9	3.1	2.8	2.2	4.4	6.2
通货膨胀率	10.3	11.2	9.6	8.8	8.8	9.0	6.3	5.8	2.8	－4.0
财政余额占GDP	0.7	3.3	2.7	2.1	1.0	－0.3	2.1	6.3	－1.8	0.8

资料来源：EIU country data.

从金融方面而言，香港的银行体系经过1980年的危机，监管制度不断完善，资本充足率提高，银行业综合实力在东南亚经济体中位居前列。香港的联系汇率制度自

① 钟言：《港元保卫战纪实》，载于《港澳经济》1998年第4期。

② 邓沛琦：《中英混合所有制经济模式比较研究》，武汉大学博士学位论文2015年。

1983 年施行以来运行稳定，在国际上享有良好的信誉①。联系汇率通过市场套利机制将港币与美元挂钩，汇率固定在 1 美元兑 7.8 港币，在香港这样一个小型开放经济体稳定金融方面发挥了重要作用，香港还拥有 1000 亿美元的外汇储备，当时位居全球第三②。

1. 港币危机的过程

从 1997 年 7 月开始，投机资本对港币发动了多次立体攻击，国际炒家的大规模进攻发生在 10 月 20 日当周。以索罗斯为主的国际炒家先在货币市场大量抛售港币，导致港币汇率下跌，银行把获得的港币卖给香港金管局，市场上港币的流动性收紧。到了 10 月 23 日清算日，许多银行在金管局结算账户上的港币已经没有足够结余。而金管局为了提高国际炒家借港币的成本，不仅没有注入港币流动性，反而发出通知要对反复通过流动性机制向金管局借港币的银行收取惩罚性的高息，一时间银行间市场港币难求，同业隔夜拆借利率一度飙升至 300%③。

虽然国际炒家没有在汇率上得手，但当天恒生指数从 11700 点暴跌至 10600 点，下跌 10.4%，国际炒家从股市下跌中获利颇丰。香港股市大跌引发全球股市连锁反应，10 月 27 日，道琼斯指数大跌 554 点，创史上最大跌幅；巴西、墨西哥等新兴市场股市也大跌。28 日，恒生指数再度下跌 13.7%，收报 9060 点。事后，香港金管局对保卫港币的行动进行了调查和反思，并提出了一项旨在强化市场规则和透明度的 30 点计划，为 1998 年直接入市干预打下基础④。进入 1998 年，国际炒家继续不断对港币发动攻击。1 月初，印尼卢比暴跌之后，港币遭受明显抛售压力。1 月 21 日，香港最大的投行百富勤爆出丑闻倒闭，当日恒生指数下挫 8.7%，报收 8121 点。1998 年 6 月中旬，国际炒家再次对港币发动攻击。8 月初，日元大幅贬值让人们对亚洲货币的信心降到冰点。1998 年 7 月底和 8 月初，有媒体文章称，人民币将贬值，许多机构因此预测香港联系汇率制度将要崩溃⑤。

1998 年 8 月 5 日，即期外汇市场出现 300 多亿港币的卖盘，远期外汇市场也出现 116 亿港币的卖盘；8 月 6 日，香港和伦敦市场又出现 155 亿港币的卖盘；8 月 7 日，市场再出现 78 亿港币的卖盘。同日，恒生指数收报 7018.41 点，下跌 3.5%，5 个交易日累计跌去 917 点，2500 亿港币市值化为乌有。面对来势汹汹的卖盘，香港金管局一改以往不直接干预的做法，动用外汇储备直接入市买入港币。这使得在维持港币汇率稳定的同时，银行间利率也没有像往常一样上升。当日，香港特首董建华发表谈话表示，“维系联系汇率是特区政府坚定不移的政策”。国际炒家在汇市遭遇顽强抵抗后，在股市继续发动攻击：他们大量抛售蓝筹股，继续建立股指期货空头头寸。8 月 13 日，恒生指数跌至 6660 点⑥。

---

①② 孙书章：《港元联系汇率制度利弊析》，载于《经济经纬》2000 年第 2 期。

③ 管涛、谢峰：《重温亚洲金融危机期间的泰铢狙击战和港币保卫战：从技术角度的梳理》，载于《国际金融》2015 年第 4 期。

④ 李怡宗：《香港当年挫败索罗斯的经验启示》，载于《人民论坛》2016 年第 3 期。

⑤ 黎晋：《1997 年亚洲金融危机概况》，载于《现代审计与经济》2009 年第 2 期。

⑥ 钟言：《港元保卫战纪实》，载于《港澳经济》1998 年第 4 期。

8月14日，港府毫无征兆地突然入市干预，发起了绝地反击。第一，购买恒生指数中33种成分股，拉动指数攀升，当天恒生指数上升564点，报收7244点，炒家受到初步打击[①]。第二，在远期外汇市场上承接国际炒家的卖盘。第三，要求各券商不要向国际炒家借出股票，同时监管当局向托管银行和信托机构借入股票，切断炒家的“弹药”供应。第四，在股指期货市场展开进攻。8月24日，不少对冲基金因卢布贬值遭受损失，急于从香港市场套现。港府将计就计，推高8月期指，逼炒家平仓；同时，拉低9月期指。由于9月期指比8月低130点，炒家转仓会有100多点损失，这对炒家形成夹击之势[②]。第五，继续采用推高利率的方法，增加炒家成本。8月28日，港府与国际炒家的较量迎来决战，港府坚决买入股票、国际炒家大肆抛售，当日股市交易量突破790亿港币，高出历史最高成交额70%。恒生指数最终站稳7829点[③]。9月，港府出台了完善联系汇率制度的7项技术性措施（即著名的“任七招”）和维护证券市场稳定的30点措施，进一步巩固了战果。主要包括动用外汇储备来维护汇率和利率稳定，同时严格金融市场的交易规则，遏制投机行为。“任七招”中最主要的措施是金管局承诺持牌银行可以将其结余的港币，按1美元兑7.75港币的固定汇率向金管局兑换美元；同时，以贴现窗口取代流动资金调节机制。贴现窗口的基本利率由金管局确定，并根据实际情况进行调整。这大大完善了联系汇率制度，避免了港币汇率和利率大幅波动。

港府的反击经过精心策划，坚决而有力，随着市场信心恢复，国际炒家眼看战斗机会已经消逝，只好悻悻退去。从双方来看，港府此役花费了150亿美元左右，但是随着股市回升，购入的股票有相当的盈利。最重要的是，入市干预成功保住了联系汇率，挽救了市场对香港的信心危机，使香港金融中心的地位进一步巩固。国际炒家因在前期股市下跌过程中利用做空股票和股指期货获利较大，因而在随后的争夺战中虽然败下阵来，但总体上仍有可能是获利的。

2. 危机产生的原因

当时，香港实体经济发展态势整体良好，但市场依然存在高风险性。香港房地产市场和股票市场泡沫十分明显，为国际投机资本提供了攻击目标。房地产行业是香港经济的支柱产业，1997年房地产业对GDP的贡献率高达26.8%。1990年初，香港的通货膨胀率较高，因此居民往往用房产作为对冲通货膨胀的手段。同时，外资的大量涌入也助推香港房价上涨，1995年10月~1997年10月，香港的房价平均上涨了80%。而股市风云变幻更是常事，香港恒生指数从1995初到1997年8月两年半时间里上涨了1.4倍[④]。

此外，香港的联系汇率仍存在缺陷。在联系汇率制度下，虽然现钞的发行是以相应

① 管涛、谢峰：《重温亚洲金融危机期间的泰铢狙击战和港币保卫战：从技术角度的梳理》，载于《国际金融》2015年第4期。

② 何检珠：《对冲基金：理论、运作、前瞻》，广西师范大学硕士学位论文2001年。

③ 李怡宗：《香港当年挫败索罗斯的经验启示》，载于《人民论坛》2016年第3期。

④ 管涛、谢峰：《重温亚洲金融危机期间的泰铢狙击战和港币保卫战：从技术角度的梳理》，载于《国际金融》2015年第4期。

的美元作保证，但港币存款则没有保证。例如，截至1997年第三季度，香港广义货币达到28000亿港币。虽然有近千亿美元外汇储备，但是一旦香港民众的信心发生动摇，要求把港币兑换成美元，联系汇率也难以守住。此外，当时以索罗斯为主的国际炒家连续攻击东南亚固定汇率经济体得手，特别是经济基本面较好的新加坡和中国台湾地区也放纵汇率贬值，壮大了投机资本的声势，这些原因综合助长了国际资本攻击港币的信心。

三、货币危机理论及其传导机制

从全球经济运行机制来看，金融危机主要有三种表现形式，银行危机、货币危机和债务危机。银行危机是银行业出现大量的不良资产所导致的金融危机，货币危机是本国货币汇率大幅度贬值所导致的金融危机，债务危机是本国不能偿还规模较大的外国债务所导致的金融危机①。

货币攻击的历史可以追溯到19世纪末和20世纪初金本位时期。当时全球资本高度流动，如果某国传出政治经济的负面消息，很容易引发投资者对其黄金储备进行攻击。只是由于金本位制度相对稳定，调节机制也较为完善，加之各国全力干预，才压制了投机者的攻击。1980年以来，随着金融全球化的加快发展、交易技术的不断进步以及衍生品市场的日益繁荣，货币攻击呈现出新的特征。

当代货币攻击是立体攻击。国际游资在货币、外汇、股票和金融衍生品市场同时对一种货币发动进攻，使固定汇率制度崩溃，而游资则从金融动荡中牟取暴利，当代货币攻击主要沿以下路线展开。

（一）在即期市场上卖空本币

如图8-1所示，国际游资先借入目标国的本币。本币来源主要包括目标国的货币市场、国际金融市场（离岸市场）及抛售的该国股票或者债券。游资在国际炒家的设计下会采取渐近的方式逐步吸入，以防止短期借入大量目标国本币导致其持有本币的成本上升。直到其手中握有足够多的本币，再对本币进行集中抛售，打压本币汇率。炒家还会注意抛售时机的选择，一般会在目标国经济金融的负面消息传出之时对其本币进行抛售；或者散布负面消息的谣言，带动其他投资者进行效仿。一旦目标国本币贬值，炒家就以低价购回本币进行偿还，本币汇率价差扣除借款所需利息就是炒家的利润。这个过程中，炒家能否获取目标国本币是攻击的关键。如果非居民能够更容易地在目标国货币市场上获得本币，或者目标国本币国际化的程度较高，非居民更容易从离岸金融市场上获取本币，抑或非居民能够更方便地持有及出售目标国的股票、债券，实施该种攻击就会更容易。

① 李恒光：《金融危机的形成、传染与实证研究——着眼于国家经济安全的视角》，载于《辽东学院学报（社会科学版）》2009年。

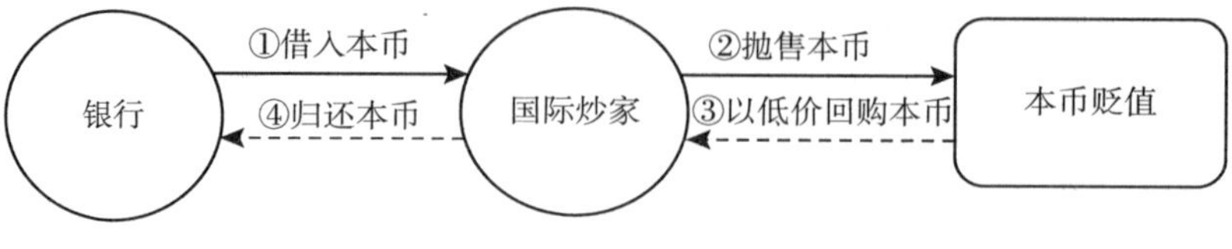

图 8－1　国际炒家在即期外汇市场的攻击路线

（二）在远期外汇市场上出售所攻击货币的远期合约

如图 8－2 所示，国际炒家在远期外汇市场上出售所攻击货币的远期合约，如果远期合约到期之日所攻击的货币贬值，通过交割合约国际炒家就可获利。远期抛售攻击目标国的本币，将使其本币远期汇率下跌，同时，也会对其即期汇率形成打压。

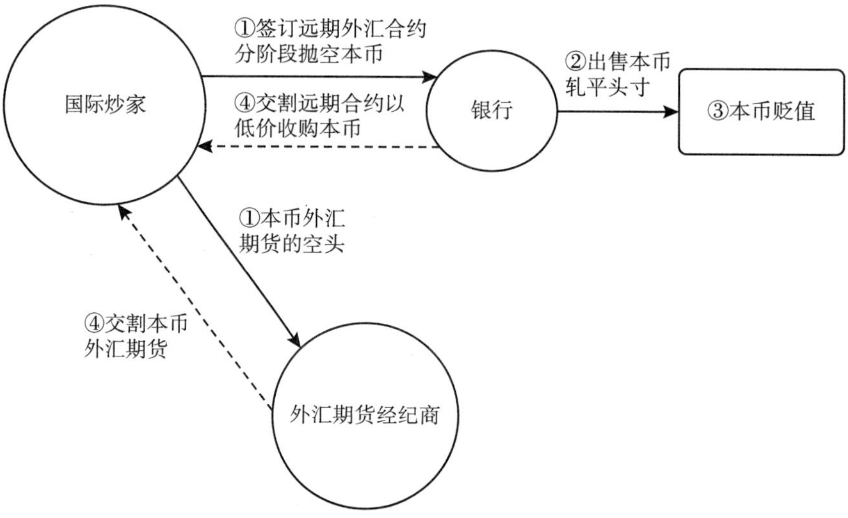

图 8－2　国际炒家在远期外汇市场和外汇期货市场的攻击路线

在此过程中，一方面，银行预计到未来要大量买入本币，就会在即期外汇市场上出售本币换取美元来轧平头寸，以便届时履约；另一方面，投资者观察到远期本币贬值，也会在即期外汇市场上借入本币，再通过抛售本币兑换成美元，实现其在远期合约到期之日用较少的美元换回履约所需本币的套利目标。银行和投资者抛售本币的行为都会导致本币即期汇率贬值。这种进攻方式对国际炒家而言可谓高风险、高收益。从远期合约签订日到履约日之间，炒家无需真正交易就能形成对本币的攻击，成本极低；但如果到期日本币没有贬值反而升值，炒家则会面临损失的风险。因此，在操作手法上，炒家会逐步订立大量履约期不同的远期合约。这样做尽管不能确保每笔合约都获利，但只要本币汇率大方向是朝贬值的方向变动，炒家就可以在总体上获利。

（三）买入本币看跌期权

国际游资在签订远期外汇合约的同时，还可以利用目标国本币外汇期货合约的空头，买入本币看跌期权等，待本币贬值之时交割合约获利。如图8－3所示，国际炒家在目标国即期外汇市场上卖空目标国本币的同时，还可卖空股票，积累股指期货的空头头寸。目标国央行为了限制炒家获取本币，一般会采取提高短期利率的方式来抬升炒家的资金成本。利率上升会对股市形成打压。一旦股市下跌，炒家就可以通过低价购回股票和交割股指期货来获利。

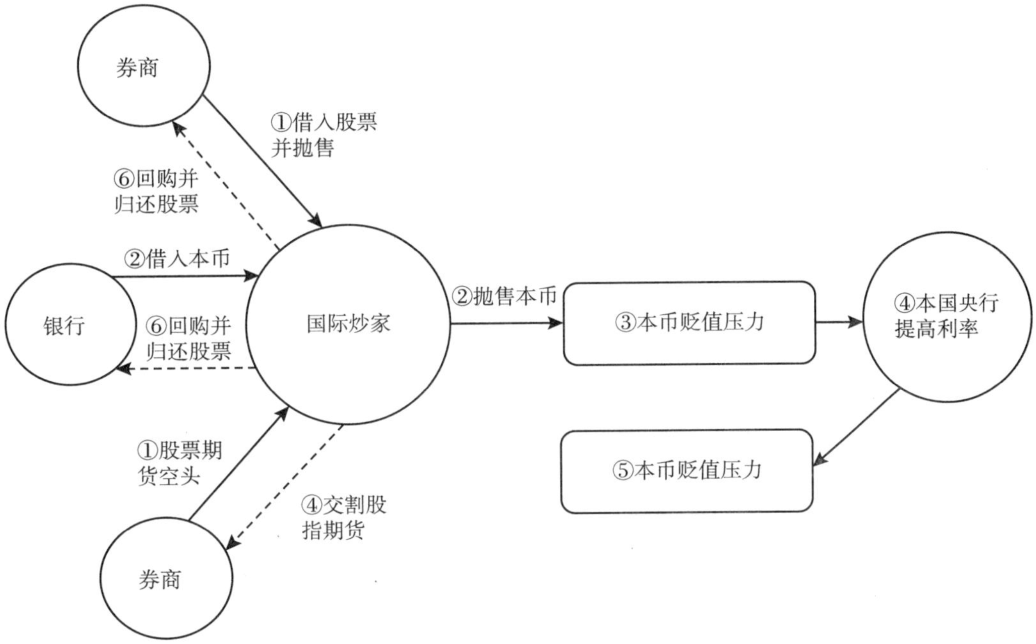

图8－3　国际炒家在汇市和股市发动联合攻击的路线

在实际操作中，国际炒家往往是以上两种或者三种方法一起使用。这样的立体攻击方式可以充分利用利率、汇率、股票、股指期货之间的联动关系，来保证赚取高收益。如果被攻击的货币贬值，炒家可以在外汇市场获利；如果被攻击的货币没有贬值，由于在这一过程中目标国央行为保卫汇率，会推高短期利率而对股市形成打压，炒家则可以从股市上获利。当然，现实中炒家的操作手法可能更加复杂。但有证据表明，国际炒家在发动攻击时确曾使用基于上述三种路线的攻击方式。索罗斯在其著作中曾谈道：“如果你把一般的投资组合看成是扁平或者二维的，我们的投资组合则更像建筑物。我们建立一个三维的空间，用基本股票作为抵押来扩大杠杆。我们用1000美元至少可以买进5万美元的长期债券。我们卖空股票或者债券，即借入股票或者债券待其价格下跌时再买入。我们也操作外汇或者股指的头寸，多空都有。这样创造出一个由风险和获利机会组成的立体结构。”

总体而言，应对游资炒家的货币攻击有三道防卫措施，即外汇干预、提高利率以及交易管制。货币当局在即期和远期外汇市场购进本币，可以稳定汇率；提高利率可以抬升炒家借入本币的成本；交易管制可以直接限制炒家的攻击手段。但是，每种措施又有各自的局限性，外汇干预，受限于外汇储备的数量；提高利率，除可能会给炒家提供进行攻击的机会外，还会对经济体内部产生负面影响，如果财政和金融系统本身脆弱，则可能引发国内金融危机；管制措施，在实施过程中的效果具有不确定性，有可能加剧市场恐慌。因此，被攻击的经济体如果缺乏应对经验，一旦应对不当，即使基本面较为健康也会陷入货币危机。

四、问题的诠释及评价

1997 年的货币危机从泰国开始，并蔓延到印度尼西亚、马来西亚和韩国等东亚国家，最终形成亚洲金融危机，对亚洲国家的经济金融发展造成了巨大的破坏，1997 年之前持续 5% 以上的经济增长率，在 1998 年呈现负增长①。

（一）问题的诠释

与 1982 年智利金融危机和 1994 年墨西哥金融危机一样，1997 年的货币危机以金融自由化导致由资本流入支持的借款猛增开始，一旦放松利率封顶和借款类型的限制，借款急剧增加。借款激增问题并不是借贷的扩张，而是扩张得太快以致造成过大风险，以及相应未来贷款损失。新兴市场国家，特别是那些迅速发展的东亚国家，在金融法规和监管方面十分欠缺。当金融自由化带来新的冒险机会的时候，这些规章不健全或监管弱化的体系无法控制由政府保护体系造成的道德风险，并形成承担过度风险的局面。因信贷快速膨胀，银行监管者的资源局限性，从而使这一问题变得更严重。因为银行开展新业务，业务的发展速度很快，所以银行监管单位同样无法迅速增加监管力量来跟上其增加的监管责任。

金融自由化之后信贷激增的结果是巨额贷款损失和随之而来的银行资产负债状况的恶化。对东亚国家来说，未偿还贷款占总贷款的比例上升到 15% ~35%，银行资产负债状况的恶化是使这些国家陷入金融危机的关键因素②。在东亚国家这样的新兴市场国家中，银行业的问题导致金融危机有两条途径：首先银行机构资产负债状况的恶化会导致银行限制贷款范围以改善资本充足率，或者甚至会直接导致全面的银行危机，这种危机使许多银行无力偿付债务，从而直接削减了银行体系贷款的能力。其次，银行资产负债状况的恶化会导致货币危机，因为中央银行很难在面临投机袭击的时候捍卫其汇率。因为利率的提高会对银行资产负债表造成损害，所以任何提高利率来维持本国货币汇率

① 薛敬孝：《论东亚地区经济周期的同期性与非同期性》，载于《南开经济研究》2001 年第 4 期。

② 弗雷德利克·米什金：《亚洲金融危机的教训及政策启示》，载于《国际经济评论》1999 年第 z5 期。

的措施都会进一步打击银行体系。因为资金到期日不一致以及在经济衰退时会增加信贷风险，所以会对银行的资产负债状况造成负面影响。当新兴市场国家的货币遭到投机性袭击时，如果中央银行将利率提高到足以捍卫汇率的水平的话，其银行系统就会崩溃。当投资者认识到一国脆弱的银行体系使中央银行不太可能成功捍卫本国汇率的时候，在卖空此国货币的预期利润的吸引下，他们会更加积极地袭击货币。所以，在银行体系脆弱的情况下，货币投机性袭击很可能得逞。很多因素会激发这种袭击行为，巨额经常项目赤字就是其中的主要因素。因为债务合约的两个关键特性，货币危机和贬值会在新兴市场国家引发全面的金融危机。在新兴市场国家，债务合约的期限很短，而且经常是用外汇计价的。债务合约的这些特性造成了三种机制，新兴市场国家的货币危机通过这三种机制，使信贷市场的不对称信息问题更加严重，从而促使金融危机的爆发。第一种机制是货币贬值在企业资产负债表上带来的直接影响，例如当本币贬值时，导致企业资产负债状况恶化和净资产减少；第二种机制是货币贬值导致短期债务与利率上升，从而增加企业利息支出，恶化企业现金流量头寸，并进一步损害资产负债状况；第三种货币危机引发金融危机的机制是本币的贬值导致银行体系的资产负债状况进一步恶化，进而触发大面积的银行业危机。

（二）货币危机的启示

关于东亚金融危机和经济衰退成因的不对称信息分析，可总结出对现实有意义的启示。1997 年的那场金融风暴把笙歌一片的东南亚带向了一个万户萧疏的时代。今天当这个仍然带着伤痕的巨人坚强地站起来的时候，我们已经懂得并且渐渐学会从全球化的角度，审视中国的金融产业和日益国际化的资本市场。

1. 危机中的教训

从危机中可总结的第一个教训是应该通过政府合理的干预使金融系统恢复稳定：对新兴市场国家来说，这需要国际最后贷款者。第二个教训是国际最后贷款机构必须制定合适的贷款条件，来避免形成造成金融不稳定的过度道德风险。第三个教训是虽然资本流动与危机有关，但这只是现象，而不是造成危机的根源；所以外汇管制对于防范今后的危机不大可能奏效。第四个教训是钉住汇率制对新兴市场国家十分危险，它使金融危机更易发生①。

金融危机发生时金融系统的信息失灵导致经济的灾难性后果。为复苏经济，金融系统需要重新启动，以便完成将资金导向生产性投资的工作。在工业化国家，中央银行可通过扩张性货币政策或进行最后贷款来完成。不对称信息观点认为，新兴市场经济国家的中央银行并不具备这种能力。因此为了应付发生在这些国家的金融危机，就需要在国际上存在一个最终贷款人。然而，即使存在这样一个最终贷款人，最终贷款人的行为也会引起严重的道德风险问题，从而增大发生金融危机的可能。国际最终贷款人如果不能

① 弗雷德利克·米什金：《亚洲金融危机的教训及政策启示》，载于《国际经济评论》1999 年第 z5 期。

有效地控制道德风险问题，就可能把情况搞得更糟。新兴市场经济国家的金融体系有自己的制度特征，这就使得中央银行很难推动经济从金融危机中复苏。前文已经提到，许多新兴市场经济国家的债务以外币计值。而且，他们过去有过不稳定的高通货膨胀，债务合约的期限都很短，而扩张性货币政策又会引起预期通货膨胀迅速攀升。作为其制度特征的结果之一，新兴市场经济国家的中央银行在面临金融危机时无法实行扩张性货币政策推动经济复苏。设想一下，在一个具有上述制度结构的新兴市场经济国家里，实行了扩张性的货币政策。在这种情况下，扩张性货币政策很容易引起高通胀预期，和本币急剧贬值。我们已经看到，本币贬值导致公司和银行的财务状况恶化，因为他们债务很大部分是以外币计值，由此债务负担加重，净值下降。而且高通胀预期会使利率上升，因为贷款人补偿其购买力的损失。我们也看到，利率上升引起利息支出增加，而同时居民和公司的现金流入都下降了。这又使居民和公司的财务状况进一步恶化了，银行业潜在的贷款损失也增大了。

在一个具有上述制度结构的新兴市场经济国家里实行扩张性货币政策，最终结果是居民、公司和银行的财务状况都受到了损害。所以，扩张性货币政策导致财务状况恶化，并使金融危机引起的逆向选择和道德风险问题更加复杂化。由于类似的原因，新兴市场经济国家中央银行作为最终贷款人的举措，可能不会如工业化国家那样成功。当联储进行最终贷款人的操作时，比如 1987 年股市崩溃时，市场情绪并不认为这会导致更高的通货膨胀。然而，在新兴市场经济国家却并不是这样。结合以往的通货膨胀记录，中央银行在金融危机发生之后向金融体系贷款，扩大国内信用量，可能引发对通货膨胀失控的担心。我们已经看到，如果通货膨胀预期上升，将导致利率提高，本币贬值，现金流和财务状况恶化，这一切都使得从危机中复苏更加困难。新兴市场经济国家的中央银行只有很有限的能力从金融危机中解救他们的国家。事实上，经济的迅速恢复需要国外的援助，因为从国外获得的流动性不像本国当局供给的那样会导致不利的后果。国外援助不会导致通货膨胀，从而不会通过现金流损害财务状况，这有助于本币币值稳定，改善财务状况。既然新兴市场经济国家需要最终贷款人，而后者又不能产生于国内，只能由国外提供，这就为国际最终贷款人的存在提供了坚实的理论基础。

2. 危机后的启示

金融安全不只是维系着一个国家的繁荣与强盛，离开了强有力的金融体系的支撑，即使是那些看上去固若金汤的产业帝国，其足下也不过是一片暗流涌动的沙丘。不论以何种姿态，回望 1997 年东南亚爆发的金融危机，都显得意味深长。1997 年，危机引发了全球资本市场的动荡，其波及之广、速度之快、破坏之深，令全球为之震惊。证券制度还未发育成熟甚至有关运行规则还未确定时又出台了期货和衍生品市场——这一切导致各种市场、机制、制度工具必然带有不同程度的夹生性。日渐融入全球化的中国金融市场也面临同样的问题。一方面，经过改革开放以来 40 年的建设，中国在金融领域取得了无可争辩的成就，这其中就包括银行、股市、期货和衍生品在内的金融工具在经济生活中的作用日益突出；但另一方面，由于发展时间较短、经验不足等原因，金融市场也存在很多问题，甚至潜伏着诸种危机，中航油、国储铜事件无疑给我们敲响了警钟。

（1）金融市场开放无小事。因为成功实施出口导向型经济发展战略，1990 年初，泰国崛起成为亚洲“四小虎”。然而，当泰国雄心勃勃地为争取成为区域国际金融中心，加快金融开放步伐时，却因市场制度不完善、经济基本面状况恶化，招致了货币攻击。扩大对外开放并不必然会倒逼出必要的对内改革和调整，而且由于金融市场超调的特性，金融开放与贸易开放对实体经济的影响也不可以简单类比外推。前者的影响具有高度的不确定性，因此金融开放需要大胆设想、小心求证。资本账户开放不可孤立进行，需要一系列改革协同推进。在这方面，泰国显然缺乏足够的准备①。

（2）货币攻击都是从资本流入开始的。一方面，前期大量资本流入，尤其是短期资本流入，积累了经济金融的脆弱性；另一方面，投机者发起货币攻击，都要通过在岸或离岸市场获得目标国的本币资产，才能够做空本币。所以，防止资本流动冲击的工作，应该始于资本流入之时。特别是当经济繁荣时，会对国际资本产生巨大的吸引力，而这也往往会埋下未来资本集中流出的隐患。如果对外开放的金融市场存在诸多扭曲，则有可能被投资者蓄意利用，加倍放大，加大东道国的金融脆弱性。对此，必须居安思危、防患于未然。一旦遭受货币攻击，增加投机者获取本币的成本或者限制其获取本币的能力是重要的阻击手段。在这方面，马来西亚最后通过限制境外林吉特回流实施外汇管制，以及香港及时出台的30 点措施限制投机，均产生了明显的效果。

（3）固定汇率制度安排易受到冲击。一系列原因导致在资本自由流动条件下固定汇率制度的内在不稳定性。不仅会由于经济基本面恶化引致的过度扩张的宏观经济政策，最终导致固定汇率制度崩溃（第一代货币危机模型），而且会受私人部门预期的影响，使经济由好的均衡转向坏的均衡，政府由支持固定汇率转向放弃固定汇率，引发预期自我实现的多重均衡危机（第二代货币危机模型），还会由于政府对企业和金融机构的隐性担保引发道德风险，造成过度投机性投资和资产价格泡沫，并因泡沫破裂和资本外逃导致危机（第三代货币危机模型）②。泰国是基本面问题演变成流动性危机，中国香港地区则是传染效应的多重均衡危机。无论怎么解释货币攻击发生的原因，固定汇率的直接结果往往就是汇率高估，随后成为国际炒家的攻击目标。汇率高估会增大市场对本币的贬值预期，为国际炒家做空本币提供便利条件。有研究表明，在危机爆发前，泰铢和港币都表现出高估。固定汇率在经济发展初期发挥了重要作用，但随着金融市场化改革的推进，在条件具备的情况下增大汇率弹性以防止汇率高估，则是避免被攻击的有效手段。

（4）充足的外汇储备是捍卫货币的重要但非根本保障。外汇储备越多，货币当局在外汇市场维护本币汇率的能力越强。但是，不能自恃外汇储备体量大就放松对货币攻击的警惕。理论上，即使一国的外汇储备能够应付外债和进口支付，一旦居民信心发生动摇，争相把本币兑换成外币，再多外汇储备也可能耗尽。特别是短期资本流入形成的

---

① 李晓：《全球金融危机下东亚货币金融合作的路径选择》，载于《东北亚论坛》2009 年第 5 期。

② 路继业：《中间汇率制度的内在不稳定性：对“两极化”的新解释》，载于《世界经济》2015 年第 5 期。

外汇储备，更不能作为应对货币攻击的屏障，因为一旦形势发生逆转，这部分外汇储备会首先被消耗掉。另外，尽管泰国和中国香港地区外汇储备都曾经比较充裕，但投机者有针对性的策略仍使之沦为“自动提款机”。这表明，高额外汇储备并不能对投机者起到绝对的阻遏和威慑作用。

（5）政府正确施策是应对货币攻击的关键。国际炒家在外汇市场展开大规模进攻，即使未形成垄断也已占据市场的主导地位。此时，政府干预正是要维护公平和竞争的自由经济原则。

但要成功应对货币攻击，需注意以下几个方面：一是多方协调应对攻击。货币攻击往往是立体化攻击，要仔细分析外汇市场、股票市场、衍生品市场之间的联动性，正确运用政策组合进行应对。香港的经验是在汇市、股市和期市联合进行反击。当时香港还成立了跨市场趋势监察小组，负责证券及期货运作的联合交易所、期货交易所、中央结算公司、证监会、新成立的财经事务局以及香港金管局，都派代表加入小组中，以共同密切监控市场形势、交换看法，对炒家的攻击行为进行预判并研究制定应对措施。二是完善市场制度。在宏观手段受限的情况下，从微观制度安排入手来抵挡国际炒家的攻击是合乎逻辑且有效的。香港地区“任七招”推出后，明显增强了联系汇率制度的稳健性，防止了资本外逃造成本币贬值。应完善金融市场交易制度，特别是完善交易报告制度，做到知己知彼，不打无准备之仗。

泰国交易报告制度不完善，政府无法对炒家的进攻进行准确分析，最后被洗劫一空，而保卫港币成功的关键，就在于了解对手底牌。港府在反击之前就已经对炒家的资金布局和攻击策略进行了摸底，每天需要多少资金干预都心中有数，在反击时能做到有的放矢和精准出击。“非常之时当用非常之策”，在全面评估形势后，港府出手十分果断，动用外汇储备和养老基金大量买入权重股，立竿见影，迅速稳定住了股市，稳定了投资者心理预期，为港币保卫战取得最终胜利发挥了关键性的作用。最终股市上涨，基金获得了可观的利润，也减轻了港府救市成本。

参考文献

［1］管涛、谢峰：《重温20年前惊心动魄的时刻——泰铢狙击战和港币保卫战》，华尔街闻，http：//wallstreetcn. com/articles/229218. 2016－01－25。

［2］萨克·H·金、马富朱尔·哈克、洪丹萍：《1997年亚洲金融危机：原因及政策反应》，载于《经济资料译丛》2002年第2期，第58～63页。

［3］刘明兴、罗俊伟：《泡沫经济与金融危机——1997年亚洲金融危机的案例》，载于《经济导刊》2000年第4期，第68～76页。

［4］黎晋：《1997年亚洲金融危机概况》，载于《现代审计与经济》2009年第2期，第45页。

［5］冯应奇：《防止重蹈1997年亚洲金融危机》，载于《国际融资》2007年第3期，第60页。

［6］财经评论员沈建光：《1997年亚洲金融危机对中国当下形势的三点启示》，载于《中国对外贸易》2016年第2期，第15页。

［7］李洁：《国际货币基金组织（IMF）与1997年亚洲金融危机》，载于《瞭望》2008年第46

期，第30页。

[8] 弗雷德里克·米什金：《亚洲金融危机的教训及政策启示》，载于《国际经济评论》1999年第5期，第21~25页。

[9] 余永定、陆磊：《中国应从亚洲金融危机中汲取的教训》，载于《金融研究》2000年第12期，第1~13页。

[10] 张礼卿：《亚洲金融危机的教训》，载于《国际金融研究》1998年第1期，第52~55页。

[11] 余永定：《亚洲金融危机的经验教训与中国宏观经济管理》，载于《国际经济评论》2007年第3期，第5~8页。

[12] 王衍磊：《国际资本流动对我国资本市场的冲击效应研究》中国海洋大学硕士论文2013年。

[13] 赵进文、张敬思：《人民币汇率、短期国际资本流动与股票价格——基于汇改后数据的再检验》，载于《金融研究》2013年第1期，第9~23页。

[14] 顾高翔、王铮：《国际资本流动模式及其国际经济影响模拟研究》，载于《财经研究》2015年第11期，第58~70页。

[15] 黄驰云、刘林：《外汇市场压力、国际资本流动与国内货币市场均衡——基于中国数据的实证研究》，载于《国际贸易问题》2011年第9期，第130~142页。

[16] 刘静：《国际资本流动背景下的中国金融风险分析》厦门大学硕士论文2007年。

[17] 周守亮：《中国国际资本流动的原因及其影响》东北财经大学硕士论文2011年。

[18] 庄起善、张广婷：《国际资本流动与金融稳定性研究——基于中东欧和独联体国家的比较》，载于《复旦学报（社会科学版）》2013年。

案例9：解析“327”国债期货事件

国债（国库券）是中央政府为筹集财政资金而发行的一种政府债券，是中央政府向投资者出具的、承诺在一定时期支付利息和到期偿还本金的债权债务凭证。国债期货是目前国际金融界公认的风险最小的衍生工具，对于进取型金融机构来说，国债期货也是一种很好的盈利性的投资工具。近年来，中国各大上市银行都涉足国债投资业务，然而国债利率持续走低，如果长期大量持有低利率国债，风险将日益积聚，不利于长期的业务经营。为了规避这种风险，商业银行迫切需要国债期货市场来进行套期保值。因此，无论是为了避险还是盈利，或者市场发展的内在需要，我国建立自己的国债期货市场都符合市场客观的发展要求。

国债期货是以国债为合约标的的期货产品，是属于利率期货的一个品种。在全球市场上，国债期货已是历史悠久、发展成熟、运用广泛的利率风险管理工具。国债期货脱胎于商品期货，最早诞生于美国，从19世纪到20世纪70年代初期，期货市场一直以商品期货为主，包括农产品期货、金属期货和能源期货。进入20世纪70年代以后，在布雷顿森林体系解体及石油危机的影响下，西方各国经济受到较大冲击，金融市场上利率波动频繁、波动幅度加大，金融机构面临较大的利率风险，在这种背景下，以规避利率风险为目的的国债期货应运而生。

1976年1月，在美国芝加哥商业交易所推出了历史上第一个国债期货产品——90天期的库券期货合约[①]。在20世纪70年代到80年代的十年间，美国芝加哥市场兴起了金融创新，推动了金融期货的发展，诞生了除了国债期货之外的其他利率期货、股指期货、股指期权等期货期权产品。从1976年一直到2010年，美国芝加哥商业交易所不断推出不同期限的国债期货品种，以满足市场对不同期限利率风险规避的需要（见表9－1）[②]。尤其在金融危机爆发的2009年和2010年，美国芝加哥商业交易所为了配合美国国债发行，为国债承销商提供风险对冲工具，新推了三年期国债期货和超长期美国国债期货。至今，超长期国债期货运行比较成功，成交比较活跃，这说明金融危机并没有阻碍金融创新的发展，恰恰是在金融危机中有更多的风险显现金融体系就需要有新的产品来规避风险，需要更多的金融创新。目前，全球主要发达经济体都已建立了比较完善的国债期

① 冯婷婷：《海外国债期货市场综述》，载于《吉林金融研究》2015年第4期。

② 宋颖：《国债期货价格套利机会的实证分析——以美国国债期货市场为例》，载于《价格理论与实践》2012年第4期。

货及短期利率期货产品体系。发展至今，以国债期货为代表的利率期货市场交易量稳步上升，成为金融市场的重要组成部分。从成交额来看，全球交易所利率期货的成交额在 2007 年之前快速增长，此后受到金融危机的影响有所回落，但 2010 年市场成交额开始继续上升。截至 2012 年底，国际清算银行年报显示，全球金融期货交易中，利率产品成交金额占期货交易总金额的 88%，利率期货产品进一步细分，国债期货成交量占利率产品总成交量的 46%①。由此可见，全球国债期货成交量，占据利率期货产品成交量半壁江山。

表 9－1　　美国国债期货推出时间

国债期货品种	推出时间
90 天期美国国债期货	1976 年
30 年美国长期国债期货	1977 年
1 年美国国债期货	1978 年
10 年美国中期国债期货	1982 年
5 年美国中期国债期货	1988 年
2 年美国国债期货	1990 年
3 年美国国债期货	2009 年
超长期限美国国债期货	2010 年

资料来源：美国芝加哥商业交易所集团网站。

一、“327”国债期货事件概况

（一）“327”国债期货事件的背景

我国的国债期货交易始于 1992 年，当时上海证券交易所根据市场上流通的国库券设计了对应品种的期货合约。首次推出的国债期货只有 12 个交易品种，包括每个季月（3 月、6 月、9 月、12 月）交割的 1991 年 3 年期，1992 年 3 年期和 1992 年 5 年期的三个国债品种，每手面值为 2 万元，保证金比例为 2.5%（即每手 500 元）②。并且，当时这 12 个交易品种只是面向 20 家获得国债期货交易资格的证券自营商，并没有对社会公众开放。由于投资者对国债期货交易的认知度较少，国债期货实行交易的头两周里，成交量只有区区 19 口，成交额也不过 38 万元，交易行情十分清淡。从国债期货交易的初始日至 1993 年 10 月将近一年的时间里，国债期货交易的总成交额也仅是 5000 万元。而 1992～1994 年，中国出现了严重的通货膨胀，为了保证国债的发行和保护国债投资

① 王蕾.《利率市场化、国债期货价格发现与风险规避功能》，载于《金融论坛》2013 年第 4 期。

② 周颖刚：《试论我国国债期货的发展》，载于《当代财经》2013 年第 1 期。

者利益，1993 年 7 月 10 日财政部《关于调整国库券发行条件的公告》中规定对 1992 年发行的 3 年期和 5 年期国库券实行保值补贴，这使得国债期货沦为不完全的通货膨胀期货①。

1992 年 10 月 25 日，为了扩大交易规模和范围，上交所重新设计了国债期货的交易细则，并且开始向个人投资者进行开放，至此，疲软的国债期货市场终于变得活跃起来。1994 年国债期货实现了质的飞跃，由于政府对商品期货市场进行了一次大整顿，大量热钱开始涌入国债期货市场。各大期货交易所均纷纷推出国债期货交易，至 1994 年 9 月深圳证券交易所开办国债交易时，全国范围内共有 14 家交易所设置国债期货交易，包括两家证券交易所和十家商品交易所。统计资料显示，国债期货交易在 1994 年的 4 月、5 月、6 月的交易额分别达到 113 亿元、208 亿元和 646 亿元，明显超过了同期的股票交易额。1994 年全年，国债期货总交易量达到了 2. 8 万亿元，占当年包括现货、期货、回购等国债业务总体的 97. 3%，比前一年翻了 10 倍，是国债现货市场上 445 亿元成交额的六十多倍。然而，过度繁荣的背后隐含的巨大危机，1994 年 9 月，上交所“314”国债期货合约出现操纵市场的“逼空事件”。但由于投资渠道的匮乏，国债期货市场的火爆程度到了 1995 年愈演愈烈，持仓量不断增加，市场风险也在不断积聚，终于，1995 年 2 月 23 日爆发了被喻为“中国巴林事件”的“327”国债风波②。

“327”国债事件对中国的期货市场产生了深远的影响，它是导致国债期货被叫停的导火线，集中暴露了中国开办国债期货交易的条件还不成熟、内部控制和外部监管缺失的关键问题。

（二）“327”国债期货事件的过程

“327”是“92（3）国债 06 月交收”国债期货合约的代号，对应 1992 年发行 1995 年 6 月到期兑付的 3 年期国库券，该券发行总量是 240 亿元人民币。并于 1995 年 6 月到期兑付，标的物是 9. 5% 的票面利息加上保值贴补率，到期每百元面额的债券应兑付 132 元。由于期货合约的期限与标的物本身兑付期限相同，每月公布的保值贴补率的高低对期货合约的价格起着重要的作用，更为国债期货的炒作提供了一定空间。1994 年 10 月以后，全国范围内发生了严重的通货膨胀，中央银行提高了对 3 年期以上的储蓄存款利率的保值贴补。为了弥补严重的通货膨胀造成的国债持有者的损失，当时有消息称财政部可能会参照中央银行公布的保值贴补率给予 327 国债一些保值贴补，到期时 327 国债有可能按照 148 元兑付③。这对于多方来说是一大利好消息，但上海万国证券分析却认为财政部不会拿出 16 亿资金来补贴 327 国债期货，便大肆做空。1995 年 2 月，327 合约的价格始终徘徊在 147. 80～148. 30 元区间内。多空双方均在 148 元附近巨资建仓，市场上硝烟弥漫，危机一触即发。1995 年 2 月 23 日，财政部公布了 327 国债的具

---

① 周颖刚：《试论我国国债期货的发展》，载于《当代财经》2013 年第 1 期。

② 许露：《由“327”事件论恢复我国国债期货交易的可行性》，载于《湖南农机》2012 年第 3 期。

③ 郭德明：《327 国债期货事件对推出股指期货的启示》，载于《现代经济信息》2009 年第 6 期。

体贴息办法，每百元面值的327国债到期将以148.50元兑付，还发布公告称将减少1995年新发行国债可流通额。当日开盘后，该品种就强势高开，全线翻多，上万手的空单被毫不费力地吃掉，价格飙升。而一直在327品种上与万国证券形成做空统一战线的辽宁国发集团也抵不住价格强劲上升的势头，突然倒戈，开始做多。当日，1分钟之内327国债期货价格狂涨了2元，并且在10分钟内一共涨了3.77元。当时市场的最大空方主力——上海万国证券手握200万手合约（合面值400亿元），而当时上交所的持仓上限为5万手，在上交所的允许下放宽至40万手。万国的真实持仓量就连上交所也不知情。327国债每上涨1元，万国证券就要亏损十几亿，若按当时的价格和其持仓量来计算，一旦交割，万国证券将亏损60亿元，这对于万国证券来说将是致命一击。在万般无奈之下，万国证券开始铤而走险，试图最后一搏，在没有保证金的情况之下，大量透支交易。在收盘前的最后8分钟，万国证券突然抛出1056万口、面值达2112亿元的卖单，硬生生地把价格从151.30元压到了147.50元，暴跌3.8元，这使得当日开仓的多头全线爆仓，日成交量更是达到了5402.07亿元，创我国国债期货市场日成交量之最①。若以收盘价来计算，这一天所有做多的机构，包括像辽宁国发集团公司这样半路倒戈的机构都将血本无归，而万国证券将成为最大赢家，不仅将巨额债务甩掉，还暴赚了42亿元。当晚，上交所总经理尉文渊正式宣布最后7分钟的交易无效，经调整后的当日国债期货的成交额为5400亿元，收盘价定为151.30元，并安排协议平仓。万国证券以亏损16亿元和素有中国证券第一人之称的万证券总经理管金生锒铛入狱的结局上演了中国版的“巴林事件”，这就是名震中外的“327”国债期货事件。

（三）“327”国债期货事件的影响

“327”事件引起了我国证券期货界的震动，管理层也对此事高度关注。国务院下达指令要求监察部和证监会等部门展开了长达四个多月的调查，最终“327”事件被定性为一起严重的蓄意违规事件，即在国债期货市场发展过快、交易所监管不严和风险管理滞后的情况下，由上海万国证券公司、辽宁国发集团公司引起的国债期货风波。“327”国债期事件之后，证监会和财政部发布了《国债期货交易管理暂行办法》和出台了《关于加强国债期货交易风险控制的紧急通知》等一系列通知。各地交易所也都采取了上调保证金比例、出台涨跌停板制度等手段来抑制国债期货的投机氛围。1995年5月17日，中国证监会以当前不具备开展国债期货交易的基本条件为由，发出《关于暂停全国范围内国债期货交易试点的紧急通知》，宣告国债期货交易试点的暂停，至此，国债期货作为中国首个金融期货品种在推出两年零六个月后正式夭折②。

“327”国债期货事件对中国金融市场产生了巨大而深远的影响。首先，对于金融品种来说，该事件使得国债期货品种被暂停，造成了场内交易市场中金融衍生品种的绝迹，导致了监管层对于场内金融衍生品种的发展过度谨慎，一直没有批准推出新的金融

---

①② 李一玫：《我国国债期货历史回顾》，载于《合作经济与科技》2008年第3期。

衍生品种。其次，对于交易主体而言，“327”风波导致了交易主体投资品种的减少，阻碍了投资者风险管理工具多样化的配置，使得投资者的投资交易渠道更为狭窄。再次，对于金融市场而言，该事件阻碍了多层次资本市场的建设，造成了金融衍生品市场发展的停滞，延缓了国债市场化定价机制和利率市场化的推进。直到2013年9月6日，新的国债期货才得以推出，国债期货重新在中国金融期货交易所上市，这对于期货衍生品市场的创新发展来说是一大重要突破。然而，在“327”国债期货事件中，市场交易主体和监管部门在运行和监管上都存在不少的问题，这对于新国债期货的推出和国债期货市场的监管带来了不小的考验。只有交易主体从风险内控入手加强内部监管和监管部门从市场外部入手加强外部监管，则新国债期货市场乃至整个金融衍生品市场才能得到有效监督管理和规范发展。

二、“327”国债期货事件发生的原因

“327”国债期货事件集中暴露了我国期货市场发展的不规范性，体现了交易主体内部管理和监管部门外部监管中存在的诸多问题。在期货交易中存在着机构投资者蓄意违规操纵现象，交易主体内控机制不健全、缺乏科学完善的风险管理系统、交易所风险管理制度不完善、政府监管乏力、立法滞后等重大问题。通过对这些问题进行全面归纳和深入剖析，可为当前新国债期货市场的规范发展和合理监管寻找一些可以借鉴的启示。

（一）交易主体内部管理中的问题

为了获得国债期货市场的高收益，一些交易主体往往利用自身在资金、信息、规模上的优势，故意违反期货交易法规和交易规则，违背期货市场的“三公”原则，单独或合谋操纵市场，严重扭曲了我国国债期货市场的价格，并扰乱了市场秩序。

1. 机构投资者违规操纵市场

机构投资者合规意识淡薄，蓄意违规，为了规避交易所对于持仓量的限定，利用其他交易会员或者客户的名义进行持仓交易，从而使得持仓总量超过交易所规定的持仓量，以达到影响价格的目的。同时，市场操纵者通过将一个交易席位上的仓位转移到另一个交易席位上，来制造市场假象或转移盈利。另外，市场操纵者蓄意串通，事先约好交易的价格和方式以便进行相互买卖，从而能够制造市场假象并严重影响期货价格和持仓量。

市场操纵者往往利用巨大资金来控制大量期货交易头寸和垄断国债现货资源，采用故意抬高或压低期货价格的方式，从而迫使交易对手方违约或以不利的价格被迫斩仓而获取暴利。根据多方和空方实力的强弱，逼仓又可分为“多逼空”和“空逼多”两种方式。多逼空是在一些期货现货规模较小的期货交易中，市场操纵者预期到可用于到期交割的商品现货可能出现不足，便利用自身资金优势，在期货市场上大量持有期货多方合约，拉抬期货价格，同时在现货市场上买进用于交割的商品现货，使得商品现货的价

格飙升。当合约临近交割时，空方只有两种选择：一是被迫高价买进多方合约进行平仓，损失惨重；二是在现货市场高价买进用于到期交割的现货商品，同样面临惨重亏损，甚至可能出现无法进行实物交割而被违约罚款，这样多方便可通过“多逼空”操作牟取暴利。空逼多是指，市场操纵者利用自身资金优势，通过在期货市场大量卖空某种期货合约，使得空方持仓头寸远远高于多方持仓头寸，当期货合约价格急剧降低，迫使多方无力承担更多亏损从而斩仓出局，或者多方无资金实力承接交割实物而被违约罚款，至此空方便利用“空逼多”获得了暴利。当市场出现价格操纵时，往往中小投资者损失惨重，为了避免更多损失，或者当保证金已经逼近或低于期货公司规定的最低保证金水平，而且没有能力追加保证金时，只能平仓认赔出局。若期货合约价格连续出现几个涨跌停板时，即使客户想斩仓出局也不行，亏损会逐渐扩大，导致保证金账户的金额全部亏光甚至变成负数，便出现了穿仓或爆仓的结果。

在“327”国债期货事件中，最为典型的市场操纵者就是上海万国证券和辽宁国发集团股份有限公司。上海万国证券不仅与辽国发合谋操纵市场，且超额持仓严重，仅在“327”品种上的超额持仓量即达到交易所规定其所有品种持仓限额的两倍多，甚至最后连交易所也不清楚万国证券究竟超额持仓多少①。在市场价格剧烈波动的情况下，为了扭转其亏损，万国证券公然违反交易所的交易规则，做出了在没有保证金的情况下透支抛售大量空单的错误决策，严重扭曲了期货价格并引发了市场混乱。辽宁国发（集团）股份有限公司利用“分仓”的不法手段，于 1995 年 2 月 23 日上午利用海南某家公司的名义将多家关系户的空仓集中起来，再通过无锡国泰期货经纪公司大量违规抛售卖单，企图以大量卖单来向多方施压，造成期货价格下跌，借机减少亏损并扭亏为盈。当打压效果不理想时，辽国发又开始率先做多，制造市场假象，干扰市场秩序②。上海万国证券和辽宁国发集团股份有限公司的违规操纵，本质上反映出机构投资者片面追求暴利，无视监管法规，合规意识淡薄且合规管理欠缺等问题，这无疑会导致其被监管部门得到严厉处罚甚至破产的命运。

2. 交易主体的内部控制体系不健全

从市场整体而言，无论是成熟市场还是正处于发展中的新兴市场，机构投资者内部风险控制制度的缺陷都可能导致自身的巨大损失并给整个市场带来震荡。监管体系的不健全和内部风险制度的缺失，必然为某些机构投资者屡次操纵市场、获取暴利提供了可乘之机，而这也是我国国债期货试点失败的直接原因。

“327”国债期货事件中的万国证券成立于 1988 年 7 月，当初起步资本只有 3500 万元，但在 6 年时间的运作后就发展成为拥有几十亿资产规模的综合类证券公司。在万国证券以惊人的速度发展扩张的过程中，其公司内部管理制度的建设却并没有得到足够重视和跟进发展。在“327”事件之后，中央六部委的调查结果指出，“公司管理混乱，没有固定的办公会议制度，对部门业务授权不明确，部门之间责任不清，缺乏相互制

---

① 郭德明：《327 国债期货事件对推出股指期货的启示》，载于《现代经济信息》2009 年第 6 期。

② 李一玫：《我国国债期货历史回顾》，载于《合作经济与科技》2008 年第 3 期。

约”。正是这些管理制度上的漏洞为某些员工违规操作提供了可乘之机，在“327”事件发生之前，上海万国证券交易部的总经理自1995年2月中旬以来就开始背着公司擅自超出公司自营限额卖出国债期货合约，至2月23日，万国证券仅“327”国债期货合约就持仓128万口，另外还有与辽国发合谋借仓的58万口，使得万国证券持有“327”品种总数达到了180万口，远大于交易所允许其最大优惠持仓40万口①。由于“327”国债贴息的利好消息逐渐明朗，导致了该品种的价格不断上涨，导致万国证券面临巨额亏损，在试图平仓撤退未果后，万国证券做出了大量抛出空单打压价格的错误决定。

通过中央六部委的调查结果可以看出，万国证券在内控机制的建设上存在以下一些问题。首先，公司管理混乱、没有固定的办公会议制度反映出万国证券在公司治理上存在重大缺陷，没有明确公司董事会、监事会和经理层在内部控制职责上进行制度性的规定，也没有形成严格的高层议事协商机制，从而导致了万国证券在管理上的混乱。其次，没有形成科学有效的职责分工。正是由于万国证券在对各部门的业务授权上含糊不清，没有明确员工的岗位职责权限使其正确行使职权，导致了交易部经理没有明确自身的岗位职责和正确履行职权，背着公司擅自进行卖空交易。再次，缺乏控制活动和相互制衡机制。万国证券的交易部自“327”事件发生之前就连续多个交易日擅自违规持有超额仓单，但是公司却并没有对交易部的违规行为进行动态监控，及时发现其面临的巨大风险并立即制止，导致了交易部持续超额持仓。另外，交易部总经理集交易权限于一身，风险合规意识淡薄，交易指令的下达过分依赖于其个人的决定而不是多人团队的决定，没有对总经理的交易决策形成一个良好的制衡机制，使得公司面临着巨大的操作风险。最后，没有树立良好的企业文化。一个好的企业文化，要求公司培育积极向上的价值观和道德观，倡导诚实守信、合规稳健经营的理念，注重风险内部控制，使风险管理意识深入人心。万国证券的违规操纵一方面说明其违背了诚实守信的基本原则，没有树立良好的价值观和道德观；另一方面，没有将风险管理理念深入人心，整个公司从上到下风险管理意识淡薄，投机氛围浓重。

3. 机构投资者缺乏科学完善的风险管理机制

风险管理是现代金融机构最为核心的一项业务，通过对公司面临的各种风险进行识别、评估和控制，从而实现风险资产在规模与结构上、风险与回报上的平衡，力图以最低的控制成本实现最佳的风险控制效果，实现降低损失并争取经济效益最大化的目标。但在国债期货试点期间，众多金融机构的风险管理漏洞重重，不仅无法对所面临的重大风险进行识别和评估，也无法形成科学有效的控制，从而为此付出了惨重的代价，而万国证券正是由于缺乏科学系统的风险管理导致了破产的命运。

从风险识别的角度，万国证券在国债期货的交易上并没有有效地识别出财政部对“327”国债进行保值贴补所引发的政策风险，当时的万国证券认为财政部不会拿出16亿元对“327”国债进行补贴，便大肆做空，这实际上将国债期货的交易变成了一场对

① 许露：《由“327”事件论恢复我国国债期货交易的可行性》，载于《湖南农机》2012年第3期。

赌，并没有考虑到冒此政策风险的后果。另外，万国证券持重仓超额卖空国债期货合约，投入的自营资金庞大，没有做好投资品种的分散化分配，从而产生了巨大的操作风险，但万国证券显然被投机思想包围，对此视而不见。其次从风险评估角度，万国证券的自营部没有建立起以风险监管指标为核心的风险量化方法。一般而言，机构投资者的总持仓占总资金的比例应不超过40%，不同市场上所投的总资金必须限制在总资本的20%以内，持有某一种非国债类的证券的总金额不超过净资本的20%，最大亏损额度不超过总资本的5%～10%[①]。但是，万国证券在交易所保证金监管制度不严的情况下，投入达数十亿的信用保证金进行期货交易，没有采用Var方法获得在一定时期和置信度下可能遭受的最大损失并基于Var值对风险进行评估并调整资金配置。最后从风险控制的角度，万国证券没有将投入国债期货的资金占总自营资金或净资本的比例控制在合理的范围内，而且没有设置严格的止损，没有将可能遭遇的最大损失提前锁定。对于投资决策人员的管控也不到位，使得投资决策一错再错。如果万国证券从一开始进行国债期货交易，在风险识别、风险评估和风险控制上就做好充足准备，一旦损失超过限定的最大损失额就立即止损离场，也许就不是今天这样的结局。

（二）监管部门外部监管中的问题

监管部门在国债期货交易的运作中处于核心地位，既负责制定国债期货的交易制度和风险防范制度，也在国债期货市场管理体系中扮演着最基本的管理与执行机构的角色。监管部门的规范化管理和监管措施的严格执行是国债期货市场稳健发展的前提条件。我国国债期货市场上屡次发生风险事件其中重要原因之一在于监管部门和交易所的交易规则不健全，监督管理不严和风险控制不力等问题上。

1. 交易所自身监管体系不完善

起初，国债期货合约是对照国债现货设置国债期货交易品种，事实证明这种方法存在诸多弊端。首先，合约的种类复杂，造成人为的分割市场，无法发挥国债期货的价格发现功能。其次，交易的连续性得不到保证，一旦某种国债现券到期兑付，则与之对应的国债期货交易品种也要随之取消，当市场又推出新的债券时，又面临着增加新的国债期货交易品种的问题。此外，这种设计还易造成市场操纵行为频发。由于国债现货市场规模的局限，一旦操控了实物券种，即可以对对应国债期货的价格进行操纵。这种制度设计的本身就从客观上鼓励了市场的操纵行为，形成“多逼空”格局。

交易所的风险管理制度存在缺陷，执法不严，我国的国债期货交易不仅在制度规则设计上存在先天缺陷，而且为了争抢客户资源，各交易所将精力都花在了提高效率和降低交易成本上，忽略了对交易风险的监管。保证金率水平太低，根据国际标准，保证金水平一般在5%～10%之间。但是，当时上交所将保证金比率仅设置为1%，深交所设置为1.5%，武汉交易中心为1%，这与国际标准相去甚远[②]。过低的保证金水平使得杠

① 许露：《由“327”事件论恢复我国国债期货交易的可行性》，载于《湖南农机》2012年第3期。

② 王晋忠：《中国国债期货的市场有效性研究》，载于《经济论坛》2015年第3期。

杆放大了好多倍，将收益放大了数十倍的同时也将风险放大了数十倍，且投资者被要求追保和强平的概率也变小。在如此低的保证金比率要求下，保证金的缴纳还存在不严格的现象，机构客户甚至在没有保证金账户透支的情形下通过上证所的交易系统进行交易。“327”事件的主角万国证券就是在没有保证金的情况下，在最后几分钟抛出千万口空单，严重扰乱市场秩序。没有设置涨跌停板制度。设置涨跌停板是为了防止期货价格的暴涨暴跌，使得每日价格波动的幅度限定在一定范围内。在“327”风波前，上交所并没有采用这一制度，使得国债期货的价差在一天内出现 4 元的剧烈振幅。“327”风波后，根据证监会的要求各期货交易所都先后建立了涨跌停板制度，但依然存在以收市价而不是结算价作为涨跌停板基点的缺陷，使得价格依然遭到大户的操纵，市场投机严重，管理措施无法奏效①。限量持仓制度形同虚设，国债期货的某一品种应该与现货市场的流通量保持合理的比例关系，并在电脑撮合系统中设置，这样才能防止在现券流通量很小的现状下大户持重仓操纵市场。上交所最初规定 3 万张合约是个人持仓量的上限，机构持仓上限是 5 万张，但后来由于对持仓量限制的执行不严，渐渐放松了要求，例如万国证券的持仓量就被放宽至 40 万张合约②。如此一来，持仓限额制度就如同摆设，再加上没有实时监控，使得少数大户有机可乘，为所欲为，引致了风险的爆发。

2. 监管主体不明确，政府监管乏力

我国对国债期货市场缺乏统一的安排与部署，对国债期货市场的发展采取的是“先发展后管理”的办法，这导致了国债期货市场在缺乏全国统一的期货监督管理机构和期货管理法规的情况下就大规模开展，使得政府监管在国债期货试点期间问题重重：

（1）监管职责划分模糊，政策出于多部门。国债期货起初是在地方政府的批准下推出的。在出现“327”事件之前，权威性的国债期货的主管机构一直没有在法律上得到明确，财政部、证监会、中国人民银行及地方政府都具有监管权限。当时，财政部负责国债发行及国债保值贴补政策；中国人民银行负责金融机构的审批和管理，并制定保值贴补政策；证监会负责监管金融机构的交易行为；地方政府直接负责监管交易组织者。这种多头监管体制，最大的弊端就是部门之间难以协调配合，在实际运行中存在很多问题，突出表现为政出多门、市场严重分割、交割规则不统一、市场政策缺乏稳定性和监管效率低下，这为国债期货危机的爆发留下了监管上的隐患。

（2）监管严重滞后，缺乏事前监管。其实在“327”国债期货风波之前，市场风险就已经初步显现，但并未引起有关部门的足够重视。从“314”风波到“327”风波再到“319”风波，监管部门一直缺乏对类似违规事件的预防措施，直到国债期货市场出现一次又一次的恶性违规事件，才临时出台一些政策和措施，但显然这些临时性的政策缺乏严密的思考，既不完整也不配套，收效甚微。在市场秩序严重混乱，投机泛滥已经到了不可收拾的地步之下，中国证监会不得不做出强制暂停国债期货交易的决定。

（3）政府行政干预色彩浓重，监管手段单一。在国债期货试点期间，政府常常使

① 李一玫：《我国国债期货历史回顾》，载于《合作经济与科技》2008 年第 3 期。

② 王晋忠：《中国国债期货的市场有效性研究》，载于《经济论坛》2015 年第 3 期。

用单一的行政手段对市场进行监管，且干预强度很大。例如财政部为了保证1995年国债的顺利发行决定对部分国债进行保值贴补。这种政策短期内确实促进了国债的发行，但从长期来看，政府以行政手段过度调控市场，不仅扰乱了市场机制的作用，破坏了国债市场的自发调节功能，而且造成了投资者面临较大的政策风险，引发了市场的剧烈震荡，所产生的负面影响也是巨大的。如果政府不是以行政手段而是运用法律和经济手段，事先制定和完善保证金制度、涨跌停板制度、每日清算制度、持仓限额制度、信息披露制度等相关制度措施，则“327”国债期货事件是可以避免的。积极的、建设性的监管目标有赖于政府综合运用法律手段和经济手段并减少行政干预才能得以实现。

3. 信息披露机制不够透明和严格

信息披露制度是证券市场的重要组成部分，市场信息的透明度以及信息披露的是否规范不仅决定着交易主体能否拥有平等获得信息的机会，也决定着其能否以较低的信息成本进行交易。在国债期货试点期间，信息披露就存在诸多不规范。

首先，信息披露的内容失准。有些交易所和期货经纪公司在转载与交易所交易信息有关的其他社会信息时常常加入主观意愿进行误导，不仅如此，在信息披露上也有所保留，没有按照规定准确完整地进行信息披露，甚至有些交易所和期货经纪公司人为地制造虚假信息以市场传闻的形式进行传播。其次，信息披露的时效性与保密性差。中国国债期货市场存在着严重的信息滞后披露的问题，不仅导致了信息的使用效率低下，而且使得投资者的交易决策受到影响。在信息的保密工作方面也做得不到位，保密性较差。就国债期货市场而言，国债期货的价格不仅受宏观形势变化的影响，而且与重大信息披露及相关财政金融政策息息相关。在金融市场相对成熟的国家，重大的信息披露及政策公布具备严格的程序和保密性，为了保证交易在公平、公正、公开的环境下进行，泄密者将受到监管部门严厉的处罚。但是在我国的国债期货交易中，少数人通过一些关系渠道在信息未公布前就提前获知了国家的国债利息政策、发行计划和保值贴补率等方面的信息。例如，在“327”事件中，政府对1992年3年期国债的票面利率由9.5%贴息至12.24%的消息，直到25日才公布，但在22日就已经有一些投资者提前获知了这个消息，结果导致了获悉消息的机构投资者利用这个利好消息加大建立多方头寸将国债期货的价格急剧拉升至另空方爆仓的价位，从而引发了事态严重的“327”事件①。

信息披露的不规范导致了市场竞争的不公平，引致一些本来按规行事的券商为了减少自己的损失不得不冒险进行违规反击。信息披露的不规范在客观上影响了“三公”原则的落实，是市场风险爆发的诱因之一，使得国债期货市场无法形成公平竞争的交易秩序，最终变成了“消息市”的牺牲品。

4. 期货市场法律法规体系不健全

我国国债期货试点期间，国家立法机关和主管部门在建立健全有关国债期货的法律法规体系方面虽然做出了一些努力，但离市场规范有序发展的实际需要还相去甚远，国

① 李一玫：《我国国债期货历史回顾》，载于《合作经济与科技》2008年第3期。

债期货市场的发展和基础功能的发挥，明显受到立法滞后、法律法规基础条件不完备的制约。在“327”事件发生前，中国国债期货市场上没有一部具有全国效力的由国家立法机关颁布的权威性法律，所出台的一些条例和管理办法大多是地方性行政规章。直到“327”国债期货事件发生的当天，中国证监会和财政部才颁布了《国债期货交易管理暂行办法》，这是我国第一部具有全国效力的国债期货交易法，而这时的国债期货交易已经开展了两年多时间。

“327”事件后的第二天，上交所发出《关于加强国债期货交易监管工作的紧急通知》，第四天，证监会颁布《关于加强国债期货交易风险控制的紧急通知》，这些临时出台的法规和部门规章目的在于救火和化解市场风险，缺乏系统性，而配套的《证券法》《期货法》等法律一直迟迟未出台。[①] 中国国债期货市场的这种边发展边规范的立法模式存在着重大的缺陷性，使得国债期货市场的发展缺乏法律根基，市场一度陷入盲目发展的失控状态，造成政府行政管制混乱，没有法律依据，使得内幕交易、操纵市场等严重违规事件猖獗，没有及时有效地进行遏制，结果酿成了“327”风波。

5. 缺乏行业协会的自律管理

国债期货市场的国际发展经验来看，行业协会的自律管理对国债期货市场的规范发展发挥着重要的作用，通过行业自律组织可以使得政府与期货行业之间建立有效的联系，行业自律组织有助于政府法规的宣传贯彻，也有助于营造“公平、公正、公开”的期货交易市场，维护了投资者的合法权益，促进了期货市场的健康发展。但是在试点期间，我国的国债期货推出后的两年时间内，并没有成立国债期货行业自律组织，使得国债期货在监管上缺少了行业协会自律管理的这一职能，使得从业人员和投资者没有受到行业协会的合规宣传和教育，导致了从业人员业务素质低下、投资者风险意识淡薄，从而助长了国债期货的投机氛围。

三、新国债期货与“327”国债期货的推出背景比较

金融衍生工具市场而言，风险和危机的产生和蔓延并不仅是工具本身的不合理性，而更是市场运行体系和经济金融发展的大环境因素。近年来，中国的金融体制深化改革取得了很大的进展，不论是宏观还是微观的市场交易环境都取得了较大的改善，期货市场的规范化程度在清理整顿之后也大大提高，可以认为恢复国债期货市场的时机正在逐渐成熟。从目前的债券市场发育程度来看，我国期货市场风险管理制度逐渐完善，市场监管体系框架已经逐步成熟，能够有效防范类似于“327”国债期货风险事件的重演。

（一）利率市场化程度与货币政策调控方式不同

20 世纪 90 年代，中国经济开始高速增长，基础产业的瓶颈效应开始显现，通过发

① 郭德明：《327 国债期货事件对推出股指期货的启示》，载于《现代经济信息》2009 年第 6 期。

行国债筹集社会资金开展基础设施建设的需求增强，经济出现明显“过热”态势，导致总供求关系的失衡，通货膨胀率相对较高。与此同时，我国利率市场化改革尚未起步，货币市场利率和银行存贷款利率都受管制。尽管国家也曾根据宏观经济形势的变化多次调整存贷款利率，但调整频率低，调整幅度大，不能及时、灵活地满足宏观经济运行的需要。以一年期存贷款利率为例，1992～1995年，我国一年期储蓄存款利率只调整了一次，一年期贷款利率调整了两次，每次调整幅度平均分别为180个和135个基点①。

因此，国债投资者主要面临通货膨胀风险和政策风险，并没有通过参与国债期货规避利率风险的套期保值需求，国债期货市场主要成为单一的投机者的市场，对国债期货市场的稳定发展产生了不利的影响。而国家出于保护投资者所采取的保值贴补和贴息政策，恰巧成为带动国债期货交易的因素，使得国债期货极易演变为多空双方对赌的工具，最终导致了“327”事件②。当前，在宏观审慎框架下央行货币政策的针对性、灵活性和前瞻性增强，更加注重通过货币政策的预调微调来引导市场预期。近年来每次存贷款基准利率调整的幅度在25个基点左右，并且主要针对短期利率，货币政策调控对金融市场的冲击趋于缓和。同时，我国国债发行与交易利率已基本实现市场化，利率市场化改革也在逐步推进中。中国市场与发达国家相比，正处于金融改革和经济转型期的中国面临着更为突出和复杂的利率风险。近年来，我国国债的规模已经接近8万亿元人民币，且处于不断增长的过程中，利率风险规避的需求较大，国债收益率波动年均幅度与英美市场相近，高于日本市场，如图9－1所示。

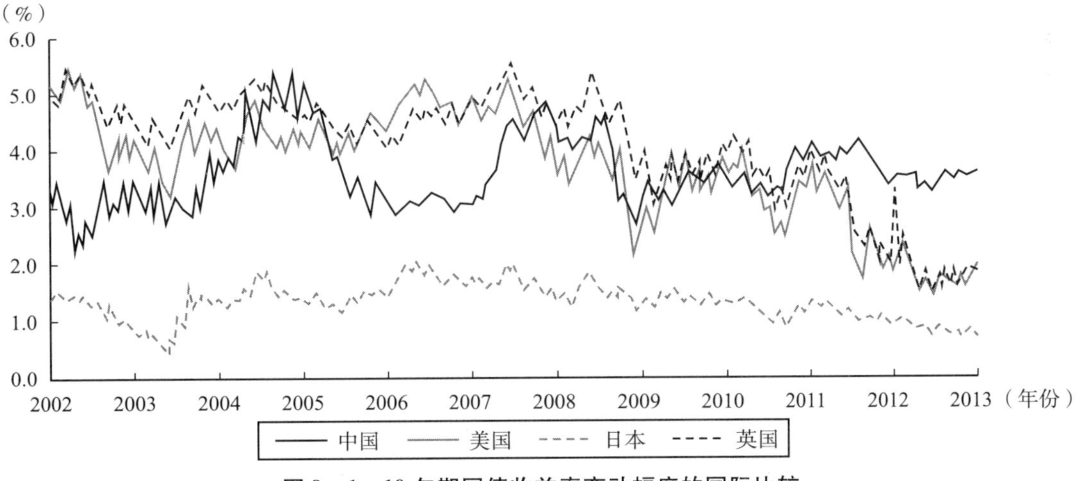

图9－1　10年期国债收益率变动幅度的国际比较

资料来源：Wind资讯。

（二）国债现货市场发展程度和投资者避险需求不同

国债期货市场依托并服务于国债现货市场。国债期货试点期间，我国国债现券总体

①② 李一玫：《我国国债期货历史回顾》，载于《合作经济与科技》2008年第3期。

规模过小，可流通国债总共约有1000亿元左右，市场容量较小，使得国债期货的价格较容易被人为操纵。以“327”国债期货品种为例，其对应的1992年3年期国债只有246.79亿元（见表2），相较于“327”事件当天5000多亿元的成交量，如果进行交割，必将发生大范围违约。即便是混合交收，由于实际流通的国债量不过1000多亿元，远不能满足该品种的交割需要，必然发生逼仓事件①。而当前，国债现货市场规模已取得了长足的发展，截至2012年底，我国可流通国债余额达到7万亿元（约合1.2万亿美元），约占GDP的14%，是1995年国债期货试点时期可流通国债存量的70倍，也超过了所有已上市国债期货国家上市当年的国债存量，如表9-2所示。

表9-2　1994年底可流通国债余额　单位：亿元

未到期国债	期限	数量（亿元）
1992年3年期	余期一年	246.79
1992年5年期	余期三年	148.85
1993年3年期	余期二年	226.35
1993年5年期	余期四年	88.42
1994年1年期	余期一年	23.35
1994年2年期	余期二年	285.23
总共		1018.99

资料来源：《中国证券统计年报》。

我国国债期货市场上交易的合约设计范围看，中金所选择的国债期货合约标的为5年期名义标的券，剩余期限4~7年的国债都可以参与交割。可交割券数量为20~30只，存量约1.9万亿元左右，能够保证市场的安全运行，如表9-3所示。

表9-3　国债期货上市年份国债余额比较　单位：亿美元

国家	上市时间	首个国债期货合约名称	交易所	国债余额
美国	1976年	90天期国债期货	芝加哥商业交易所	6535
德国	1990年	10年国债期货	德国期货交易所	3658
英国	1982年	长期金边债券期货	伦敦国际金融期货交易所	1915
澳大利亚	1984年	2年和10年期国债期货	悉尼期货交易所	192
日本	1985年	10年期国债期货	东京证券交易所	9111
韩国	1999年	3年期国债期货	韩国期货交易所	344

资料来源：OECD，各国期货交易所。

① 李一玫：《我国国债期货历史回顾》，载于《合作经济与科技》2008年第3期。

（三）国债期货合约及规则设计不同

新国债期货在合约与规则设计方面，更加注重风险管理，同时引入国际通行的名义标准券设计，降低了期货的逼仓风险。从国债期货标的设计上，"327"时期各交易所的国债期货都选用具体的国债券种作为合约标的，并采用单一券种交割。这与国际上通行的名义标准券设计相违背，具有较大弊端。

由于单一券种市场容量非常有限，容易发生交易和交割风险；具体券种的久期会随着债券本身剩余期限的缩短而不断减小，套期保值者需要不停地调整自己的套保比例来适应其投资组合的久期，以保证套期保值的效果，这对套保者来说非常不便，不能给市场提供有效的避险工具；单一券种的期限不断变化，不能有效揭示某一期限国债的价格水平，也不能对市场形成有效的引导，不利于期货价格发现功能的发挥。另外，当时国债期货合约的面值较小，平均在每张 2 万元，投资者进入门槛较低，使得国债期货市场成为大量散户投资者投机的场所，未能充分发挥服务机构投资者的专业优势。当前国债期货标的采用国际上通用的名义标准券设计。所谓"名义标准券"是指票面利率标准化、具有固定期限的假想券，其隐含的收益率可以代表市场对某个期限的到期收益率水平的预期。在实物交割模式下，如果期货合约的卖方没有在合约到期前平仓，理论上需要用"名义标准券"去履约。但现实中"名义标准券"通常并不存在，因而交易所会规定现实中存在的、满足一定期限要求的一篮子国债均可进行交割①。比如，剩余期限在 4 到 7 年的固定利率附息国债可以作为我国 5 年期国债期货的可交割债券，这"一揽子"债券的票面和到期日可能各不相同，价格差异也可能较大，所以必须通过转换因子折算为标准券进行比较。因此，当前新国债期货合约以"面额 100 万元、票面利率 3% 的 5 年期名义国债"作为合约标的，采用"一揽子"可交割债券替代交收制度，可以扩大可交割债券的范围，防范交易、交割风险的发生，也可以给市场提供更加有效的避险工具并充分发挥期货的价格发现功能。② 国债期货试点期间采用全价交易，在保值贴补率和贴息政策之下，国债期货合约的标的也实际上从固定利率国债变成了浮动利率国债，并因保值贴补和贴息政策的变化而增大了价格波动的幅度进而增加了市场风险。当前新推国债期货合约采用国际通行的净价报价方式，价格中不包含票息因素，且标的国债为固定利率国债，有效避免了"327"事件中因票息变化而导致的价格剧烈波动。国债期货试点期间，交易所对市场风险的管理和控制相对较弱，缺少风险防范的制度安排和系统措施。其中，缺乏保证金前端控制制度，保证金比例较低是典型表现。按照当时《上海证券交易所国债期货业务试行细则》规定，对会员自营按票面价值收取 1% 的保证金，保证金比例明显过低③。对保证金没有实施系统前端检查，从而导致不能有效地对风险进行控制。另外，交割月追加保证金制度和持仓限额制度未得到有效实施，也没有涨跌停板制度和大户报告制度，助长了交易者的投机心态，削弱了交易所对市场风险

①② 王晋忠：《中国国债期货的市场有效性研究》，载于《经济论坛》2015 年第 3 期。

③ 郭德明：《327 国债期货事件对推出股指期货的启示》，载于《现代经济信息》2009 年第 6 期。

的控制。当前新推国债期货合约设定2%的最低交易保证金和2%的涨跌停板，二者均处于国际较高水平，能够有效控制和防范交易风险。在风险管理方面，中金所借鉴商品期货和沪深300股指期货的风险管理经验，建立了持仓限额、大户报告制度、强行平仓制度等一系列行之有效的风险管理制度，为国债期货上市后安全运行打下了良好的制度基础①。同时，中金所现有技术系统性能稳定、功能强大，交易前端控制系统能够自动对所有的下单进行保证金和持仓限额检查，只有保证金充足、没有超出持仓限额的下单才能够进入交易所市场，确保了国债期货交易的稳健运行。

（四）期货法律规范程度和监管水平不同

“327”国债期货事件时期，我国还未建立起相应的监管法律体系。当前，随着《期货交易管理条例》《期货交易所管理办法》《期货公司管理办法》等一系列配套法律规范的颁布，我国期货市场进入法制化发展轨道，为国债期货的推出提供了坚实的法律依据和规范支撑。同时，以证监会为核心的集中统一的监管模式已经确立，监管水平不断提高、监管手段不断丰富，能够牢牢守住不发生系统性风险的底线。期货交易所的自律监管制度也较为完善，整个期货市场在行政监管、自律监管的协调体系中依循“公平、公正、公开”原则有序运行。此外，中金所还严格履行投资者适当性制度，借鉴股指期货投资者教育的成功经验，积极开展国债期货投资者培训活动，构建机制化、常态化的投资者教育体系，引导投资者理性参与，确保国债期货推出后的平稳运行。

总之，当前我国国债现货市场日益成熟、机构投资者避险需求日趋强烈、期货市场法律法规及监管制度逐渐完善、合约及规则设计也较为科学，现在推出的国债期货和试点时期相比有了长足的进步，将呈现平稳、逐步发展的局面。

四、问题的诠释及评价

通过“327”国债期货事件的详细解读和新国债期货发展的分析，可以总结我国目前的经济发展水平和金融发展深度都对一个完善的国债期货市场提出了迫切需要，以其来规避风险，进行资产保值增值，实现金融市场的多层次深入发展目标。整体而言，国债期货市场的恢复不仅对金融市场和商业银行来说是一个好消息，而是对所有利率衍生产品的投资行为来说都是极为利好的。现如今，我国已经准备和不断推进利率的市场化，实现快速发展的现货市场，广泛的投资者结构以及日益科学的监管体系。因此，中国的国债期货市场理应尽快恢复，为了更好地恢复国债期货交易，建立更健康，更有效的国债期货市场，我国还应该在以下方面需要完善和改进。

---

① 郭德明：《“327”国债期货事件对推出股指期货的启示》，载于《现代经济信息》2009年第6期。

（一）加强国债现货市场的流动性和统一性

目前，我国的大部分国债都没有进入二级市场流通，而仅仅是被居民个人以及银行持有到到期。并且，中国的国债市场处于一个分割的局面中，即银行间市场同交易所之间是割裂的，银行间市场品种比较丰富但是缺乏流动性，而交易所的价格比较连续但是品种却很单一。如此局面造成的结果就是两个市场形成了不同的基准利率，要想改变这种现状，我们就应该引进中介制度，使得承销机构的作用得到最大限度地发挥，使其真正起到“做市商”的作用；另外，还要不断加强两个市场的交流和联系，逐步把商业银行纳入交易所的债券交易活动中，以此将两个市场统一起来。

（二）优化国债期限结构和投资者结构

国内市场中的国债主要是中期债券，以2～10年期为主，而短期和长期国债相对来说品种很少，这无疑会加大国债发行的利息成本，同时增加了政府的债务负担。这样的市场局面无疑需要改善，首先要加大短期和长期国债的份额，构建一个短中长期国债合理并存的体系，以此来尽量杜绝偿债高峰的出现；其次要提供相对科学合理的收益率曲线给投资者。其实中国已经采取了很多措施来改变现在的不良状况，例如，自2006年以来，我国国债发行采取的是余额管理办法。这就是说，政府发行国债的时候，只要余额在立法机关批准的限额以内，就可以根据现实需要灵活调整发行的品种和期限结构。这种办法的实施，将使得财政部更加积极地提供短期债券，收益率曲线将逐渐完善。关于投资者结构，我国应该采取相关措施发展和壮大机构投资者。通过政策和交易制度倾斜，鼓励机构投资者积极参与国债期货交易。

（三）加强对期货市场的科学监管和行业自律

从市场监管角度而言，政府监管应该逐渐减少行政手段，更多地选择经济和法律手段，以免给市场造成不必要的动荡。政府可以利用公开市场业务，购买或者抛售合约来缓和价格波动。与此同时，发挥期货市场功能应该成为政府制定监管法律法规的前提和目标。期货业协会要发挥自己的桥梁作用，切实引领好行业自律，致力于促进业内实现真正的“公平、公正、公开”。交易所应该从长远出发，不断完善管理体制，将结算所从期货交易所中分离出来，成立独立的期货结算机构，最终形成一个能与交易所互相监督的监管体系。

参考文献

[1] 郭德明：《327国债期货事件对推出股指期货的启示》，载于《现代经济信息》2009年第8期。

[2] 王玮、莫天瑜：《新推国债期货与“327”国债期货比较》，载于《金融市场研究》2013年第11期。

[3] 叶永刚、黄河：《从无套利定价理论看我国国债期货市场的过去与未来》，载于《经济评论》

2004 年第 3 期。

［4］李永进、陶田：《对我国重新推出国债期货的思考》，载于《金融理论与教学》2006 年第 1 期。

［5］许露：《由“327”事件论恢复我国国债期货交易的可行性》，载于《时代农机》2012 年第 3 期。

［6］王晋忠：《中国国债期货的市场有效性研究》，载于《经济论坛》2015 年第 3 期。

［7］李一玫：《我国国债期货历史回顾》，载于《合作经济与科技》2008 年第 3 期。

［8］冯婷婷：《海外国债期货市场综述》，载于《吉林金融研究》2015 年第 4 期。

［9］宋颖：《国债期货价格套利机会的实证分析——以美国国债期货市场为例》，载于《价格理论与实践》2012 年第 4 期。

［10］王蕾：《利率市场化、国债期货价格发现与风险规避功能》，载于《金融论坛》2015 年第 4 期。

［11］周颖刚：《试论我国国债期货的发展》，载于《当代财经》2013 年第 1 期。

案例 10：利率调整与股价波动的关联性

中国股票市场从成立到现在经历了三十多年的发展历程，在其市场运作过程中影响股票价格波动的因素可谓是繁杂而众多，并且变幻莫测。从大的宏观运行机制到中层的行业因素，再到微观的公司经营状况等，都会不同角度和不同程度地影响着股票价格上下波动。其中与宏观、中观和微观影响因素都有紧密关联的一个指标是利率，每一次的利率调整，甚至是投资者对利率调整的预期也都会反映在股票价格的波动上，利率调整与股票价格的波动具有较强的关联性。

一、中国股票市场的发展历程

1914 年，“上海股票商业工会”宣告成立，并由北洋政府发布了《证券交易所法》[①]。后来，由于北洋政府战争需要多次通过发行债券提高军费开支，再加上当时的新兴企业大量发行股票，证券交易不断得到繁荣与发展。1917 年，北洋政府决议批准上海证券交易所成立，这是当时最大的证券交易所，也是中国人自己开办的第一个证券交易所。之后，天津、北京等城市也相继成立了证券交易所，债券股票都在其交易和经营范围之内。这是中国最早的资本市场雏形，旧中国的资本市场在极为不规范的环境下断断续续的发展，并且多数情况下都被每届政府利益所左右，很少有自由发展空间。新中国成立之后，为避免证券的投机倒把、金融混乱、物价上涨加剧等问题，中国证券市场相继被关闭或撤销。

我国证券市场尽管起源于清朝末年，分为前后两个发展阶段，但有其独特的特点，即旧中国的证券市场与新中国的证券市场之间没有直接的继承和延续关系，其市场发展情况也有着很大差异。我国现代股票市场的发展以 1983 年 7 月深圳宝安企业（集团）股份公司成立并发行股票为起点[②]。但当时没有集中的交易场所，市场规模小，发展不规范。真正形成的集中的股票交易市场是分别在 1990 年 12 月和 1991 年 7 月相继成立的上海证券交易所和深圳证券交易所，这也标志着中国股票交易方式开始由场外分散交易阶段进入场内集中交易阶段。经过几十年的发展，我国的股票市场实现了从无到有、

① 魏文享：《“昭股东之信仰”：近代职业会计师与公司制度》，载于《华中师范大学学报》（人文社会科学版）2007 年第 4 期。

② 王瑛：《中国股票市场发展的探讨》，载于《广西大学梧州分校学报》1994 年第 1 期。

从小到大的过程，发展速度很快，走过了发达国家股票市场几十年甚至上百年才走过的路程。

目前，我国仅有上海、深圳两家证券交易市场，其中上海证券市场为中国内地首屈一指的市场，上市公司数、上市股票数、市价总值、流通市值、证券成交总额、股票成交金额和国债成交金额等各项指标均居首位。而深圳交易所内设有深圳主板市场、中小企业板和创业板，作为中国大陆两大证券交易所之一，深交所与中国证券市场共同成长，并且依靠现代先进的技术优势，深交所已经成功地发展成为一个辐射全国的证券市场。深交所累计为国民经济筹资4000多亿元，对建立现代企业制度、推动经济结构调整、优化资源配置、传播市场经济知识，起到了十分重要的促进作用①。

（一）上海证券交易所

上海证券交易所（Shanghai Stock Exchange）是中国大陆两所证券交易所之一，位于上海浦东新区。1990年12月，经国务院授权，由中国人民银行批准建立的上海证券交易所正式成立，这是新中国成立以来内地的第一家证券交易所。1990年12月19日上午，交易所举行开业典礼，当时的上海市市长朱镕基出席了开业典礼。上海证券交易所理事长李祥瑞授权总经理尉文渊在交易大厅敲响正式开市的第一锤，半小时后前市收市时已成交49笔，成交额近600万元。股市真正火起来是1992年邓小平南方谈话之后，当年5月21日上海股票交易价格全部放开，由市场引导，结果从21日至23日，股票价格一路飙升，3天内暴涨570%②。

目前，上海证券交易所市场交易采用电子竞价交易方式，所有上市交易证券的买卖均须通过电脑主机进行公开申报竞价，由主机按照价格优先、时间优先的原则自动撮合成交。2009年11月，上交所升级新一代交易系统后，峰值订单处理能力达到80000笔/秒，系统日双边成交容量不低于1.2亿笔③。上海证券交易所是国际证监会组织、亚洲暨大洋洲交易所联合会、世界交易所联合会的成员。经过多年的持续发展，上海证券市场已成为中国内地首屈一指的市场，上市公司数、上市股票数、市价总值、流通市值、证券成交总额、股票成交金额和国债成交金额等各项指标均居首位。截至2013年3月11日，上证所拥有954家上市公司，上市证券数2214个，股票市价总值160750.71亿元④。上市公司累计筹资达25万亿元；一大批国民经济支柱企业、重点企业、基础行业企业和高新科技企业通过上市，既筹集了发展资金，又转换了经营机制。

经过多年的不断发展，上海证券市场在内地已经成为首屈一指的证券交易市场，上市公司数、上市股票数、市价总值、流通市值、证券成交总额、股票成交金额和国债成交金额等各项指标均居首位。截至2008年年底，上证所拥有864家上市公司，上市证

① 郎涛：《对我国股份制及证券市场的回顾与思考》，载于《成都大学学报》2001年第2期。

② 《上海证券交易所开业：启动中国证券业的金钥匙》，载于《中国地名》2009年第2期。

③ 田宇：《回顾中国股市的历程和对未来的展望》，载于《财经界》2010年第1期。

④ 赵浩东：《我国资本市场有效性实证研究——以上海股票市场为例》，载于《经济论坛》2016年第4期。

券数1184个，股票市价总值97251.91亿元[①]。一大批国民经济支柱企业、重点企业、基础行业企业和高新科技企业通过上市，既筹集了发展资金，又转换了经营机制。

2009年底，上证所拥有870家上市公司，上市证券数1351个，股票市价总值184655.23亿元[②]。一大批国民经济支柱企业、重点企业、基础行业企业和高新科技企业通过上市，既筹集了发展资金，又转换了经营机制。上海证券交易所是不以营利为目的的法人，归属中国证监会直接管理。其主要职能包括：提供证券交易的场所和设施；制定证券交易所的业务规则；接受上市申请，安排证券上市；组织、监督证券交易；对会员、上市公司进行监管；管理和公布市场信息。

作为中国大陆两大证券交易所之一，上证所肩负着规范发展市场的艰巨任务，也面临着进一步推进市场各项建设的良好机遇。凭借一流的硬件设施和浦东优越的区位优势与强大辐射力，凭借上海经济良好发展势头和特有的龙头效应，凭借国企改革和金融中心建设对上海资本市场的积极推动，上证所将按照坚定信心、加强监管、保持稳定、规范发展的思路，在技术、监管、人才、服务等方面多管齐下，为建设一个规范透明、高效开放、充满生机活力的世界一流交易所开启新的篇章。

（二）深圳证券交易所

深圳证券交易所（以下简称“深交所”）成立于1990年12月1日，是为证券集中交易提供场所和设施，组织和监督证券交易，履行国家有关法律、法规、规章、政策规定的职责，实行自律管理的法人[③]。深交所的主要职能包括：提供证券交易的场所和设施；制定业务规则；审核证券上市申请、安排证券上市；组织、监督证券交易；对会员进行监管；对上市公司进行监管；管理和公布市场信息；中国证监会许可的其他职能。深交所坚持以提高市场透明度为根本理念，贯彻“监管、创新、培育、服务”八字方针，努力营造公开、公平、公正的市场环境。以建设中国多层次资本市场体系为使命，全力支持中国中小企业发展，推进自主创新国家战略实施。2004年5月，中小企业板正式推出；2006年1月，中关村科技园区非上市公司股份报价转让开始试点；2009年10月，创业板正式启动，多层次资本市场体系架构基本确立[④]。

深交所是在改革开放、特区建设和“姓氏”争论中孕育诞生，开创了新中国证券集中交易的先河。资本市场的功能作用，在改革开放和现代化建设实践中不断得到检验。1978年12月，中国共产党十一届三中全会确立以经济建设为中心的基本国策。一年后，改革开放的第一声“开山炮”在深圳蛇口炸响。1980年8月26日，全国人大批准《广东省经济特区条例》，深圳经济特区正式设立。深圳敢闯敢试、敢为天下先的改革精神，海纳百川、兼容并蓄的开放精神，空谈误国、实干兴邦的使命精神，共同孕育了深交所的诞生与成长。

上海和深圳证券交易所作为中国股市的龙头，具有极强的前瞻性和时代进步性，引

---

①②④ 田宇：《回顾中国股市的历程和对未来的展望》，载于《财经界》2010年第1期。

③ 赵浩东：《我国资本市场有效性实证研究——以上海股票市场为例》，载于《经济论坛》2016年第4期。

领中国股市的发展与未来。对于处在经济转型期的中国，建立现代企业制度、推动经济结构调整、优化资源配置、传播市场经济知识，起到了十分重要的促进作用。作为中国经济的“晴雨表”，资本市场的发展也不断反映着中国宏观政策的实施与运行，其中利率作为货币政策指标，通过传导体系作用于资本流向，影响资本市场股票价格的波动。

二、中央银行基准利率的调整

利率是资金的价格，是借款、存入或借入金额中每个期间到期的利息金额与票面价值的比率。因此，利率的确定受到经济社会中众多复杂因素的制约，而且利率的变动对整个经济运行产生重大的影响。利率水平的高低和利率的调整，务必重视各种变量的关联性、重视整个市场与经济发展的平衡问题，利率的调整最终会反映在市场的价格水平及其波动性上，从而影响整体的宏观运行与经济发展。

（一）基准利率概述

基准利率由国家中央银行直接制定和调整、在整个利率体系中发挥着基础性作用，基准利率一旦发生变化金融市场其他利率也相应地同向变动。一般来说，基准利率决定着一个国家的金融市场利率水平，是金融机构系统制定存款利率、贷款利率、有价证券利率的依据。同时，基准利率表明中央银行对于当期金融市场货币供求关系的总体判断，基准利率的变化趋势引导着一个国家利率的总体变化方向①。

在金融市场上，其他利率一般以基准利率作为普遍参照物，金融资产的价格也可参照基准利率来确定。实施利率市场化的首要前提之一就是基准利率。在利率市场化环境下，融资者进行融资成本的衡量，投资者对投资收益的估算，还有领导管理层在宏观上对经济的调控，一般来说都会选择基准利率作为参考。所以，从某种意义上讲，基准利率是利率市场化机制形成的核心。在中国，以中国人民银行对国家专业银行和其他金融机构规定的存贷款利率为基准利率。具体而言，一般普通民众把银行一年定期存款利率作为市场基准利率指标，银行则是把隔夜拆借利率作为市场基准利率。

基准利率是中国人民银行制定货币政策的重要手段之一，而央行进行基准利率的制定一般也是根据货币政策所实施的目标。所以，一旦宏观货币政策的目标发生变化时，作为制定政策工具的基准利率也会跟着发生变化，因此不同水平下的基准利率将会体现不同的国家政策目标。一般来讲，当国家实施宏观货币政策的目的在于稳定货币时，央行就应当适当调高其贷款利率；反之，则需要适当调低其贷款利率。例如，1987 年针对不断回升的经济气候，国务院提出“压缩经济空气”，广泛开展增产节约、增收节支运动。中央银行明确提出“紧中有活”的货币政策，提高了中央银行贷款利率，从第四季度起，将年度性贷款和短期贷款的利率由 3.4‰和 5.4‰提高到 6‰。1988 年第四

---

① 易宪容：《中国利率市场化改革的理论分析》，载于《江苏社会科学》2015 年第 2 期。

季度，面对经济过热和明显的通货膨胀，党中央和国务院提出了“治理经济环境，整顿经济秩序”的方针，一系列旨在紧缩银根的政策措施相继出台，其中包括继续提高中央银行贷款利率，年度性贷款利率和短期贷款利率，由6‰分别提高为6.9‰和6.3‰，以控制信贷资金的过度需求。[①] 又如，1995 年面对居高不下的通货膨胀，中央银行实行紧缩的货币政策，于元月一日将中央银行贷款利率在原基础上提高0.5 个百分点[②]。

通常而言，利率上升企业的经营成本将会增加，从而利润将会减少，因此可供企业分配的股息、红利也会随之减少，股票的投资吸引力会不断下降，这时股票市场可能会出现供过于求的状况，对应着股价出现下跌。反过来讲，若利率不断下降，则股价会不断上升，股价与利率之间呈现反向变动关系。

（二）基准利率的调整

利率作为资金的价格，利率水平的高低和调整，最终是由各种复杂因素的综合影响所决定的。随着经济发展和金融运行的深化，我国中央银行利率调整也经历了不同的发展阶段，并且每一次的利率调整都有其合理的依据，遵循了经济市场发展的客观规律，符合了国际国内市场发展的现实要求。总体而言，中央银行基准利率的调整应当主要考虑两个方面的因素，一是究竟要达到什么目的，二是调整的依据何在。从利率调整的目的来看，主要是解决调节社会资金总供求关系、优化社会产业结构、国家通过调节利率水平来干预社会经济生活等现实问题。股票市场作为国家经济活动的重要组成部分，利率的调整必然反映在股票价格的波动和走势上，从而对我国资本市场的运行产生重要影响。

近年来，我国中央银行不断进行基准利率的调整，以适应快速发展的宏观经济环境和市场发展高度。表 10 - 1 为我国 1990 ~ 2015 年央行一年期存贷款基准利率的调整数据，从中可看出，20 世纪 90 年代以来，我国一年期存贷款基准利率整体上呈下降趋势，并且随着经济运行的周期性，呈阶段性集中调整态势。

表 10 - 1　　1990 ~ 2015 年我国央行一年期存贷款基准利率调整一览表

时间	1 年期存款基准利率（%）	1 年期贷款基准利率（%）
1990 - 3 - 21	—	10.08
1990 - 4 - 15	10.08	—
1990 - 8 - 21	8.64	9.36
1991 - 3 - 21	—	10.08
1991 - 4 - 21	7.56	8.64

①② 河南金融管理干部学院课题组：《改革开放以来我国货币政策的经验教训》，载于《金融管理科学》1997 年第 2 期。

续表

时间	1 年期存款基准利率（%）	1 年期贷款基准利率（%）
1993 - 5 - 15	9.18	9.36
1993 - 7 - 11	10.98	10.98
1995 - 1 - 1	—	10.98
1995 - 7 - 1	—	12.06
1996 - 5 - 1	9.18	10.98
1996 - 8 - 23	7.47	10.08
1997 - 10 - 23	5.67	8.64
1998 - 3 - 25	5.22	7.92
1998 - 7 - 1	4.77	6.93
1998 - 12 - 7	3.78	6.39
1999 - 6 - 10	2.25	5.85
2002 - 2 - 21	1.98	5.31
2004 - 10 - 29	2.25	5.58
2006 - 4 - 28	—	5.85
2006 - 8 - 19	2.52	6.12
2007 - 3 - 18	2.79	6.39
2007 - 5 - 19	3.06	6.57
2007 - 7 - 21	3.33	6.84
2007 - 8 - 22	3.60	7.02
2007 - 9 - 15	3.87	7.29
2007 - 12 - 21	4.14	7.47
2008 - 9 - 16	—	7.20
2008 - 10 - 9	3.87	6.93
2008 - 10 - 30	3.60	6.66
2008 - 11 - 27	2.52	5.58
2008 - 12 - 23	2.25	5.31
2010 - 10 - 20	2.50	5.56
2010 - 12 - 26	2.75	5.81
2011 - 2 - 9	3.00	6.06
2011 - 4 - 6	3.25	6.31
2011 - 7 - 7	3.50	
2012 - 6 - 8	3.25	

续表

时间	1 年期存款基准利率（%）	1 年期贷款基准利率（%）
2012－7－6	3.00	6.00
2014－11－22	2.75	5.60
2015－3－1	2.50	5.35
2015－5－11	2.25	5.10
2015－6－28	2.00	4.85
2015－8－26	1.75	4.60
2015－10－24	1.50	4.35

资料来源：Wind 资讯。

从表 10－1 可总结，中央银行的利率调整具有一定的集中现象，20 世纪 90 年代年内利率调整次数以 3 次为高峰。而到了 2007 年，出现 6 次利率调整，2008 年进行 5 次利率调整，2015 年出现 5 次利率调整，与此对应的股票市场都有同期波动出现。虽说股票市场的价格波动与国际金融风暴与实体经济发展趋势有主要关联，但中央银行利率调整产生的波动性也是不可忽视的，利率调整通过市场心理和资金流向迅速传递到股票价格的波动上。

三、利率调整与股票价格走势

中央银行对基准利率进行调整，不论从短期、中期还是长期来看都将对股市产生一定的影响。一般而言，利率下降时股票的价格将会上涨；而利率上升时，股票的价格会下跌。因此，利率的高低以及利率与股票价格这种反方向变化的关联性，也是股票市场上投资者买卖股票的重要参考依据之一，但利率与股价运动呈反向变化是一般情况，我们不能将此绝对化。在股市发展的历史上，也有一些相对特殊的情形，当形势看好，股票行情暴涨呈现牛市，此时进行利率调整对股票价格的控制作用就不会很大。同样，当股市处于暴跌的熊市时候，即使出现利率下降的调整政策，也可能会使股价回升乏力，例如美国在 1978 年就曾出现过利率和股价同时上升的情形。根据当时社会经济环境，出现这种异常情况的原因如下：一是很多家金融机构，包括一些大的商业银行，对当时美国政府维持美元在世界上的霸主地位以及控制国内通货膨胀的能力并没有信心；二是当时股价已经下降到了很低的水平，甚至大大偏离了股票本身所代表的实际价格，所以导致了国外资金大规模流向了美国股市，进而引起了股票价格的上涨。利率与股票价格反方向变化关系只是针对一般情况而言的，投资者在进行股票买进或卖出前，可以根据实际情况和当时的经济运行大背景，对国家基准利率的变化以及利率走向做进一步预测，以便作为投资分析的重要参考。

下面通过比较几个图形总结，从 1990 年以来，我国一年期存贷款基准利率的调整总体上与股票价格波动呈反比例关系。图 10－1 曲线代表了我国 1990 年 3 月 21 日～2015 年 10 月 24 日的 1 年期存贷款基准利率变化趋势。图 10－2 代表了 1990 年 12 月 31 日～2017 年 5 月 23 日上证综指年线变化趋势。图 10－3 代表了 1991 年 12 月 31 日～2017 年 5 月 23 日深证成指年线变化趋势。图 10－4 代表了 2002 年 12 月 31 日～2017 年 5 月 23 日沪深 300 年线变化趋势。

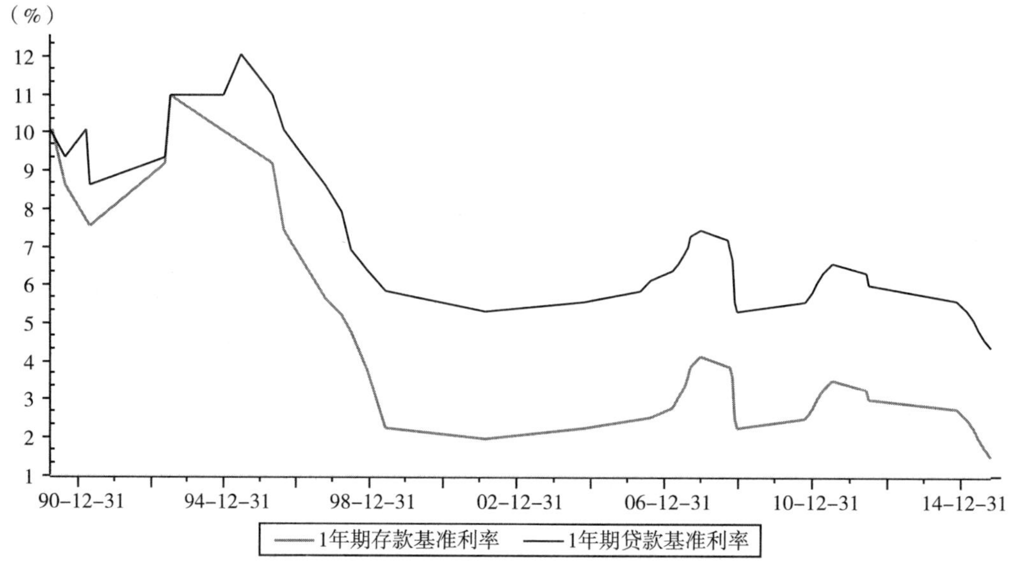

图 10－1　1990 年 3 月 21 日～2015 年 10 月 24 日我国 1 年期存贷款基准利率

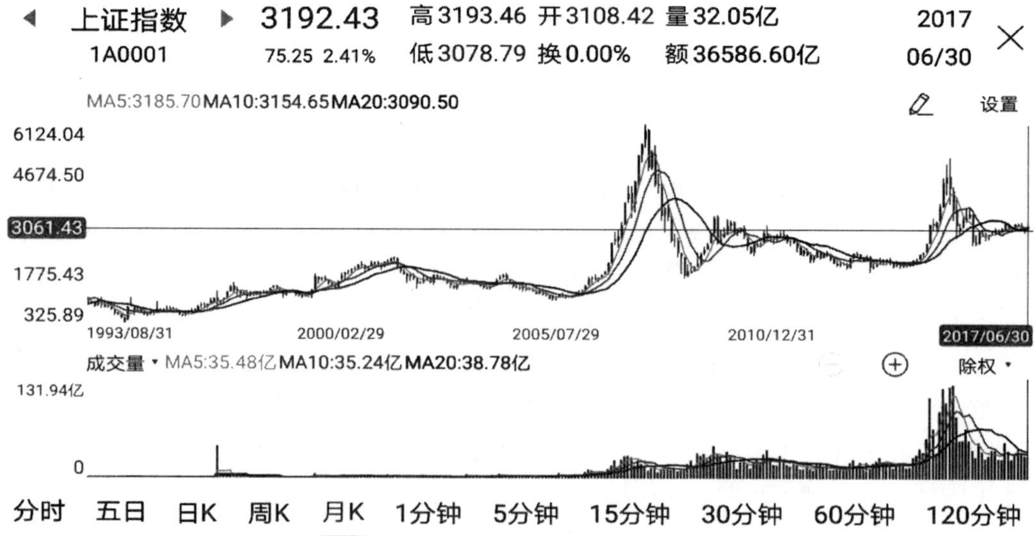

图 10－2　1990 年 12 月 31 日～2017 年 5 月 23 日上证综指年线变化趋势图

资料来源：长城证券。

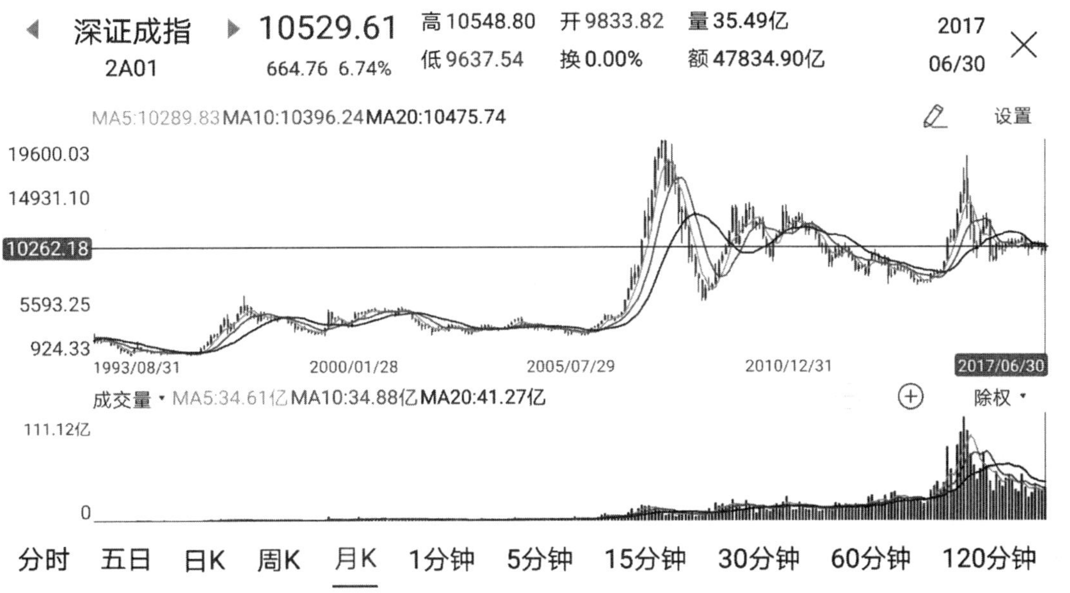

图10-3 1991年12月31日~2017年5月23日深证成指年线变化趋势图

资料来源：长城证券。

图10-4 2002年12月31日~2017年5月23日沪深300年线变化趋势图

资料来源：长城证券。

一般来讲，利率上升，股价下跌；利率下降，股价上涨，利率与股票呈反方向变化关系。但利率与股价的这种反方向变化关系是建立在严格的假设条件之上的。在一些情况下，央行对基准利率的调整和股市的运行并未出现人们所预期的理想组合。利率与股票价格两者之间要受到其他多种因素的影响，而且股价的变化是一件复杂的过程，利率只是其中一个基本影响因素。那么，利率对股价到底会产生怎样的影响以及多大程度的影响？当两者之间并不是严格按照负相关规律变化时，影响因素又有哪些呢？针对这种情况，选取几个时间节点来分析中央银行利率调整对股票价格波动的关联性强弱，分别选取了 1998 年、2007 年及 2015 年三个时间段。

（一）1998 年利率调整与股市运行

中国作为世界上最大的发展中国家，改革开放以来经济飞速发展，在经济金融发展浪潮的冲击下，国内经济在 20 世纪 90 年代迎来了崭新的一页。然而，1997 年亚洲金融危机爆发，内陆经济受到影响，股价曾在短短几个月内猛然下跌。1998 第一季度，我国股市开始回调，这与中央银行第一次降息的结果密切关联。从 1998 年 5 月开始上证综指持续下跌并于同年 8 月底开始持续较大波动。此时，尽管央行分别在第三季度和第四季度不断降息，但仍未能使我国股票市场出现回暖。

1. 利率调整对股市影响的理论

1998 央行连续调低存贷款利率仍未能阻止股市的持续回调。1998 年内，中国人民银行连续三次下调存贷款利率。一年期存款利率由年初的 5.67% 下调至年末的 3.78%，下调幅度达 33.33%①。利率调整之频繁，下调幅度之大，为历年所罕见。降息是股票市场的重大利好，1996 年 5 月 1 日的降息，曾推动沪深股市平地而起，走出一段酣畅淋漓的大牛行情。而 1998 年的三次降息尽管幅度更大，却未能使股指有效突破自 1997 年 5 月冲高回落以来所形成的下降通道。除第一次降息使股指略有推高外，后两次均未能对股指的持续下滑起到任何支撑作用。1998 年上证综合指数由 1194.1 点跌为 1146.7 点，跌幅为 3.97%；深证成份指数由 4148.84 点跌为 2949.32 点，跌幅为 29.52%；综合反映沪深股价变动的中经 1 指数由 4242.57 点跌为 3473.69 点，跌幅为 26.77%②。这一反常的现象很明显地反映出，在股票市场上，利率的调整作用并非像宏观经济学中所说的利率与股票价格之间严格的反向变动关系。

从理论来讲，中央银行采取降息等扩张型货币政策，将会推动股价的上升，利率下降将会改善公司经营环境，提高公司经营业绩，引起公司资本价值及投资者预期的变化，从而提高股票价格。从利率变动的资本增值效应来看，利率是货币资金的价格，利率的变化影响企业投资成本。当利率下调时，由于投资成本降低，预期投资收益提高，对投资产生刺激作用。另外利息是居民限期消费的机会成本，当利率下调时，现期消费的机会成本降低，从而对消费有刺激作用。利率下调通过刺激投资和消费，增加有效需求，改善市场条件，有利于企业经营业绩的提高。但是，利率下调对有效需求的刺激受其他经济因素的制约。一方面，货币供应量的配合、投资者对未来的预期及真实利率水平等因素制约着利率下调的投资效应。如果利率下调的同时没有货币供应量的配合，如果投资者的未来预期是悲观的从而投资预期收益率趋于下降，如果物价下降幅度大于名

① 金菲：《利率政策效应及其改革方向》，载于《金融研究》1999 年第 2 期。

② Wind 资讯数据。

义利率下调幅度从而真实利率上升，那么，利率下调启动投资并利用投资乘数扩张有效需求的效应将会受到削弱。同时，利率下调对改善企业经营业绩的效应会受到宏观经济环境、真实利率、税收制度等因素的制约，在缺乏上述因素配合的情况下，利率下调并不能有效刺激公司业绩的提高。另一方面，居民对未来的预期影响边际消费倾向。如果消费者对未来预期是悲观的，那么利率的下调进一步增强消费者的这种预期，于是边际储蓄倾向提高，而边际消费倾向降低，在这种情况下利率的降低对消费的刺激并不显著①。

从利率变动的投资替代效应来看，利率调整引起股票投资的相对收益率，即股票投资收益率与其他投资收益率的对比发生变化。当股票投资的相对收益率提高时，引起股票投资对其他投资的替代；反之，当股票投资的相对收益率下降时，引起其他投资对股票投资的替代。利率调整的投资替代效应的实现程度受以下因素的制约：首先，其他投资方式的利率弹性。如果其他投资方式具有较强的利率弹性，则利率变动能有效地引起投资方式的转换；反之，如果其他投资方式的利率弹性很低，则利率调整的投资替代效应将很微弱。例如，如果人们的储蓄行为有着较强的利率动机，则储蓄的利率弹性较高，利率下调会由于储蓄收益的下降而引起股票投资对储蓄的替代。反之，如果人们的储蓄行为中占支配地位的是其他非利率动机时，则储蓄的利率弹性较低，于是利率变动只会对储蓄产生很小的影响。其次，投资者的未来预期以及不同投资方式的风险性。股票投资同其他投资方式有着不同的风险程度，从而有着不同的收益可预期性和稳定性。在投资者的未来预期倾向乐观时，风险承受能力提高，则利率的下调由于股票投资相对收益率的提高会引起对其他投资方式的替代；反之，在投资者的未来预期倾向于悲观时，风险承受能力降低，则会引起其他投资对股票投资的替代。

2. 1998 年股价波动的原因

结合上述理论来分析 1998 年利率连续下调未能扭转股市下滑的原因。首先，利率与股价的关系受各种因素的综合作用影响。利率变动对股价的资本增值效应和投资替代效应的实现需要这些因素的配合。

（1）利率下调的资本增值效用分析。1998 年利率下调对股市没有产生预期的刺激效应，在很大程度上是利率下调的资本增值效应被削弱或被抵消的结果。利率下调的资本增值效应的发挥，以宏观经济形势的转暖，企业经营业绩的提高以及投资者预期的好转为前提。但 1998 年利率下调对改善宏观经济形势及提升企业经营业绩的效应并不理想。

首先，利率下调对投资需求的刺激并不理想。由于受当时社会状况下多种因素的制约，利率下调对投资的拉动并不显著。1993 ~ 1998 年，GDP 增长速度呈现递减，宏观经济形势的不景气，投资预期收益的下降，使企业投资趋于谨慎。② 由于国民经济增长放缓，企业投资预期收益下降。1998 年名义利率虽然降低，但物价指数下降更快，真

①② 易纲：《中国改革开放三十年的利率市场化进程》，载于《金融研究》2009 年第 1 期。

实利率提高，进一步抑制了投资需求的增长。因此，通货紧缩的加剧所导致的真实利率的提高对投资产生了抑制作用。1998 年央行货币政策工具的使用采取反向操作。一方面，大幅度降低商业银行存贷款利率，诱使资金从银行分流出去；另一方面，严格控制基础货币，强调适度从紧的货币政策不变。这种货币政策操作上的矛盾使货币供应没有适应刺激经济增长的需要而相应增长。

其次，利率下调对消费需求的刺激作用微弱。居民对市场价格预期的下降。居民的收入分配决策受价格预期的影响，如果预期价格下降，现期消费的机会成本上升，则减少或者推迟购买。1994 年以来，物价指数持续下降，居民产生并强化了物价还会下降的同向预期和买涨不买跌的心理，等待物价进一步下降。居民预期收入的下降。企业普遍开工不足，效益下降，失业人数增加，同时行政事业单位的下岗分流工作抓紧进行，经济不景气条件下新增就业机会的减少。这一切，大大降低居民收入预期，从而抑制了消费的增长。

最后，利率下调对提高企业经济效益的影响不明显。利率下调未能有效提升企业业绩，除了宏观经济形势未扭转，市场需求疲软的原因外，还受到以下因素的制约。如真实利率上升将会抵消降息对降低企业融资成本的作用。虽然利率以较大的幅度下调，但由于物价回落速度更快，幅度更大，因此真实利率仍处于较高的水平。税负增加抵消了降息对降低企业融资成本的作用，1998 年所实施财政政策，尽管增加政府投资，但同时又增强税收征管的力度。税负的增加很大程度上抵消了减息对提升企业业绩的作用。

（2）利率下调的投资替代效应分析。利率下调的投资替代效应很微弱。首先，沪深股市的相对收益率在利率下调后仍处于较低的水平。一般说来，利率下调后股票投资的相对收益率提高，从而会引起股票投资对其他投资的替代。但 1998 年第三次降息后，股票投资价值并未凸显出来。另外，利率下调未能推动股指回升，也同一级市场相对收益率较高有关。一级市场风险较低，且同二级市场存在较大差价①。降息后，一级市场申购资金冻结期的利息损失减少，降低一级市场投资成本，推动资金向一级市场流动。其次，居民储蓄的利率弹性的变化，制约着利率下调效应的发挥。居民的储蓄动机中，利息动机有较强的利率弹性，主要受到真实利率的制约；而为了购买住宅、家具以及为婚丧嫁娶等需要大笔开支的未来消费做准备的特殊消费动机的利率弹性较低，主要受现期收入、预期收入、预期价格以及信贷条件、社会福利制度等因素的综合影响；居民为子女教育以及失业和退休后提供生活保障的负担动机的利率弹性最低，受社会福利和社会保障制度的影响最大。随着市场化改革的深入，居民储蓄的特殊消费动机和负担动机有不断提高的趋势。由于特殊消费动机和负担动机的利率弹性较低，因此利率下调即使提高股票投资的相对收益率，也很难引起对储蓄的替代，于是削弱了利率下调的投资替代效应。

总之，利率是股市运行的基本影响因素。利率变化对股价变动的资本增值效应和投

---

① 金菲：《利率政策效应及其改革方向》，载于《金融研究》1999 年第 2 期。

资替代效应的发挥受企业经济效益、宏观经济形势、其他宏观经济政策以及投资者、消费者预期等因素的制约。正是由于缺乏上述因素的配合，1998 年的利率下调并没有推动股市的相应回升。可以说，在宏观经济尚未出现实质性转机，企业经营环境尚未改善的情况下，股市的回升尚待时日。

（二）2007 年中央银行利率调整与股市运行

我国股票市场从 2002 年 2 月 21 日～2011 年 2 月 9 日经历了 18 次的利率调整，其中 12 次升息，6 次降息①。然而并不是每一次利率的调整都符合所谓规律：利率上调，股价降低；利率下降，股价上涨。利率调整后股市的反应让投资者不知所措，很多人只是一味跟风。2007 年底前后，我国股票市场经历了“过山车”般的过程，上证综指从 2006 年年底的 2657 飙升至 2007 年 10 月的 6124，然后跌至 2008 年 10 月的 1664。在这暴涨暴跌的过程中，政府采取了一系列措施来抑制这种波动，调整利率就是政府的主要政策之一。2006 年 8 月～2007 年 12 月，为了抑制股市过快增长，央行 7 次上调基准存贷利率；2008 年，针对持续走低的股市，央行连续 4 次降低基准存贷款利率②。一般来讲，上调基准利率利空股市，从理论上来看降低基准利率将利多股市。然而，就历次调整的结果来看，利率政策并没有取得和理论相一致的结果，甚至可能出现事与“愿”违的现象；上调基准利率之后，短期来看，股市上行；同样，下调基准利率之后，股市持续低迷。2007 年初～2008 年底的一年期存贷款基准利率的调整与上证综指的变化很明显出现了这种“反常”现象。

2007 年 3 月 18 日，一年期存贷款基准利率均上调 0.27 个百分点，分别至 2.79%、6.39%。第二天沪指突破 3000 点。2007 年 5 月 19 日，一年期存贷款利率分别上调 0.27 和 0.18 个百分点。上证指数在 5 月 21 日（星期一）上涨 1.04%，收报 4.72 点。2007 年 7 月 21 日，一年期人民币存贷款基准利率上调 0.27 个百分点，分别至 3.33%、6.84%。上证指数在 7 月 23 日（星期一）上涨 3.81%，收报 4213 点。2007 年 8 月 22 日，一年期存款基准利率上调 0.27 个百分点至 3.60%，一年期贷款基准利率上调 0.18 个百分点至 7.02%。第二日上证指数首次攀上 5000 点，上涨 1.05%。2007 年 9 月 15 日，一年期存贷款基准利率上调 0.27 个百分点，分别至 3.87% 和 7.29%。上证指数在 9 月 17 日（星期一）上涨 2.06%，收报 5421 点。2007 年 12 月 21 日一年期存款基准利率上调 0.27 个百分点至 4.14%；一年期贷款基准利率上调 0.18 个百分点至 7.47%。上证指数上涨 1.15%，收报 5101 点。2008 年 9 月 16 日，下调一年期贷款基准利率 0.27 个百分点。上证指数当日下跌 4.47%，收报 1986 点。2008 年 10 月 9 日，下调一年期存贷款基准利率各 0.27 个百分点。上证指数当日下跌 0.84%，收报 2074 点。2008 年 10 月 30 日，一年期存贷款基准利率均下调 0.27 个百分点，分别至 3.6%、6.66%。上证指数当日上涨 2.55%，收报 1763 点。2008 年 11 月 27 日，一年期存贷款基准利率均

①② 易纲：《中国改革开放三十年的利率市场化进程》，载于《金融研究》2009 年第 1 期。

下调1.08个百分点，分别至2.52%、5.58%。上证指数当日上涨1.05%，收报1917点。2008年12月23日，一年期存贷款基准利率下调0.27个百分点，分别至2.25%、5.31%。上证指数当日下跌4.55%，收报1897点[①]。

从我国利率对股价影响的直接表现来看，我国利率调整经历了两个并不完整的周期，以2002年2月21日为分界点，之前利率调整基本上以降息为主要特点，2002年之后基本上以升息为主要特点，并且2002年以来，我国证券市场的逐渐发展更符合现在的经济状况和市场行情。由分析中国人民银行数据发现，18次利率调整对股市在后1交易日的影响没有规律性，并不遵循理论上的变化特点，而后22日、后132日、后264日的变化逐渐地与理论上所说的一致。[②] 因此利率的调整对短期、中短期、中期、长期股市走势的一致性影响依次呈明显上升趋势。同时12次的利率上调几乎对股市后一日的交易没有起到作用，股价不跌反而上涨，而6次的利率下调仅有3次和理论一致，从后22日、后132日、后264日来看更说明了利率上调对短期、中短期、中期、长期股市走势的一致性影响程度比总体调整对股市走势的影响程度还弱[③]；并且利率下调对短期、中短期、中期、长期股市的一致性影响强于总体调整、利率上调对股市的影响。

由此可以总结：首先，短期内利率调整对股票市场有一定影响，但冲击不大。利率调整对股市走势的影响在短期内不明显，但从长期而言，利率与股价呈反方向运动的理论基本是正确的，这也从侧面印证了利率的调整对于股市走势的影响存在着滞后性。其次，加息不如降息带来的影响明显。从降息的影响来看，股票市场的资金面因降息的影响而比较宽松，股票市场中资金的涌入构成大量买盘，促使价格上扬；而加息政策一般在我国预期通货膨胀上涨、宏观经济较热的背景下公布，又由于多方面的限制进而加息力度不大，加之加息经常被人们所预期，所以加息对股票价格的影响不大。综上来看市场对于加息的反应不如降息剧烈。最后，利率调整对股市影响的理论效应并未充分体现。从降息和加息对于股市的影响可明显看出并不是加息股市次日就会下跌，降息股市次日就会上涨，股市的实际反应受到多种因素的影响，而利率只是影响股市的其中一个因素。

（三）2015年中央银行5次降息对股市的影响

2015年中国经济仍面临一些下行压力。此次降低存贷款基准利率，主要是根据整体物价的变化保持合理的实际利率水平。此次降息对拉动国民经济起到了一定的推动作用，同时对我国股市的影响也不容小觑。

1. 2015年中央银行5次降息情况

2015年3月1日，中国人民银行下调金融机构人民币贷款和存款基准利率。其中，

---

① 刘维奇：《利率调整对股票市场的传导效应分析》，载于《山西大学学报》2012年第1期。

② 张磊：《我国货币政策对股票市场调控效应的实证分析》，载于《贵州社会科学》2008年第2期。

③ 杨继平、冯毅俊：《利率调整对我国股市不同状态波动性的影响》，载于《管理科学学报》2017年第2期。

金融机构一年期贷款基准利率下调0.25个百分点至5.35%；一年期存款基准利率下调0.25个百分点至2.5%，同时结合推进利率市场化改革，将金融机构存款利率浮动区间的上限由存款基准利率的1.2倍调整为1.3倍；其他各档次存贷款基准利率及个人住房公积金存贷款利率相应调整①。

2015年5月11日，中国人民银行下调金融机构人民币贷款和存款基准利率。其中，金融机构一年期贷款基准利率下调0.25个百分点至5.1%；一年期存款基准利率下调0.25个百分点至2.25%，同时结合推进利率市场化改革，将金融机构存款利率浮动区间的上限由存款基准利率的1.3倍调整为1.5倍；其他各档次存贷款基准利率及个人住房公积金存贷款利率相应调整。2015年6月28日，中国人民银行下调金融机构人民币贷款和存款基准利率，以进一步降低企业融资成本。其中，金融机构一年期贷款基准利率下调0.25个百分点至4.85%；一年期存款基准利率下调0.25个百分点至2%；其他各档次贷款及存款基准利率、个人住房公积金存贷款利率相应调整②。

2015年8月26日，央行下调金融机构人民币贷款和存款基准利率，以进一步降低企业融资成本。其中，金融机构一年期贷款基准利率下调0.25个百分点至4.6%；一年期存款基准利率下调0.25个百分点至1.75%；其他各档次贷款及存款基准利率、个人住房公积金存贷款利率相应调整。同时，放开一年期以上（不含一年期）定期存款的利率浮动上限，活期存款以及一年期以下定期存款的利率浮动上限不变。2015年10月23日，中国人民银行宣布，自2015年10月24日起，下调金融机构人民币贷款和存款基准利率，以进一步降低社会融资成本。其中，金融机构一年期贷款基准利率下调0.25个百分点至4.35%；一年期存款基准利率下调0.25个百分点至1.5%；其他各档次贷款及存款基准利率、人民银行对金融机构贷款利率相应调整；个人住房公积金贷款利率保持不变③。同时，对商业银行和农村合作金融机构等不再设置存款利率浮动上限，并抓紧完善利率的市场化形成和调控机制，加强央行对利率体系的调控和监督指导，提高货币政策传导效率。自同日起，下调金融机构人民币存款准备金率0.5个百分点，以保持银行体系流动性合理充裕，引导货币信贷平稳适度增长。同时，为加大金融支持"三农"和小微企业的正向激励，对符合标准的金融机构额外降低存款准备金率0.5个百分点④。

2. 中央银行5次降息对股票价格的影响

央行在2015年的五次降息对于拉动国内经济起到一定作用。纵观这一整年股市行情，股票价格经历了2008年以来最大幅度的上涨。然而，在经历2008年以来的制高点后，股价呈下行趋势，央行连续几次的降息也未能回调股票价格，从而出现了2008全

---

① 杨继平、冯毅俊：《利率调整对我国股市不同状态波动性的影响》，载于《管理科学学报》2017年第2期。

② 《2015年中国经济金融张望》，载于《资本市场》2015年第4期。

③④ 张坤：《2015城商行竞争力评价报告（下）——新常态下城商行转型发展热点》，载于《银行家》2015年第10期。

球经济危机以来最大幅度的股价下跌[①]。我国股票市场在2015年所呈现出的暴涨暴跌现象与政府所采取的宏观经济政策有着密切关系。2014年的中国经济发展开始减缓，企业融资难，发展受阻，实体经济疲软的同时资本市场同样毫无起色。政府为刺激经济发展，恢复金融市场的活力，激发融资功能，提出了新“国九条”，希望通过改革和创新来促进资本市场的发展，如沪港通业务的推出。央行通过下调人民币存贷款基准利率和法定存款准备金率释放流动性，进一步来降低企业的融资成本，并大力推动新三板，鼓励中小企业到新三板上市。政府也希望激发股票市场的融资功能，2014～2015年上半年国家层面不断放出央企改革、央行降息降准等利好消息，沪深指数受好消息刺激不断拉升，股票市场在一波牛市行情下成为“聚宝盆”。在此次股价暴涨的过程中，央行的降息措施起到了一定的推动作用。[②] 对于之后的股市暴跌，尽管央行不断采取降息政策，仍未能回调股价。因此，估价的暴跌受到多种因素的综合影响，尤其在当今复杂的经济环境下。

四、问题的诠释及评价

股票价格的波动和变化是一个复杂的过程，要受到宏观经济与政策、国际环境、政治因素、心理因素以及企业内部状况等多方面的影响。基准利率的调整在宏观上对股价有一个指向标的作用，但很多情况下，其他因素的干扰在实际运行中并不能使股价与利率的反比例变化关系成立。

（一）利率对股价的影响受其他因素制约

在经济实际运行中，除利率外，还有其他很多因素制约着股市的发展。我股票市场的发展目前还不够成熟，股票价格受到主力庄家操纵、过度投机、行政干预、信息不对称等不规范的非经济因素干扰较大。经过几年的深入发展和不断调整，虽然这种状况有所改善，但并未完全消除。另外，我国利率还没有完全实现市场化。这些状况都会制约利率对股市调整作用的发挥。

1. 利率有名义利率和实际利率两种，两者是两个不同的概念

中央银行对利率只是进行名义上的调整，但是对投资者真正产生影响的却是实际利率。利率调整对股市影响的理论效应是通过实际利率实现的。即使名义利率较大幅度上升或下降，但由于物价指数的不断变动，导致实际利率的变动方向有可能与名义利率的方向相反。例如，2007年央行一直在加息，到2007年末一年期存款利率为4.14%，可是我国居民消费价格指数（CPI）上涨为4.8%，则实际利率为-0.66%（实际利率=名义利率-物价指数）[③]。可见2007年虽然央行一直加息，但通货膨胀还是很严重，以致实际利率为负，故当时利率上调后股价还是一路上扬，所以利率的调整对股市的影响

①② 杨继平、冯毅俊：《利率调整对我国股市不同状态波动性的影响》，载于《管理科学学报》2017年第2期。

③ 张磊：《我国货币政策对股票市场调控效应的实证分析》，载于《贵州社会科学》2008年第2期。

是很有限的，实际利率的上升和下降才是真正影响股价变动的因素。

2. 投资者的预期

如果投资者对未来利率变动有一定的认识，当投资预期利率变动幅度大于实际的变动幅度时，利空利多消息就会在利率调整前已被消化。这样当利率调整的政策出来时，股市已经对这种变动作出了调整，利率调整当日对于投资者来说就是利空出尽，一般认为利空出尽就是利好，那么此时利率的调整便不会对股市产生显著影响。还有一点就是投资者的盲目性。例如：在2007年下半年的时候，股票的价格持续上涨，很多人被牛市冲昏了头脑，认为上证指数可以达到10000点，所以不管央行出台什么样的货币政策，加息的频率有多高，很多投资者都认为股票价格还有上升空间，因此当时的加息对股市的影响可谓是微乎其微。投资者的盲目性，容易跟风的现象，说明我国的投资者还不够成熟，投资者需要加强风险意识。

3. 利率调整对股市的影响还依赖当时所处的经济环境

在经济景气持续上升的背景下，各行各业兴旺发达，产需两旺，各企业的盈利快速增长，对股东的分红会越来越多，对股市的利好作用有时会远远超过利率上升所带来的不利影响，这时即使利率提高，股市也可能不跌反涨。在经济紧缩的情况下，社会需求持续萎缩，企业产品大量积压，被迫消减生产计划，裁减员工，人们的收入随之减少，社会需求也会进一步减少，这样便形成恶性循环①。在这种情况下，即使利率持续下降，但由于股市风险远大于可能产生的收益，投资者不仅不增加投资，反而从股市大量抽资，这时虽然利率降低，但股市却跟着下跌。所以我们说，出现这些反常的现象是与当时的经济环境有着极大关系的。

4. 国内外的政治经济环境

在经济金融全球化大背景下，各国联系紧密，国际上的大事件也极易影响我国的股市。如人民币的升值、石油价格的变化不定、美国次贷危机的爆发、朝韩对峙甚至冲突升级、日本地震与核泄漏等事件的发生在很大程度上影响着我国股市的涨跌，尤其对于一些与大事件相关联的板块。目前随着我国股票市场受到全球政治经济大事的影响逐步加大，外界的影响有时甚至超过了利率政策在当时对股市的影响。这也反映出股市对利率调整的反应在不同的背景下是不完全相同的，外界的影响也进一步削减了利率调整的冲击。于是，在短期内，古典的经济理论在当今复杂的经济背景下失去了原有的作用。

5. 利率对股市影响的时滞性

由于利率的调整对股市存在一个时滞期，当利率政策的传导机制所要求的时间已经达到时，即在中长期内，这个时滞期已经度过，利率的调整效果会逐渐呈现。比如利率调整影响上市公司的资金使用成本，从而影响了上市公司的盈利状况。当央行提高贷款利率时，企业负担的利息随之加重，此时将降低企业的盈利能力、减少企业的利润，进而减少股票的分红派息，股票价格受利率的提高和股票分红派息降低的双重影响，也会

---

① 张磊：《我国货币政策对股票市场调控效应的实证分析》，载于《贵州社会科学》2008年第2期。

随之下降，股票的交易量也会萎缩；反之，央行降低贷款利率时，企业的利息负担将会减轻，这增加了企业的利润并且提高了企业的盈利能力，股票分红派息也增多了，股票的价格自然会上升，股票的交易量也会放大①。这些情况的出现都需要一段时间的调整，利率调整的效果需要一段时间的传导，故在时滞期过后，即在中长期内，股市对利率的调整才会与理论基本一致。

6. 由于我国利率还未完全市场化，利率政策的制定并未完全反映市场经济运行状况

我国利率的形成主要受制于政府的政治经济意图，从而割裂了市场资金的供求关系，而且对利率的调整滞后于物价的上涨，减弱了实际利率对经济的调节作用。因此，市场中的经济主体对利率的变化短期也不够敏感，存在一定的滞后性，利率的调整难以对整个市场的资金流量带来明显的变化，但在中长期的表现与理论基本一致。

（二）股票价格合理运行的宏观调控

进一步加强我国股票价格的宏观调控，从而尽可能发挥利率调整对股票市场的指向标作用，这对中国特色社会主义市场经济的持久健康发展是必不可少的。

1. 加强对股市的监管

我国股票市场发展时间短且各个方面的监管都不够完善。健全股市的法律法规及各方面规章制度，提高政府管理水平，发挥股票行业自律性监管组织的作用。从而，有助于提高利率对股票市场的调整作用。

2. 逐步推行市场化利率改革，增加股价对利率变动的敏感性

目前，我国利率市场化并未完全形成，国家正在稳步推进利率市场化改革，且已经取得了阶段性成果。由于利率市场化程度不高，从而导致了市场利率对货币供求的变化缺乏弹性。在股票市场上则表现为我国市场利率对股票价格的变动缺乏敏感性。所以积极推进利率市场化改革是进一步加强我国宏观调控的重要内容。选择具有硬约束的金融机构，让他们在竞争性市场中产生定价，并按照宏观审慎管理的要求，确立达标金融企业必须具备的硬约束条件，同时逐步放开替代性金融产品的价格。

3. 培养市场主体的敏感性

健全我国股票市场的供给制度，减少政府的行政干预，使股票市场更有广度和深度，从而增强股票市场对利率调整变化的敏感度。我国股票市场供给制度不健全，主要表现为：企业 IPO 受到严格的行政干预，即使成功 IPO 的企业融资也不规范，在资金不断进入股市和存在严格的行政干预的情况下，极易导致股票市场供求关系失衡，因此应提高其制度健全性。

4. 降低利率调整对股票市场的时滞影响

由于利率调整对股票市场的时滞影响，在短期内，股票市场对利率调整的反应不够明显。所以，为降低这种影响可以通过以下两种途径进行调节：一是提高货币当局对股

---

① 杨继平、冯毅俊：《利率调整对我国股市不同状态波动性的影响》，载于《管理科学学报》2017 年第 2 期。

票市场运行情况变化的反应速度，弱化利率调整对股市的时滞影响；二是适时制定货币和利率政策促进股市平稳发展。

5. 利率政策应着重关注宏观经济而不是股市

由各个企业所共同构建的宏观经济环境是影响股市发展的根本因素，且宏观经济环境的优劣主要由大部分企业业绩的优劣所决定。我国实施货币政策的目的在于进行宏观调控，其最终的落脚点是企业。利率政策通过对企业运行成本的控制来影响企业的业绩，间接对企业的运行规模、资金投向形成影响，进而决定宏观经济环境的走向，也就决定了股市的走向。

综上来看，央行利率调整对我国以沪深市场为主体的股票市场产生的影响是一个复杂的过程，股价的变化应结合其所处的时代背景来综合分析。古典理论所阐述的利率与股价的反方向变化关系是建立在严格的假设条件之下。因此，在当今经济金融全球化的大背景下，应进一步加强我国股票价格的宏观调控，以尽可能地保持我国股市的良好趋势，从而促进我国经济的稳定健康发展。

参考文献

[1] 任淮秀：《证券投资学》第二版，高等教育出版社2002年版。

[2] 王爱俭：《货币银行学原理》第六版，中国金融出版社2009年版。

[3] 谢树森：《证券市场》，黑龙江科学技术出版社1989年版。

[4] 赵峰、余艳琴：《利率调整对股市运行影响的分析》，载于《经济问题探索》2000年第1期。

[5] 吴思远：《我国银行利率调整对股市的影响分析》，载于《对外经贸》2012年第7期。

[6] 刘诗瑶：《我国利率与股价相关关系研究》，复旦大学硕士学位论文2014年。

[7] 陈旭辉：《寿险公司资产配置问题研究——基于随机利率模型下的资产比例研究》，对外经济贸易大学博士学位论文2007年。

[8] 曾志坚、谢赤：《利率波动对股票价格影响的实证研究》，载于《科学技术与工程》2006年第1期。

[9] 杭群：《我国利率调整与股票价格指数的相关性研究》，西北大学硕士学位论文2008年。

[10] 余进：《我国股票市场对央行货币政策的“公告效应”》，电子科技大学硕士学位论文2008年。

[11] 胡一平：《电子平台引入对债券市场影响的研究——基于金融市场微观结构理论视角》，中国地质大学（武汉）硕士学位论文2013年。

[12] 徐洪才：《中国经济形势与政策分析》，载于《领导科学论坛》2016年第12期。

[13] 党凯：《双降对房地产行业影响研究》，载于《商》2015年第40期。

[14] 江军霞：《中国股市、货币市场和商品市场的一般均衡分析》，武汉大学硕士学位论文2005年。

[15] 张鑫：《我国利率调整对股票价格影响的实证研究》，上海大学硕士学位论文2008年。

案例 11：全球主权财富基金兴起

一、主权财富基金的发展

（一）主权财富基金定义

主权财富基金属于世界经济金融一体化下的新生事物，在近年来才受到人们广泛的关注。所谓主权财富（Sovereign Wealth），是指一国政府通过特定税收与预算分配、可再生自然资源收入和国际收支盈余等方式积累形成的，由政府控制与支配的，通常以外币形式持有的公共财富。传统上，主权财富管理方式非常被动保守，对本国与国际金融市场影响也非常有限。随着近年来主权财富得益于国际油价飙升和国际贸易扩张而急剧增加，其管理成为一个日趋重要的议题。国际上最新的发展趋势是成立主权财富基金（Sovereign Wealth Fund，SWF），并设立通常独立于央行和财政部的专业投资机构管理这些基金①。

（二）主权财富基金的类型与特点

1. 主权财富基金的类型

按照不同的分类标准，主权财富基金可以分成不同的类型。

按照资金来源，全球主权财富基金可以分为三类：第一类是商品基金（Commodity Funds），即利用商品出口收入创建的主权财富基金，主要来自石油、天然气或是其他自然资源的销售收入。以中东、拉美国家为代表，既包括阿联酋、科威特、委内瑞拉等成员国创建的基金，也包括美国阿拉斯加、加拿大阿尔伯特、挪威、俄罗斯、文莱、智利、哈萨克斯坦等非成员国或地区创建的基金。第二类是非商品基金（Non-commodity Funds），即利用非商品出口收入，通常是国内高储蓄导致的外汇储备收入创建的主权财富基金，以亚洲国家为代表，主要包括新加坡、中国、韩国、马来西亚、中国台湾等国家或地区创建的基金②。除此之外，主权财富基金还有另外一个来源是国际援助，以乌干达的贫困援助基金为代表。相对而言，第三类的情况较少，规模也小，所以关注主权

① 中国人民银行网站，2008 年 3 月 31 日。

② 张明：《主权财富基金与中投公司》，载于《经济社会体制比较》2008 年第 2 期。

财富基金主要是看前两种。

从主权财富基金资金的主要来源看，来自石油和天然气出口收入的资金总量最大，有 599.674 亿美元，包括 13 个国家（或地区）；其次为国际收支有较多盈余的东亚新兴市场国家和地区，资金达 285.8 亿美元。此外，主权财富基金的集中度也非常高，以上的基金主要集中于前五名的基金[①]。

按照设立动因的不同，主权财富基金主要分为五种类型[②]：一是稳定型主权财富基金（Stabilization-oriented Fund），主要是减缓市场价格及汇率波动对本国经济和财政收入的影响，避免短期自然资源产出波动及汇率变动导致经济大起大落，如挪威政府石油基金和俄罗斯的主权财富基金。二是冲销型主权财富基金（Sterilization-oriented Fund），主要是协助央行分流外汇储备，冲销市场过剩的流动性，如香港金融管理局设立的主权财富基金。三是储蓄型主权财富基金（Savings-oriented Fund），主要是平滑代际国家财富，为子孙后代积蓄财富，以中东国家为典型代表。四是预防型主权财富基金（Preventive Fund），主要是为了应对潜在社会经济危机及发展的不确定性，如科威特投资局设立的主权财富基金。五是战略型主权财富基金（Strategy-oriented Fund），主要是在全球范围内优化资源配置，培育世界一流企业，协助本国特定产业的重构，如新加坡淡马锡控股公司。许多主权财富基金在成立之初就具备了多重目标，同时属于几种类型，并且随着时间的变化，其功能也会发生变化。

2. 主权财富基金的特点

从发行方式上看，主权财富基金不同于公募和私募基金，不进行公开和私下的发行。从投资对象上看，主权财富基金可以投资于股票、债券、期货、权证、货币市场甚至固定资产等广泛领域。从设立目的上看，不同于公益型基金，主权财富基金以投资收益为目标。从资本来源和运用地域上看，主权财富基金的资本来源于国内并投资于国内外任何区域。因此，主权财富基金是一类特殊的基金。主权财富基金最显著的特征，一是该基金由政府拥有、控制与支配，具有一定的政治属性，二是该基金追求风险调整后的回报最大化目标，具有经济属性。立足于主权财富基金管理与运作的实践，可以将其概括为五个基本特征：

（1）主体特征：相对于私募基金的支配和使用主体是以民间法人和自然人身份表现出来的私人而言，主权财富基金的支配和使用主体是行使国家主权的国家政府机构，是主权行使者掌控的基金。

（2）目的特征：建立主权财富基金的根本目的，是国家适应激烈的资本竞争需要，借助于对主权财富基金的资本运作，追求公共财富增值，有效维护国家财富和国家经济安全。

（3）管理特征：各国对主权财富基金的管理没有统一的模式，有的设立独立于财政部和中央银行的专业投资机构，有的由中央银行下设的专业机构进行管理。

---

① 刘昊虹：《我国主权财富基金投资的发展对策》，载于《经济导刊》2008 年第 4 期。

② 汪时锋：《主权财富基金、国家财富增值新途径》，载于《金融博览》2007 年第 12 期。

（4）资金来源特征：主权财富基金主要来源于税收与预算分配拨款，自然资源收入，国际收支盈余。其中，国际收支盈余是最重要的资金来源。

（5）资金运用特征：主权财富基金主要用于国际资本市场和国内资本市场投资。其中，对国际资本市场投资以追求收益最大化为目的，国内资本市场投资是在追求财富增值的同时，起着维护国内资本市场和国内经济安全的作用。

（三）主权财富基金与相关概念的区别

1. 主权财富基金与外汇储备的区别

主权财富基金的资金既可以是一国政府通过特定税收与预算分配形成的，也可以是以资源出口收入或非资源性贸易顺差等方式积累形成的，但通常是和如何管理多余的外汇储备分不开的。主权财富基金与外汇储备的共同点是它们都为国家所拥有，同属于广义的国家主权财富，但是主权财富基金与官方外汇储备也存在着许多不同点。表现在以下几个方面：

其一，官方外汇储备反映在央行资产负债平衡表中，主权财富基金则在央行资产负债平衡表以外，有独立的平衡表和相应的其他财务报表。

其二，官方外汇储备资产的运作及其变化与一国国际收支和汇率政策密切相关，而主权财富基金一般与一国国际收支和汇率政策没有必然的、直接的联系。

其三，官方外汇储备资产的变化产生货币政策效应，即其他条件不变，央行外汇储备资产的增加或减少将通过货币基础变化引起一国货币供应量增加或减少。而主权财富基金的变化通常不具有货币效应①。

其四，官方外汇储备的投资目标与投资模式与主权财富基金不同。从投资的品种来看，官方外汇储备主要投资于货币市场、政府债券和其他高等级债券，而主权财富基金投资于各类金融资产。从投资的目标来看，官方外汇储备强调资产的安全性和流动性，而主权财富基金实行更为积极的管理，以追求资产的盈利性作为投资的主要目标，往往以长期持有为特点，以实现投资回报最大化目标。

2. 主权财富基金与主权养老基金的区别

“主权养老基金”与“主权财富基金”本是一对孪生兄弟，许多特征非常相像，甚至界限模糊。最典型的相似性或趋同性主要有两个，即它们的资本来源和资产持有相互交叉；主权养老基金的投资策略越来越像主权财富基金。众所周知，许多主权财富基金的资金主要来自资源出口或商品出口积累的外汇储备，例如全球最大的主权财富基金是阿联酋的“阿布扎比”，但同时也能看到一些主权养老基金也是来自外汇储备或财政收入，最典型的是2005年更名的挪威“全球养老基金”，其前身是1990年建立的“石油基金”。挪威政府当年清醒地认识到，他长期面临的将是涉及国计民生和经济全局的两条交叉曲线：一条是由于储存量减少未来50年石油收入占GDP比例不可避免地下降的

---

① 胡祖六：《什么是主权财富基金如何进行管理》，载于《财经》2007年第8期。

曲线，预计到 2020 年下降到 5%，2030 年 4%，2040 年 3%，2050 年为 2%。这个影响对挪威来说是巨大的。第二条是未来 50 年里由于日益老龄化而导致的社会养老保险支出占 GDP 比例不断上升的曲线，从 1973 年的 5% 上升到 2000 年的 7%，2010 年是 9%，2020 年 12%，2030 年 14%，2040 年 17%，2050 年高达 18%。挪威当年建立“石油基金”就是为了将这两条曲线尽量“拉平”，将其作为一个“缓冲器”来“烫平”短期内石油收入的变化，作为解决人口老龄化和石油收入日益减少这两个问题的一个工具，为子孙后代转移一部分财富，以实现石油物理储备与金融资产储备的置换。

总体来说，主权养老基金的海外资产持有比例目前仍然较低，全球平均可能不到 20%，而主权财富基金则几乎是 100%，这是主权养老基金与主权财富基金的重要区别之一。但同时，这个差距正在不断缩小，主权养老基金投资海外市场的比重正不断提高。主权养老基金的这种转变正在引起各经济体和国际市场的极大关注。

但在主权性质和债务性质方面也存在两个本质区别。

首先，不言而喻，如同其名，所有主权财富基金的第一特征就是其“主权”的特征，即国家直接建立和管理（尽管有时采取商业运作模式）、由财政拨款构成的投资基金具有天然的主权性质，概莫能外。“储备型”主权养老基金也毫无疑问具有同样的特征。但“缴费型”主权养老基金的情况则比较复杂，不是所有社保制度的缴费余额都具有主权性质，从是否具有主权性质来看，“养老金”概念下的缴费余额可以分成四种类型：一是 DB 型现收现付制下的支付余额，这是典型的“缴费型”主权养老基金，因为这种制度割裂了缴费与受益之间的精算关系并由国家承担“无限”责任，所以它具有“主权”的性质；但分散决策的 DC 型完全积累制度下个人账户资金（如十几个拉美国家的制度和我国香港强积金）带有强烈的私人储蓄性质和个人继承性质，所以不具有“主权”的性质。二是介于 DC 型完全积累制和 DB 型现收现付制这两个端点之间“中间地带”的某些社保制度类型，对他们应具体情况具体分析，就笔者所及，欧亚七国的名义账户制、德国的积分制、新加坡等十几个国家实行的中央公积金制、中国的统账结合等这四个“混合”制度下的账户资金余额，在中央政府统一实行投资营运、国家给予最后担保、国家统一公布利率这三个条件下（例如，我国统账结合的个人账户资金如果由省级政府负责运行就不具有主权性质），笔者认为就具有主权的性质，就可成为主权养老基金。三是地方政府举办的自愿型职业年金虽然也是 DB 型现收现付制并且规模十分庞大，例如美国“加州公务员退休金制度”已超过 2000 亿美元，覆盖 150 万人，但也不具备“主权”性质，因为地方政府不具有“国家主权”。四是私人部门的职业年金不管是 DB 型的还是 DC 型的，均没有“主权”性质，不属于主权养老基金。

其次，主权财富基金纯粹是一个投资基金，没有任何隐性或显性债务。可是，主权养老基金则不同，虽然其运行规则同样具有投资基金的性质，但除去“储备型”主权养老基金之外，“缴费型”主权养老基金既可以有隐性养老债务（指现收现付制下未需偿还的养老金权利的价值减去缴费余额累计储备之后的净值），也可以有显性养老债务（指由于提高当前缴费形成的积累余额，例如加拿大养老金计划 1997 年改革提高缴费形成的余额储备），这种债务特征由 DB 型现收现付的制度特征决定，是与生俱来的。显而易见，“储备型”主权养老基金所占比例很小，绝大部分则是“缴费型”主权养老基金，因为全球范围内绝大部分国家实行的是 DB 型现收现付制。

（四）主权财富基金兴起的原因

主权财富基金目前已经发展成为国际金融市场的一支重要力量，其兴起主要有三个方面的原因：国际货币体系的变革、能源价格上涨、经济全球化。

1. 国际货币体系的变革是主权财富基金兴起的根本原因

第二次世界大战的国际货币体系经历了布雷顿森林体系到牙买加体系的更迭。牙买加体系确认了浮动汇率制的合法化，让黄金退出了国际货币的舞台，提高 IMF 特别提款权（Special Drawing Right，SDR）[①] 的国际储备地位，增加 IMF 成员国在基金中的份额，加大和提高对发展中国家的资金融通和信贷额度。从表面上看牙买加体系摆脱了布雷顿森林体系时期其他国家货币与基准货币美元的挂钩，避免了“特里芬难题”[②] 的问题，但该体制也存在一些缺陷：第一，在多元化的国际储备格局下，储备货币的发行国还是有通过控制货币发行来谋取自身利益的可能性，整体看仍然没有一个统一稳定的货币标准，所以国际金融体系并不稳定；第二，浮动汇率制与固定汇率制并存反而加剧了实际汇率的波动，汇率体系的不稳定导致了外汇风险的增加；第三，新的货币体系对国际金融稳定和国际收支调节的改进不明显，仍然有经济危机爆发的潜在可能性。在牙买加体系建立之前，全球的外汇储备一直处于较低水平，增速也很缓慢，在该体系确立并逐步实施后全球外汇储备呈现出爆发性增长的趋势，尤其是发展中国家和新兴市场国家。外汇储备的不断膨胀导致外汇拥有国国内资产价格泡沫的产生和流动性的过剩。而一个国家的动机也类似于个人，从成立主权财富基金的动机来看，国家外汇储备的基本使命是预留充足的流动性以防止汇率剧烈波动对本国经济带来的不利影响，但随着外汇储备的不断增加并可以完全满足这一需要时就可以用这部分储备盈余去追求增值性更高的资产，于是产生了主权财富基金。

2. 能源价格上涨是导致主权财富基金规模迅速扩张的重要原因

主权财富基金规模快速扩张的重要原因是国际能源价格持续大幅上涨。能源出口收入积累的外汇储备是主权财富基金的一个主要资金来源，国际原油价格从 1998 年的约每桶 15 美元一路上涨到 2008 年的近 150 美元每桶，此后直到 2014 年下半年油价大幅下跌前也基本维持在 100 美元每桶上下的水平，这期间有近 40 家主权财富基金成立，

---

① 特别提款权：是国际货币基金组织创设的一种储备资产和记账单位。它是基金组织分配给会员国的一种使用资金的权利。会员国在发生国际收支逆差时，可用它向基金组织指定的其他会员国换取外汇，以偿付国际收支逆差或偿还基金组织的贷款，还可与黄金、自由兑换货币一样充当国际储备。

② 特里芬难题：由于美元与黄金挂钩，而其他国家的货币与美元挂钩，美元虽然取得了国际核心货币的地位，但是各国为了发展国际贸易，必须用美元作为结算与储备货币，这样就会导致流出美国的货币在海外不断沉淀，对美国来说就会发生长期贸易逆差；而美元作为国际货币核心的前提是必须保持美元币值稳定与坚挺，这又要求美国必须是一个长期贸易顺差国。这两个要求互相矛盾，因此是一个悖论。

主权财富基金的资金规模更是飙升至约 7 万亿美元，这其中相当一部分的资金来源是能源出口带来的财富。实际上很多产油国，尤其是中东地区的产油国其国内的工业体系并不发达，但是这些国家并没有将能源出口带来的巨大财富用于提高国内的工业化水平和产业结构的升级，而是投资于海外，这一现象实际上可以由一个著名的经济增长理论，即“资源诅咒”①（Resource Curse）来解释。究其原因这些产油国的经济过分的依赖于其丰富的资源，单一的资源型产业结构导致其国内其他非能源产业的发展滞后，产生所谓的“荷兰病”（Dutch Disease）②。对于这些国家短期内去升级产业并不现实，外汇储备的不断积聚又面临保值的压力，于是建立主权财富基金投资海外成为一个很好的途径。

3. 经济全球化为主权财富基金提供了国际环境

经济全球化是 21 世纪国际经济的重要特征，国际贸易、国际资本流动、国际技术转移大幅增加，各个国家之间进而相互依存、相互制约，形成了一个有机整体。根本上看，经济全球化是生产力和国际分工发展的趋势。国际资本市场也在逐步地全球化：国家间金融壁垒逐渐被消除，国际资本流动大幅增加，各国的市场逐渐紧密联系起来，全球资本市场的有机组成部分，形成了全球资本市场，有利于主权财富基金在全球范围内配置资产。

首先，随着全球经济化的发展，国际市场投资种类逐渐增多，为主权财富基金的跨品种套利提供基础。一方面，国家间的投资壁垒逐渐消失，以前由于战略利益或国家安全而对国外关闭的市场逐渐开放，甚至于敌对国之间也有了相互投资。另一方面，经济全球化带来更为广泛的投资品种。以前，巨额外汇储备很难找到美国国债之外的其他投资品种，而今天，基金经理们接触到很多以往没有看到过的东西，投资品种从传统金融产品，例如股票和债券等，转向很多新兴金融产品。

其次，经济全球化使得主权财富基金可以投资的市场区域大幅增加，为跨市场套利提供了便利。不同市场之间的收益率存在差异。经济全球化以前，主权财富基金只能投资于有限的地域，其收益对该区域的经济状况具有很大的依赖性。以东亚国家为例，过去，不少国家把其庞大的外汇储备投资美国国债，结果当美元进入贬值周期之后资金大幅缩水。现在，全球化程度提高，主权财富基金能够投资于他们认为具有增长潜力的发展中国家，进而受益这些高增长国家高速发展。同时，由于各个市场间的金融产品价格存在差异，为主权财富基金跨市场套利提供了便利。

（五）全球典型的主权财富基金

1. 大型主权财富基金的基本情况

石油出口国的主权财富基金是全球最早建立，同时也是规模最大的主权财富基金，

---

① 资源诅咒：是一个经济学的理论，多指与矿业资源相关的经济社会问题。丰富的自然资源可能是经济发展的诅咒而不是祝福，大多数自然资源丰富的国家比那些资源稀缺的国家增长得更慢。经济学家将原因归结为贸易条件的恶化，荷兰病或人力资本的投资不足等，主要由对某种相对丰富的资源的过分依赖导致。

② 荷兰病的起因是外汇流入造成当事国实际汇率上升。荷兰病的影响是削弱对外竞争力，使净出口减少，造成相关行业的就业人数减少。最终结果是，非资源型行业由于资源型行业所创造财富的增加而受害。

最初建立的目的主要是稳定石油出口价格以及为后代发展建立储备（见表 11 - 1）。2000 年以来，国际石油价格持续高涨，这直接导致中东等石油出口国以及俄罗斯的石油出口收入大幅度增长，最终使得以石油收入为主要资金来源的主权财富基金得到迅猛发展。

表 11 - 1　　　　大型主权财富基金的基本情况

	国家	公司名称	成立日期	资金（10 亿美元）	来源
中东和非洲	阿联酋	Abu Dhabi Invesment Authority	1976	875	石油
	沙特阿拉伯	众多分散	不详	289	石油
	科威特	Future Generations Fund. General Reserve Fund	1976	213	石油
	卡塔尔	Qatar Investment Authority	2005	50	石油
	阿尔及利亚	Revenue Regulation Fund	2000	43	石油
	利比亚	Libya Investment Authority	2007	50	石油
	哈萨克斯坦	National Oil Fund	2000	21	石油
	伊朗	Oil Stabilization on Fund	2000	9	石油
	合计			1550	
	新加坡	Government of Singapore Investment Corporation	1981	330	非资源
		Temasek Holdings	1974	108	
	中国	China Investment	2007	200	非资源
	文莱	Brunei Investment Agency	1983	30	石油
	韩国	Korea Investment Corporation	2005	30	非资源
	马来西亚	Hashan ah National	1993	19	非资源
	合计			717	
俄罗斯		Reserve Fund	2004	125	石油
		National Welfare Fund	2008	32	石油
发达国家	挪威	Norges Bank Investment Management	1990	380	石油
	澳大利亚	Future Fund	2006	54	非资源
	美国	Alaska Permanent Fund	1976	40	石油
	加拿大	Alberta Heritage Saving Trust Fund	1976	16	石油
	新西兰	Superannuation Fund	2001	10	非资源
	合计			657	
总计				2924	

资料来源：关雪凌、刘西：《全球主权财富基金：现状、原因与影响》，载于《中国人民大学学报》2008 年第 5 期。

表11－1统计的22个主权财富基金中，以石油为资金来源的有15个，掌控的资金达到2.28万亿美元，占全球主权财富基金总额的75.8%。此外，由于资源性产品价格的高速增长，智利、基里巴斯等国还建立了以铜、矿产为资金来源的国家主权财富基金。

事实上，主权财富基金中的平滑基金即属此种情况，平滑基金成立的初衷即有效地规避因石油、资源产品等价格的波动而产生的国家经济风险。基金像一个资金池，能够在资源产品价格上涨或者外汇流入增多时从国家外汇结余中获得一部分资金做补充；而在产品价格下降或者外汇储备下降时，则从基金中拿出一部分资金弥补国家外汇不足。

2. 各国主权财富的功能

从主权财富基金的发展历程来看，最初经济严重依赖于自然资源出口换取外汇盈余的国家，为了降低本国经济对自然资源出口收入的依赖，减缓自然资源出口价格波动对本国经济的影响，保障自然资源枯竭后政府有稳定的收入来源，利用本国自然资源的出口收入创建主权财富基金，进行长期的多元化投资，提高长期投资收益水平的稳定性和可持续性。比如中东、挪威和俄罗斯等产油国建立的主权财富基金。以下是对几个主要国家主权财富基金功能的简要概括（见表11－2）。

表11－2　　各国主权财富基金的功能

国家	主权财富基金	主权财富基金的功能
科威特	科威特投资局	科威特投资局在其国内经济中发挥着重要作用，它控制与管理着很多国内大型企业，为本地企业提供融资支持，促进与支持国内市场制度化建设等
新加坡	淡马锡控股公司	淡马锡的主要功能是对本国战略性产业进行控股管理的同时，提升新控股公司新加坡企业的盈利水平和长期竞争力
俄罗斯	石油稳定基金	稳定基金是俄联邦预算基金的组成部分，其基本功能是在石油价格低于其基础价格时用于保证联邦预算平衡，对经济起到保险作用。同时该基金还被赋予保证国内经济的稳定发展，消除流动过剩，降低通货膨胀压力，降低国内经济对原材料出口收入波动的依赖的功能，这意味着稳定基金不仅要发挥货币蓄水池效应，还应成为结构调整的有效工具之一
挪威	政府石油基金	将国家财富从地下的石油转变为多元化的金融资产，从而提高挪威经济的活力和创造价值的能力，避免出现“荷兰病”作为政府的预算缓冲，帮助政府平抑短期石油收入波动对经济的影响在代际间更公平地分配财富，使挪威政府有更雄厚的资源应对老龄化社会以及石油收入下降对养老金体系的挑战

3. 全球典型的主权财富基金

（1）新加坡主权财富基金——淡马锡控股公司。

淡马锡控股公司1974年由新加坡财政部全资组建，接受政府的财政盈余（但不是外汇储备）进行投资的公司。当时，正值新加坡建国之初，经济基础比较薄弱，私人资本投资能力有限，难以维持企业健康经营。在此背景下，淡马锡代表新加坡政府对国有企业进行控股管理，提升新加坡战略性产业的盈利水平和长期竞争力。目前，淡马锡总资产达到900亿美元，形成了其独特的集团化管控模式，由其直接参股的国有企业共23家，业务涉及金融、电力、电信、传媒、交通等各类基础设施，其中14家企业是淡马锡公司的独资子公司，7家是上市公司。上述企业的增加值占新加坡国内生产总值的13%，占市场总值47%，几乎主宰了新加坡的经济命脉。另外，淡马锡也积极拓展海外的投资项目。

淡马锡依照新加坡《公司法》和其他相关法律法规设立，始终代表政府管理国有资产，依靠产权纽带管理国有企业，拥有充分的自主权，按照商业原则，采取市场化方式运作国有资本，而政府在不直接参与的情况下有效实现其所有权。淡马锡设立的目标一是追求利润和股东利益最大化，二是采取积极的投资策略和灵活的资本退出机制，控股管理本国的战略性产业，着力于提升新加坡企业的盈利水平和长期竞争力，实现国有资产保值增值。淡马锡每半年向财政部递交一份下属子公司经营状况的报告。除非重大问题，它从不干预其控股公司的日常经营。

淡马锡下属私募股权投资基金（Private Equity Fund，PE）涉及的投资领域广泛，从早期公司到大型买断收购均有参与。公司拥有股权基金三类：①收购型与高增长资本基金；②科技创投基金；③生命科学创投基金。

淡马锡投资的市场主要分布在新加坡、亚洲其他国家和地区，以及OECD国家。在亚洲高速发展的时期，淡马锡积极投资于领先或具有潜力的亚洲企业；未来的8~10年里，公司计划拥有一个平分于新加坡、亚洲以及经合发展组织国家的平衡投资组合。公司不断寻找新的投资机会，在其风险收益框架内，创造最佳效益，达到对资本的高效运用。该公司不拘泥于长期投资或集中持股，视状况对股份进行购入、售出、交换、重组或精简，从而增加、保持或减少所有投资组合，包括淡马锡麾下企业中的股份。

淡马锡公司主要进行直接投资，类似于战略投资者。从设立至今，年均净资产收益率高达18%。自20世纪90年代开始，淡马锡利用外汇储备投资于国际金融和高科技产业，其最大的单个投资领域是金融服务业，其中商业银行成为投资战略的核心。公司投资涉及的行业共包括通讯传媒、金融服务、房地产、交通运输、能源、基础设施、工程技术和生物科技。其中最主要的三大投资领域金融服务、通讯传媒和交通运输，分别占总投资额的35%、26%和13%。

淡马锡的投资运作特点：①对不同类型企业采取不同监管方式；②投资主体与决策主体的分离；③集团管控，适时调整和更新对企业的管理模式。

（2）俄罗斯主权财富基金——石油稳定基金。

进入21世纪，随着国际油价不断飙升，作为石油出口大国的俄罗斯获得了大量石油美元。据估计，普京执政8年，俄罗斯仅石油出口收入就超过万亿美元。怎样管好用好这笔巨大的财富，在普京第一任期内就作为国家重要决策被提出。2003年12月23

日，俄颁布了专门的俄罗斯联邦稳定基金法，同时将该法并入《俄罗斯预算法典》，并于2004年1月1日建立了稳定基金。稳定基金主要由两部分构成：一是石油出口现实价格与基础价格之间的差额，以超额出口税和超额资源（石油）开采税两种方式收取；二是上一财政年联邦预算资金的剩余部分及稳定基金运作收益，其中超额税收收入是稳定基金的主要来源。稳定基金建立之初，俄产乌拉尔牌石油基础价格定为20美元每桶，自2006年1月1日起提高至27美元每桶。稳定基金总额的最低门槛为5000亿卢布（按当时汇率折算约合18亿美元），当累积基金总额超过5000亿卢布时可用于其他目的。由于实际油价远远高于预期基础价格，加上俄多次上调石油出口关税和资源开采税率，至2007年1月1日已达893.1亿美元。最初这笔巨大资金存入中央银行的卢布账户，在通胀率提高的条件下，基金面临贬值的压力，对此俄国内有观点认为，任其贬值不如向国外和国内经济投资。

俄罗斯政府于2006年4月21日颁布了《俄罗斯联邦稳定基金管理程序》政府令，提出基金的管理模式。管理程序规定，俄罗斯财政部为基金管理人，财政部与中央银行签订合同，联邦国库在俄联邦中央银行开设专门账户，由中央银行对基金进行运作，央行按合同规定对所使用基金支付利息。作为国家的战略储备，规定稳定基金的资产币种构成为：美元45%、欧元45%和英镑10%。实际外汇币种构成与规定币种构成的偏离幅度为：美元±5%、欧元±5%、英镑±2%。稳定基金可以用来购买外国债券，但为规避风险，所购债券的种类、购买额度、偿还期限等均由俄联邦政府根据国际评级机构的风险评级规定。具体为：

①基金可用来购买奥地利、比利时、芬兰、法国、德国、希腊、爱尔兰、意大利、卢森堡、荷兰、葡萄牙、西班牙、英国和美国等14个国家政府发行的有价证券。

②以上债券长期信贷能力评级水平不得低于惠誉公司和标准普尔公司的“AAA”级或穆迪公司的“Aaa”级。最低必须同时符合两家公司的相应评级。

③所购债券的偿还期限最短3个月，最长为3年。

④所购债券票面额不得超过一次发行债券票面总额的15%。

⑤一旦出现不符合上述要求的任何情况，必须在一个月内将所购债券卖出。

2008年2月1日，俄罗斯稳定基金一分为二，拆分为储备基金和国家福利基金，拆分后的投资策略：

①投资多样化。不仅可以购买外国主权债券，还可购买外国央行和金融局发行的公债，国际金融组织的债券，以及在外国银行和信贷组织存款。其安排比例为：80%投资于主权债券，15%投资于外国央行和金融局发行的债券，5%投资于国际金融组织的债券。

②扩大投资国和金融组织的范围。购买外国国债的国别调整为：奥地利、比利时、英国、德国、丹麦、爱尔兰、西班牙、加拿大、卢森堡、荷兰、美国、芬兰、法国和瑞典14国；购买其债券的国际金融组织为8家：亚洲发展银行（ADB）、欧洲委员会发展银行（CEB）、欧洲复兴开发银行（EBRD）、欧洲投资银行（EIB）、泛美发展银行

(IADB)、国际金融公司(IFC)、国际复兴开发银行(IBRD)、北方投资银行(NIB)。

虽然拆分后俄罗斯主权财富基金的投资策略趋于积极主动多样化，但是其短期内仍将奉行保守的投资战略。稳定基金建立4年来一直奉行稳健保守的投资战略，投资品种设计按照风险从低到高顺序逐步扩展，主要投资对象是有固定收益的低风险资产，特别是投资于那些获得“AAA”评级的外国国债。对于国家福利基金，尽管已提出向包括股票和其他风险性资产投资的目标，但从基金拆分比例和投资组合比例看仍属于保守的投资战略，这表明在国际金融动荡的大背景下，俄并不急于向那些回报较高的高风险资产投资，目前只是提出多元投资战略的初步设想。俄主权财富基金主管官员认为“目前的市场震荡也给我们上了一课，那就是我们必须在投资股票之前做好充分准备”。

二、中国主权财富基金的兴起与发展

进入21世纪以来，国际收支持续双顺差导致了中国外汇储备飙升，这一方面反映了我国改革开放以来经济实力的快速提升和加入全球产业链成为“世界工厂”所取得的重大成果，但另一方面也给我国的外部财富管理以及宏观经济调控提出了新的挑战。为了进一步深化外汇管理体制，实现国家超额外汇的保值增值，获取良好的长期投资收益，我国真正意义上的第一个主权财富基金——中国投资有限责任公司于2007年9月27日注册成立，这被视为中国外汇管理体制改革的标志性事件，是我国参与国际金融市场竞争，实行金融体制改革试验与“走出去”战略的大胆尝试。虽然成立时间相对较短，但中投公司目前已较好地完成了它的各项战略资产配置，包括投资平台和风险管理架构、治理结构和运行机制建设。在成长的过程中，中投公司努力学习和借鉴其他主权财富基金、大型养老基金的运作模式，同时聘请了世界上一流的财务、投资和法律等顾问公司，帮助其制定了一套审慎和严格的投资决策机制、内控机制和风险监控机制，实现了投资业务的稳步前行。

（一）中国设立主权财富基金的目的

1. 改变外汇管理模式，为我国巨额的外汇储备保值、增值

自从1998年亚洲金融危机以来，我国吸取了亚洲一些国家的经验教训，为抵御汇率波动给人民币带来的冲击，便认为大量的外汇储备可以干预外汇市场，防止汇率波动使本国经济陷入困境。加之近年来由于我国经济的高速发展，对外贸易在经常账户和资本账户一直保持着“双顺差”，外汇储备的规模不断攀升，从最近20年我国外汇储备趋势图中可以看出，20世纪90年代以来，其规模呈现出加速增长的态势，并在2006年底突破万亿美元，赶超了日本成为世界上外汇储备第一的国家。

然而面对巨额的外汇储备，我国货币管理当局不可避免的主要困难呈现在以下几个

方面：第一，由于我国的强制性结售汇制度，外汇占款的剧增必将引起基础货币存量的增加，进而造成我国国内流动性过剩，又会影响央行货币政策的有效性。第二，在我国央行的资产负债表上，外汇储备是作为资产项记载的，对应着本币负债。美元持续走低导致我国外汇储备严重缩水的同时，也增加了央行实际债务水平，进而恶化央行的资产负债表。第三，由于持有巨额外汇储备会造成国内资金的闲置，从而降低了资金的利用效率，再加上我国外汇储备绝大部分都投资于美国债券，在美元持续走低的趋势下，最终产生较高的机会成本。为更加有效地克服以上问题，就必须转变传统的外汇储备管理模式，在确保储备资产基本的流动性和安全性的条件下，将多出来的外汇储备用于成立一个专门的投资运营管理机构，为外汇储备寻求新的出路，提高我国巨额外汇储备的投资回报率，这样就迫切需要中投公司的设立。

2. 海外并购投资、支持国家战略发展

由于美国次贷危机的持续蔓延，加之欧洲债务危机的出现。既给中投公司海外市场业务造成危机，同时也带来了良好的发展机遇。危机方面主要表现在国际金融危机会使得国内金融机构海外投资遭受损失。机遇方面表现在，在全球经济危机下，国外金融机构和企业也将面临流动性枯竭、破产清算等急需流动资金的注入。目前我国的现实状况是国内储蓄大于国内投资，有效的解决方式就是利用闲余资金对海外进行投资。在结合我国产业结构状况，可以利用中投公司海外投资领域的不断拓展，特别是对国外资源类企业、高科技产业的投资，促进我国进行产业结构调整。

3. 缓减国内过剩的流动性

由于目前我国所实行的强制结售汇制，外汇占款的剧增必将引起基础货币存量的增加，进而造成我国国内流动性过剩，使得央行不能独立主导实现外汇储备的管理目标。然而在货币经济体系中，又要求央行具有独立的制定和执行货币政策的能力。在这种情况，我们就需要中投公司这样的特殊机构将目前由央行所执行的部分职能分离出来，利用外汇储备的投资来冲销外汇占款的货币政策职能。当前中投公司最重要的任务就是要弄清楚我国外汇储备的形成对央行货币政策的影响，斩断或降低因外汇储备增长所引起国内基础货币发行量的增加，以降低我国国内严重过剩的流动性，使我国央行能够自主有效地实施货币政策。

（二）中国投资有限责任公司产生的背景及组成

1. 中国投资公司产生背景

近十多年来，中国贸易顺差净值与外汇储备存量的高速增长引起了全世界的高度关注。1952 年我国所拥有的外汇储备仅为 1.39 亿美元，此后 26 年的时间里我国外汇储备仅增加了不到 3000 万美元，1978 年外汇储备存量仅为 1.67 亿美元。随着改革开放的逐步推进，我国外汇储备才开始有了较为明显的增长，到 1993 年外汇管理体制改革前已达到亿美元。1993 年底，《关于建立社会主义市场经济体制若干问题的决定》（以下简称《决定》）在中国共产党第十四届三中全会得以通过，《决定》要求积极探索改革国家外汇管理体制，逐步建立规范统一的市场化的管理浮动汇率制度，实现人民币资本项下的可自由兑换。此举极大地推动了我国金融市场对外开放的步伐，过去长期存在的外汇短缺问题以逐渐得以缓解。1994 年我国外汇储备增加了 50% 至 300 亿美元，1996 年更是超越了千亿美元。进入 21 世纪以后，我国出口贸易快速发展，顺差不断扩大，2006 年外汇储备越过 2 万亿美元关口，跃居世界第一。根据中国人民银行官网在 2017 年 6 月 7 日公布的 2017 年 5 月官方储备资产数据，截至 5 月末，我国外汇储备额度已达 30535.67 亿美元，相比 4 月增加 240.34 亿美元，此为连续第四个月上升。

庞大的外汇储备余额，一方面反映了我国改革开放以来经济实力的快速提升和加入全球产业链成为“世界工厂”所取得的重大成果，另一方面也给我国的外部财富管理以及宏观经济调控提出了新的挑战。在全球金融危机爆发前的 2007 年，美国 10 年期国债的收益率约为 5%，而外资在华投资（FDI）的平均年收益率则达到 22%。我们可以简单地用两个收益率的差额来衡量中国持有外汇储备的机会成本。中国一方面以贸易顺差获得的外汇换取较低收益率的债权，另一方面以高收益率的股权换得外商投资，这种收益率差达 17% 左右的“以债权换股权”的格局，将随着时间的持续而对中国国民福利形成不可估量的损失。与此同时，一旦美元等中国外汇储备主要货币的汇率出现明显贬值，我国外汇储备的国际购买力将大幅缩水，以人民币计算的资产损失将令人咋舌。当然，目前也有不少学界人士指出，不应用这种方法衡量外汇储备得失，但需要承认的是，巨额外汇储备在很大程度上的确会令持有国陷入一种左右为难的境地，如果想保持现状则导致机会成本和汇率风险继续累积，而大规模减持美元等外汇资产则又会导致外汇储备的缩水进一步加快。尤其值得注意的是，本轮全球金融危机爆发以来，美国国债作为当前全球主要的避险资产，受到市场资金的追捧，收益率不断下降，2011 年 9 月美国 10 年期国债收益率已跌破 2%，中国作为新兴市场经济体之一，在危机爆发后保持了较快的经济增长速度，成为全球经济复苏的重要引擎，外资在华的平均收益率仍相对较高，而美元汇率近年来持续下挫，目前人民币兑美元汇率已由 2006 年末的 8∶1 左右升至 6.35∶1。巨额外汇储备已成为中国经济金融稳定运行的一项重要风险。

此外，外汇储备持续飙升还可能引发国内流动性过剩、资产泡沫膨胀以及物价指数高攀格局的不断恶化。中央银行通过公开市场操作积累外汇储备的同时，往往也在向金融体系注入基础货币。在这一过程中，国内市场流动性将逐渐出现过剩状况，而在过剩资金的推动下，受到追捧的资产价格迅速上扬，通货膨胀指数也不断攀升。近年来，中国市场经济运行中已经出现了一些类似的迹象，虽然央行已经通过提高法定存款准备金率、发行央行票据和定向票据、利用特别国债实施回购操作、与商业银行进行货币互换等方式进行了冲销，但是随着冲销成本不断上升，这种方式最终将变得难以为继。

中国政府早已认识到巨额外汇储备存在的种种隐患，事实上，国务院早在 2006 年已组织各大部委成立了国家外汇保值增值工作小组，研究和协调相关问题。2007

年初召开了全国金融工作会，会议正式提出了强化超额外汇储备经营管理，开放思想，寻求外汇投资运用的新途径。在此背景下，为了进一步中国投资有限责任公司（China Investment Corporation，以下简称“中投公司”）得以成立。2007 年 6 月 29 日，全国人大常委会审议通过《国务院关于提请审议财政部发行特别国债购买外汇及调整 2007 年末国债余额限额的议案》，发行总额达 1.55 万亿元人民币的特别国债购买央行所持有的 2000 美元外汇，以此出资成立中投公司。公司于 2007 年 9 月 27 日注册成立，标志中国国家级主权财富基金的诞生。这是中国外汇储备多元化、多层次管理走出的重要一步，是从消极主权外部财富管理逐步走向以积极、主动为特征管理方式的尝试。

作为专门运用外汇资金开展投资业务的国有投资公司，中投公司的成立是中国外汇管理体制改革的一个标志性事件，也是中国金融体制改革全面深化的一个关键的开放性举措。中投公司通过各种组合进行对外投资，既有助于提高我国外汇储备资产的收益率，改变过去低效率投资带来隐形损失的困境，又有助于将存量外汇储备从央行的资产负债表中转出，缓解央行冲销压力以及由此引发的流动性过剩格局。从市场经济体制改革来看，中投公司的成立有利于进一步深化国家外汇体制改革对于拓展我国外汇储备运用渠道、提高外汇储备长期收益有着重要的作用与深远的影响。从宏观经济增长来看，中投公司的成立起到增加国民生产总值（Gross National Product，GNP）、维持国内经济问题、加速产业链整合升级等作用并且通过公司的投资行为协调外汇储备增长与流动性过剩之间的关系以减轻由国内资金供给过剩导致的资产价格与通货膨胀的压力。总的来看，作为一项制度试验中投公司的成立给中国经济金融的发展注入一针“强心剂”，自此中国金融对外开放发展掀开了新的篇章。

2. 中国投资有限公司的组成部分

中投公司总部设在北京，初始注册资本金为 2000 亿美元，截至 2015 年底资产总规模超过 8100 亿美元。中投公司的组建宗旨是实现国家外汇资金多元化投资，在可接受风险范围内实现股东权益最大化，服务于国家宏观经济发展和深化金融体制改革的需要。中投公司下设三个子公司，分别是中投国际有限责任公司（以下简称“中投国际”）、中投海外直接投资有限责任公司（以下简称“中投海外”）和中央汇金投资有限责任公司（以下简称“中央汇金”）[①]。

中投国际于 2011 年 9 月设立，承接了中投公司当时所有的境外投资和管理业务。2015 年 1 月，中投海外设立。中投公司的境外投资和管理业务分别由中投国际和中投海外承担。中投国际开展公开市场股票和债券投资，对冲基金和房地产投资，泛行业私募基金委托投资、跟投和少数股权财务投资。中投海外是中投公司对外直接投资业务平台，通过直接投资和多双边及平台基金管理，促进对外投资合作，力争实现投资收益的最大化。中投国际和中投海外均坚持市场化、商业化、专业化和国际化的运

① 中国投资有限责任公司官网。

作模式。

中投国际（香港）有限公司（以下简称“中投国际（香港）”）于2010年11月在香港成立，主要负责全球投资级公司债和香港股票两个投资策略组合。2015年12月，中投公司设立了纽约代表处，以开展区域经济及金融市场的研究工作，进一步加强与当地机构的交流合作。同时，根据公司组织架构调整需求，关闭了中投公司多伦多代表处。

中央汇金根据国务院授权，对国有重点金融企业进行股权投资，以出资额为限代表国家依法对国有重点金融企业行使出资人权利和履行出资人义务，实现国有金融资产保值增值。中央汇金不开展其他任何商业性经营活动，不干预其参股的国有重点金融企业的日常经营活动。

中投国际和中投海外开展的境外业务与中央汇金开展的境内业务之间实行严格的“防火墙”措施。

（三）中投公司的投资战略与管理

1. 投资原则和理念

中投公司的发展目标是建设成为稳健、专业、负责任和有声望的国际大型机构投资者。中投公司的投资活动秉承以下基本原则：

中投公司的投资活动基于商业目的，投资目标是在可接受风险范围内实现股东权益最大化；中投公司是财务投资者，不寻求对被投资企业的控制；中投公司是负责任的投资者，严格遵守本国和投资接受国或地区的相关法律、法规，积极履行企业社会责任；中投公司以研究和资产配置为投资驱动，稳健、审慎地进行投资决策，严谨、规范地开展投资活动。

基于对自身特征和投资管理的认识，中投公司坚持以下投资理念：

从总组合角度规划投资策略、开展资产配置和组合分析、进行组合管理，保证总组合的完整性、纪律性和稳健性；坚持长期投资者的理念，发挥长期投资者对短期市场风险承担能力强的优势，获取非流动性溢价；坚持风险分散化的理念，通过在各风险因子间的分散化投资，降低组合波动性，控制组合下行风险。

2. 投资决策

自成立以来，中投公司建立了科学、严谨、有效的投资决策体系。2015年，中投海外成立后，公司对境外投资管理架构作了相应调整，中投国际主要负责股票、债券、对冲基金、房地产投资，以及泛行业私募基金委托投资、跟投和少数股权财务投资；中投海外主要开展境外直接投资和多双边及平台基金管理。在此基础上，分设中投国际投资决策委员会（以下简称“中投国际投委会”）和中投海外投资与管理委员会（以下简称“中投海外投管会”），投资决策分别开展。同时，为进一步提高投资决策的效率和质量，明确项目管理权责关系，中投公司还颁布了相应的投资决策授权方案。

中投国际投委会和中投海外投管会分别按照公司董事会和执委会确定的方针，制定投资战略与政策、业绩与风险目标，并相应修改或制定了各自的投资管理制度与流程。中投国际投委会和中投海外投管会定期（或根据需要临时）召开会议审议相关投资部门提交的投资议案，独立做出投资决策。中投国际投委会和中投海外投管会的决定由相应的高管层、投资部门和团队组织实施。

3. 投资范围及类型

中投公司在全球范围开展投资，资产类别包括公开市场股票、固定收益、绝对收益、长期资产，以及现金产品（如图 11 –1 所示）。

图 11 –1　资产类别概况

资料来源：中国投资有限责任公司 2015 年年度报告，截至 2015 年 12 月 31 日。

2015 年国际金融市场呈现大幅震荡态势，全球股票指数下行，大宗商品价格、新兴市场资产深度下跌。全年 MSCI 股票指数下跌 2. 36%；高盛大宗商品指数下跌 32. 86%，原油、铁矿石价格分别下跌 36. 28%、37. 37%；新兴市场股票下跌 14. 92%，债券下跌 11. 15%。同时，美元大幅升值 9. 26%，非美元货币相对跌幅明显。面对严峻的国际经济金融形势，中投公司积极研究应对，审慎开展各项投资管理活动。

从图 11 –2 可以看出，首先是中投公司境外投资比重最大的就是公开市场股票，其次是长期资产、固定收益。公开市场投资方面，在 2015 年全球股市、债市均呈现大幅波动的背景下，公司审慎研究、积极应对。股权投资方面，进一步完善策略架构，优化管理人结构，调整增选了一批业绩良好且各具特色的外部管理人，从投资理念、风格等多个方面对超额收益来源进行了有效分散，同时积极控制投资成本，还完成了量化自营投资平台的搭建和测试工作。债券和绝对收益投资方面，进一步梳理和优化组合结构，对新兴市场国债进行了减配，对发达国债、美国综合债、机构抵押债的外部管理人进行了调整，深化投后监控管理工作，并开展了对冲基金与组合基金的优化工作。在自营建设方面，公司稳步发展自营投资，不断完善自营投资流程，强化自营投资能力，与委托组合管理形成相互补充和促进，多个自营组合建仓以来表现大幅超越基准。长期资产管理方面，面对全球资产收益预期下调、下行风险不断凸显的投资环境。

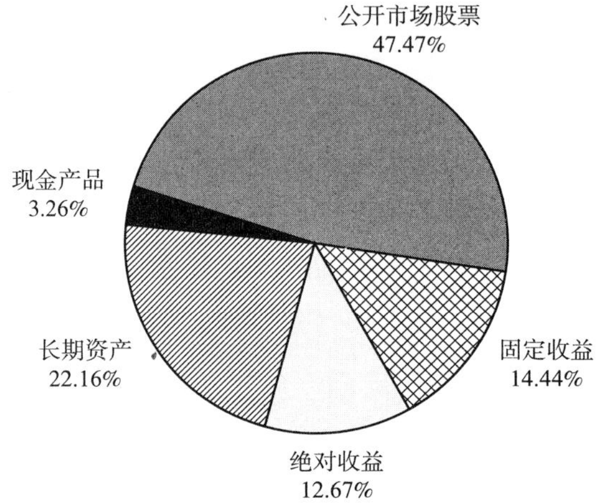

图 11－2　境外投资组合分布及比例

从图 11－3 可以看出，中投公司境外投资组合公开市场股票主要是投资于美国股票，用于购买美国国债，行情好，市场前景广阔。

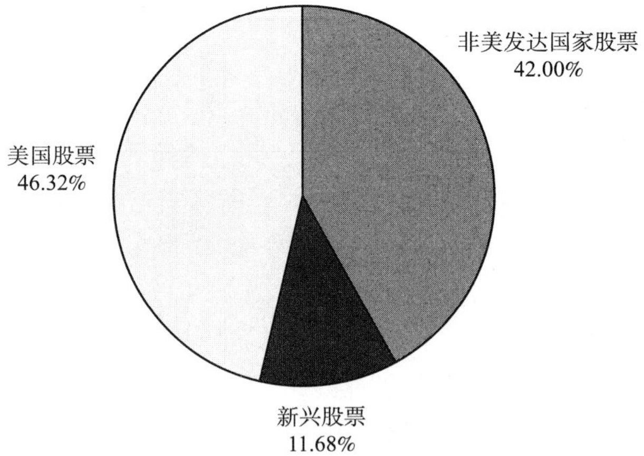

图 11－3　境外投资组合公开市场股票类型地域分布

图 11－4 告诉我们，中投公司在境外投资组合公开市场股票类型中，主要看中这几个行业：金融、信息科技、可选消费品以及医疗卫生等。

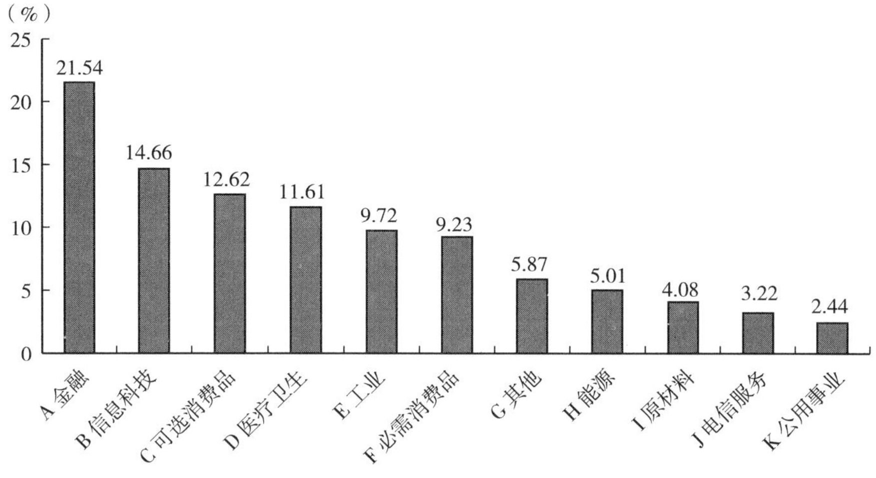

图11－4　境外投资组合公开市场股票类型行业分布

4. 投资管理与支持

一是根据公司业务发展需要和组织架构调整修订了投资决策制度和管理办法，规范投资管理体系，提升投资决策效能。同时强化落实投资项目督办工作，提升长期资产分析和投资管理水平。

二是推动多层次研究体系建设，强化投研合作与研究支持。密切跟踪研究国际经济、市场形势，并针对市场重点事件与投资活动面临的实际问题开展专题研究。积极探索整合内部研究力量，开展跨部门、跨资产、跨区域的市场讨论与研究协作，促进资源共享。

三是推进总组合管理期货通道建设，开展货币对冲、组合复制等实盘测试，完善总组合管理的配套机制。对被动组合实施精细化管理，探索新型股票指数研究，稳步开展借券业务，增加组合灵活性并降低管理成本。强化交易执行工作，稳妥扩展交易对手，建立量化交易目标与执行基准制度，控制交易成本，有效完成了大宗持股退出交易和外包组合转移工作。

四是大力推进运营体系建设，完成了投资运营架构优化方案、基础数据管理平台稳定上线运行、托管行/清算行评价体系建设等重点工作，并持续提高对公开市场投资业务的直通式处理能力，完善全流程运营支持。

五是制定《财务会计政策与规范》，建立了覆盖公司所有成本科目及财务管理全过程的“成本会计与支付管理系统”。强化预算执行与监控，加强对重点预算项目的管理。建立了以资产负债管理为核心的司库管理体系，优化流动性管理、现金保值增值管理和负债管理三大职能。不断完善管理会计工作，建立全成本分摊机制，开展成本效能对标工作。

六是为投资业务和企业管理提供全方位信息技术服务，进一步优化信息技术系统架构，积极推进包括组合分析与配置系统、自营实时系统、公开市场自营投资交易直通式处理系统、量化投资研发系统、风险业绩系统、投资管理系统等的建设与完善工作，持续提升系统支持能力。启动异地数据备份中心建设工作。

七是为投资活动提供全面的法律、合规与税务支持。密切跟踪研究各国监管法规重大问题及对公司业务的影响。持续跟进公司投资活动的合规监控，稳步推进合规体系建设，确保及时妥善识别、评估与管控相关法律与合规风险。

八是推进内审体制建设，认真开展投资项目审计和经济责任审计，组织开展公司及境外 SPV 年报审计。强化员工从业行为管理，加强防范利益冲突管理工作。

5. 投资业绩

2015 年，中投公司境外投资净收益率约为 -2.96%，自成立以来境外投资的累计年化净收益率为4.58%（如图 11-5 所示）。

	累计年化净收益率*	年度净收益率
2008年	-2.1%	-2.1%
2009年	4.1%	11.7%
2010年	6.4%	11.7%
2011年	3.8%	-4.3%
2012年	5.02%	10.60%
2013年	5.70%	9.33%
2014年	5.66%	5.47%
2015年	4.58%	-2.96%

图 11-5　境外投资组合投资业绩

注：* 累计年化净收益率和 2008 年业绩均从公司成立日 2007 年 9 月 29 日起计算。

中央汇金的收益水平取决于其控股、参股的金融机构的盈利水平。中央汇金控股、参股主要金融机构持股比例如图 11-6 所示。

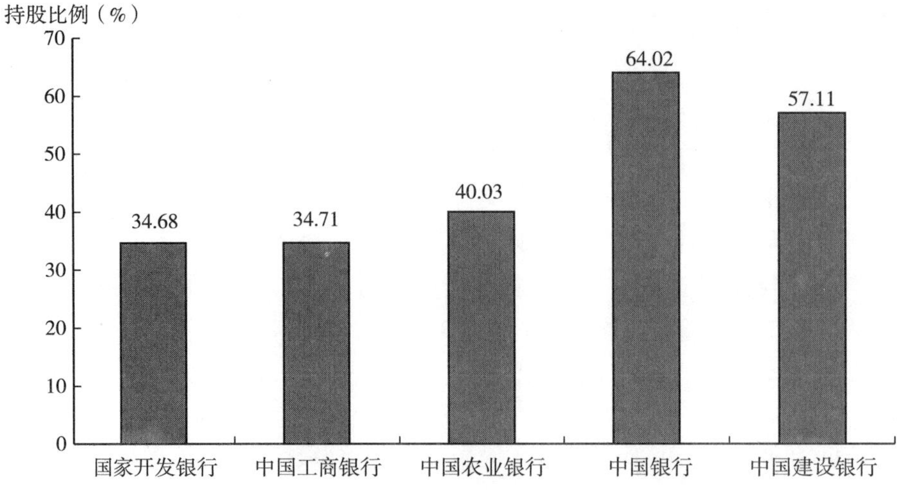

图 11-6　中央汇金控股、参股主要金融机构持股比例

（四）中投公司的海外投资状况分析

1. 中投公司海外投资状况

（1）黑石集团。

2007 年 5 月 20 日，还正在筹备中的中投公司与美国黑石集团达成亿美元的投资意向。6 月 22 日，美国黑石集团在纽约证券交易所上市，其发行价为每股 31 美元。而中投公司的购入价为每股 29.605 美元，持股比例 9.9%，并承诺四年内不予出售。

（2）中铁股份公司。

2007 年 11 月底，中投公司宣布将斥资 1 亿美元认购中铁 H 股，持股比例 2.6%，锁定投资期限为 1 年。中铁 H 股于 2007 年 12 月 7 日在香港联交所挂牌上市，全球公开发售 33.26 亿股 H 股，发行价格为每股 5.78 港元。

（3）摩根斯坦利。

2007 年 12 月，中投公司宣布购买 50 亿美元的摩根斯坦利发行的一种到期后需转为普通股的可转换股权单位，转换价格最高不超过参考价格的 120%；股权单位全部转换后，中投持有该公司的股份约为 9.86%。2009 年 6 月，中投公司基于对摩根斯坦利享有的优先购买权，且认为其股价偏低，于是又追加购买摩根斯坦利 12 亿美元普通股。

（4）澳大利亚房地产信托公司嘉民集团。

2009 年 6 月，中投公司宣布与澳大利亚麦格理银行一同，参与向澳大利亚房地产信托公司嘉民集团的融资计划。二者共同为嘉民集团提供 4.85 亿澳元资金，其中中投公司提 2 亿澳元。此笔融资计划将于 2010 年 2 月到期，并可延 15 个月。

（5）加拿大泰克资源公司。

2009 年 7 月，中投公司宣布通过其全资子公司福布罗投资有限责任公司，通过私募方式购买泰克资源公司 101304474 股次级投票权类股票。投资总额为 15 亿美元。

（6）中信资本。

2009 年 7 月，中投公司宣布同意斥 20 亿港元购买中信泰富旗下中信资本 40% 的股权。中信泰富的持股比率将从原先的 50% 稀释至 27.5%。此次是中投公司在中资资产管理领域的第一单。

（7）英国商业地产歌鸟公司。

2009 年 8 月，中投公司已同意与卡塔尔控股等组成财团，认购英国知名房地产商歌鸟公司增发的新股，以助其偿还高达 8.8 亿英镑的债务。中投公司持股比率为 19%，并获得 2 个董事会席位。

（8）外包投资。

中投公司在全球范围内寻找满足特定条件的基金管理公司和基金经理对其资产进行管理，即“外包”投资。目前中投公司已在以下四个领域进行外包：现金管理、固定收益产品、股票投资以及包括私募股权和对冲基金在内的另类投资。据悉，“外包”形式日后仍将是中投公司大部分投资所采取的形式，未来还将对新的投资领域进行管理人选聘。

2. 中投公司海外投资案例分析——黑石集团

黑石集团（Blackstone Group）是世界著名的金融咨询服务机构，由施瓦特曼和彼得森（Stephen Schwartman and Peter G. Peterson）于1985年创立，主要从事企业私募股权基金、房地产机构基金、（私人）对冲基金、优先债务基金、封闭式对冲基金。同时黑石集团还从事基金募集管理咨询、并购咨询以及其他金融咨询服务。黑石集团成立初期举步维艰，特别是在募集资金方面遇到了很大的困难。几经周折，黑石集团最终还是获得了保德储公司、美国保险集团共计1亿美元的注资。此后，黑石集团成立了第一只规模为8.5亿美元的基金，主要投资者包括通用汽车、大都会人寿在内的32家企业。

当时资本市场盛行敌意收购，黑石集团却不屑与此，坚持不采取敌意收购。同时，黑石集团特别注意人脉关系的培养，强化与相关企业的联系，这为日后黑石集团的发展打下了良好的基础。表11－3即为黑石集团收购的几个最成功的案例：

表11－3　　黑石集团著名的收购案例

投资日期	投资对象	投资金额	标的简介
2005年6月	Wyndham International	32亿美元	以现金加债务方式收购全球著名酒店
2006年7月3日	胜腾旅游分销服务子公司Travelport	43亿美元	
2006年9月	芯片公司飞思卡尔	176亿美元	
2007年2月7日	EOP	395亿美元	美国最大物业集团——权益写字楼投资信托公司
2007年7月	希尔顿酒店集团	260亿美元	全球最大酒店集团
2008年7月	兰德马克通信公旗下气象频道	不详	联合NBC环球和私募股权基金贝恩资本共同收购
2013年10月	文思海辉软件公司	不详	中国最大外包软件公司

黑石集团投资策略的最大特点在于成功上市后，逐渐从有限责任公司（LLC）转变为附有有限责任的合伙企业（LLP），同时宽松的信息披露制度、完善的内部管制制度、巨大的税收优惠等特点也有助于集团业务的进一步发展。

2007年5月20日，国家外汇投资公司（中投公司的前身）在黑石集团还未上市挂牌时就以30亿美元购买了占该公司总股本9.9%的无投票权的股权单位。由于其没有公司内部投票权，中投公司将在收益、财产清算的分配顺序等多方面获得补偿。在黑石集团IPO时，中投公司以每股29.065美元的价格购买了1.01亿股，并承诺持有期不少于四年，期限结束后，中投公司每年可以出售其1/3的股份。6月22日，美国黑石集团公司上市的第一天，收盘价为35.06美元，涨幅13.3%，使得中投公司的账面盈利高达5.51亿美元。然而好景不长，接下来由于在美国政府提高了利润分成税收，导致合伙企业的税负由15%提高到普通法人公司水平的35%，在这种政策调整下，黑石集团便在纽约交易所上市后呈下跌之势。此后又由于受到美国次贷危机的进一步影响，美国宏观经济衰退，股市狂挫，导致中投公司这笔投资在7月末浮亏高达5亿美元，接下来黑石集团股价不断下跌，到美国时间7月26日，黑石每股已不26美元，按照中投公司每股29.065美元的购入价，账面亏损达4亿美元左右。7月27日美国股市收盘时，黑石股价已经从首日上市时36.45美元，下跌至24.30美元。

2008年3月3日，黑石集团的股价再创新低，股价跌至14.58美元，导致中投公司账面浮14.63亿美元，从2008年3月到2008年10月期间，虽然有所波动，但始终没有突破20美元关口，随后一直呈下跌趋势，2009年2月16日时，黑石集团的股价跌至历史最低点，当日收盘价为3.96美元。与购买价格29.065美元比较，中投公司投资黑石的收益率已为－78.65%，账面亏损额约达25.356亿美元，中投公司于2008年10月初在公开市场操作，增持黑石股份12.5%，增持部分为具有投票权的普通股，2010年9月20日，黑石集团股价为11.50美元；2011年，中投公司依然持有黑石集团的股权，而此时账面亏损非常严重，其每股不到15美元。但是中投公司经过评估后认为黑石集团具有长远的投资价值，可以在解锁后长期持有上述股权。

在经历过数次反弹之后，黑石集团的股票于2013年底冲上了31美元，但由于全球经济复苏不及预期，黑石集团的股价震荡跌落。截至2016年6月11日，黑石集团收盘价为27.52美元每股，中投公司账面收益仅有8.9%。从黑石集团上市后的股价走势图的整体趋势来看，虽然看着有上升的趋势，但与中投公司29.065美元的购入价之间还有相当大的差价，短期内，扭亏为盈机会甚小。

2012年，黑石创建了Logicor，总部位于伦敦。目前，随着投资者和租户对欧洲物流仓库需求的增长，黑石以此为契机退出套现。位于伦敦的Logicor在欧洲17个国家拥有约1370万平方米的物流仓库，630个配送中心，其租户包括亚马逊、DHL Worldwide Express、宜家和可口可乐等。黑石集团原本计划让Logicor上市，但最终选择了出售，并在过去几周激进的推进竞标。相对于IPO，出售可能让黑石获得更高的价格并更快、更高效的套现。随着互联网购物的增长，物流仓库对主权财富基金和养老基金的吸引力与日俱增。据德意志银行2017年3月发布的《全球房地产战略展望》（Global Real Estate Strategic Outlook）报告显示，随着近年来欧洲传统零售商大力打造自己的在线业务，欧洲优质的仓库将在未来五年内每年平均回报7.6%，作为对比商场的平均回报率为6.4%，而办公室的回报率为5.2%。

2014年1月，中投公司斥资7.8亿英镑，从黑石手中购买了伦敦的Chiswick Park办公大楼。

2017年6月2日，美国私募股权公司黑石集团宣布，同意以122.5亿欧元（138亿美元）把旗下在法国、德国和英国等地拥有仓库的泛欧物流地产公司Logicor出售给中投公司。Logicor目前在整个欧洲拥有630多处地产，总仓储面积达到1300万平方米。据英国《金融时报》报道，这是欧洲有记录以来第二大规模的房地产交易，也是中国海外第四大收购。

中投公司已经成为中国最大的海外房地产买家，其物业版图横跨美国、欧洲、澳大利亚。中投公司资金来源于中国的国家外汇储备。近年来，该公司的投资标的从流动性高的美国国债更多地转移至了基础设施和房地产。

中投公司算得上是黑石集团的老伙伴了，相伴了这么多年，一直不离不弃。即使之前的投资确实有亏损，但是从黑石集团的股票走势图可以看到，黑石集团的股票大部分时间保持稳步上升，从2014年以后，股价稳定在26美元上下，甚至在2015年达到有史以来最高价38.65美元每股，从侧面可以反映出黑市集团的经营策略还是值得肯定的。笔者认为，中投公司投资黑石集团最终会是一个美好的结果。

参考文献

[1] 中国人民银行网站，2008年3月31日。

[2] 张明：《主权财富基金与中投公司》，载于《经济社会体制比较》2008年第2期。

[3] 刘昊虹：《我国主权财富基金投资的发展对策》，载于《经济导刊》2008年第4期。

[4] 金融博览，2007年第12期。

[5] 胡祖六：《什么是主权财富基金如何进行管理》，载于《财经》2007年第8期。

[6] 张明：《全球金融危机背景下中国主权财富基金投资行为的转变》，载于《国际经济评论》2010年第5期。

[7] 中国投资有限责任公司2015年年度报。

[8] 王姬芳：《中国投资公司对美国黑石的投资研究》，郑州大学硕士论文2013年。

[9] 刘学渊：《中国主权财富基金——中投公司投资运营研究》，北京交通大学硕士论文2016年6月。

[10] 穆丽娜：《“一带一路”背景下我国主权财富基金的投资策略与风险管理》，山东财经大学硕士论文2016年。

[11] 张启迪：《全球主权财富的发展与启示》，载于《金融博览》2017年第2期。

案例12：涉嫌证券欺诈的典型事件分析

证券市场中，证券内幕交易、操纵证券市场、进行地下信用交易、恶意欺诈客户、虚假陈述等不合理交易行为屡见不鲜，严重违反和破坏了公开、公平、公正的证券交易基本原则，扰乱了证券市场的正常运行，使投资者遭受损失。这些有违市场规律的操作行为通称为证券欺诈，是指证券经营机构、证券登记、清算机构及证券发行人或者发行代理人等在证券发行、交易及其相关活动中诱骗投资者买卖证券以及其他违背客户真实意愿、损害客户利益的行为①。

一、基金公司“老鼠仓”案例

老鼠仓（Rat Trading）是一种无良经纪对客户不忠的“食价”做法。具体指庄家在用公有资金拉升股价之前，先用自己个人的资金在低位建仓，待用公有资金拉升到高位后个人仓位率先卖出获利。② 由于证券从业人员先天具有信息优势，因此证券市场中的老鼠仓行为就像打牌时能看到对家底牌并随意出老千一样，不但违背了职业经理人的一般诚信原则，而是严重的职业操守问题，还涉嫌犯罪。因为这种行为本质上与诈骗无异，甚至可以等同于贪污、盗窃，它公然窃取了投资者的财富，辜负了投资者的信任。在中国股市中，老鼠仓的主角也一直在变化，20 世纪 90 年代所谓的“庄家时代”，老鼠仓的主角以券商工作人员为主，结果就是这些玩老鼠仓的个人赚得盆满钵满，而许多券商则被掏了个空。进入 21 世纪后，公募基金成了市场中最大的玩家，基金经理也成了老鼠仓的重灾区。但直到 2007 年，对上投摩根基金经理唐建的查处才正式揭开了基金业老鼠仓黑幕的冰山一角。而除公募基金外，私募基金、券商资管、券商保代、券商自营、保险资金、上市公司大股东、大户游资等实际上也都暗藏着不少老鼠仓。“老鼠仓”行为是属于内幕交易行为的一种，而内幕交易又肇端于证券欺诈。

（一）融通基金张野“老鼠仓”事件

融通基金经理张野，工商管理硕士，有 13 年的证券从业经验，历任杭州新希望证券投资顾问有限公司董事长、总经理，融通基金管理有限公司研究院，曾担任融通深证

① 赵琳：《论涉外证券欺诈的法律适用》，中国政法大学硕士学位论文 2009 年。

② 刘忠海：《中国证券市场“老鼠仓”的治理研究》，中国海洋大学硕士学位论文 2011 年。

100 指数证券投资基金基金经理。管理过融通巨潮 100 指数（LOF）和融通深证 100 指数，“老鼠仓”涉及基金有，融通新蓝筹、基金通乾、融通领先成长基金、融通行业景气基金[①]。其任职期间的管理业绩如表 12 – 1 所示。

表 12 – 1　　张野管理融通基金业绩

管理公司	产品名称	投资类型	任职日期	年化回报（%）
融通基金	融通深证 100	被动指数基金	2003. 9. 30	22. 11
	融通巨潮 100	增强指数基金	2005. 5. 12	30. 73

资料来源：搜狐基金网站。

2007 ~ 2009 年 2 月，张野利用任职融通公司基金经理职务上的便利，在参加融通公司投资决策委员会会议、基金晨会、投研例会、研究月度会、外部券商推介会及与融通公司基金经理、研究员交流的过程中，获取了融通公司旗下基金投资及推荐相关个股的非公开信息，通过网络下单的方式，为朱小民操作朱小民实际控制的红塔证券北京板井路营业部“周蔷”账户从事股票交易，先于张野管理的融通巨潮 100 指数基金等融通公司基金买入并卖出或先于融通公司有关基金卖出相关个股，为“周蔷”账户实现盈利 9398362 元，收取朱小民感谢费 200 万元[②]。以上违法事实，有融通公司及其员工提供的相关情况说明，当事人谈话笔录以及“周蔷”账户交易记录、下单 IP 地址等证据在案证明，足以认定。2006 年 12 月 ~ 2007 年 7 月，张野通过网络下单方式，操作其妻孙致娟的同名账户进行交易，涉及广宇发展、湖南投资、华东医药、莱钢股份、南玻 A、武钢股份、新中基、新湖创业、渝三峡 A、中创信测、中粮地产、中青旅和重庆啤酒等股票，为该账户盈利 2294791. 90 元[③]。以上违法事实，有当事人谈话笔录以及“孙致娟”账户交易记录、下单 IP 地址等证据在案证明，足以认定。

证监会于 2009 年 4 月对张野立案调查。中国证监会于 2009 年 6 月 19 日宣布，证监会已依法调查、审理完毕融通基金管理有限公司原基金经理张野违法违规一案，取消张野的基金从业资格，没收其违法所得约 229. 48 万元，并处 400 万元罚款，同时对其实施终身市场禁入[④]。

（二）景顺长城鼎益基金涂强“老鼠仓”事件

景顺长城鼎益基金经理涂强，生于 1969 年，南京大学经济学硕士，曾任职于长城证券有限责任公司，历任投资部投资经理、资产管理部投资经理、资产管理部副总经理，2005 年 3 月加入景顺长城基金公司。历任景顺长城鼎益基金基金经理、景顺长城

① 潘虹秀：《乱世中的基金经理》，载于《中国企业家》2009 年第 3 期。
② 郭烨莉：《券商风险案例引发的合规思考》，载于《中小企业管理与科技》2011 年第 2 期。
③ 孟庆栋：《基金内部人抢先交易及其法律规制研究》，中国政法大学硕士学位论文 2010 年。
④ 邱永红：《上市公司并购重组中的法律事务问题研究》，载于《证券市场导报》2009 年第 9 期。

景系列基金基金经理、投资部投资经理、资产管理部投资经理、资产管理部副总经理[①]。其任职期间的管理业绩如表 12－2 所示。

表 12－2　涂强管理景顺长城鼎益基金业绩

管理公司	产品名称	投资类型	任职日期	年化回报（%）
景顺长城基金	景顺长城货币 A	货币市场型基金	2006. 9. 18	2. 73
	景顺长城优选股票	普通股票型基金	2006. 9. 18	27. 46
	景顺长城动力平衡	平衡混合型基金	2006. 9. 18	30. 15
	景顺长城鼎益（LOF）	普通股票型基金	2006. 3. 17	64. 33

资料来源：搜狐基金网站。

2006 年 9 月 18 日，涂强担任景顺长城景系列开放式基金的基金经理（2009 年 3 月 11 日任景顺长城鼎益股票型证券投资基金的基金经理）起至涂强违法行为的发现时间 2009 年 8 月 20 日，涂强等人通过网络下单的方式，共同操作涂强亲属赵某、王某开立的两个同名证券账户从事股票交易，先于或与涂强管理的动力平衡基金等基金同步买入相关个股，先于或与动力平衡基金等基金同步卖出相关个股，涉及浦发银行等 23 只股票，为赵某、王某账户非法获利 379464. 40 元[②]。调查发现，涂强提供了赵某、王某账户的部分交易资金，是该两个账户股票交易获利的受益人。涂强利用任职优势获取了景顺长城旗下多只基金投资股票的未公开信息，操控赵某、王某账户，先于或与涂强管理的基金及其他有关基金同步买卖相同股票。以上事实，有景顺长城提供的相关情况说明，景顺长城会议记录，当事人询问笔录，相关基金和赵某、王某账户股票交易记录，赵某、王某账户股票交易下单电脑 MAC 记录以及下单交易 IP 地址等证据在案证明，足以认定。

证监会于 2010 年 7 月 29 日宣布，证监会已依法调查、审理完毕景顺长城鼎益原基金经理涂强违法违规一案，取消涂强的基金从业资格；没收涂强违法所得 379464. 40 元，并处以 200 万元罚款；同时对其实施终身市场禁入[③]。

（三）国海富兰克林基金黄林“老鼠仓”事件

国海富兰克林基金经理黄林，生于 1975 年，毕业于中国人民大学国际企业管理专业，之后获得中央财经大学金融学硕士。历任湘财荷银基金研究部行业研究员，国海富兰克林基金研究研究部行业研究员，从 2007 年 3 月起管理国海富兰克林中国收益基金，2010 年 3 月 29 日起被增聘为国海富兰克林中国收益基金的基金经理[④]。其任职期间的

---

① 刘永刚：《老鼠仓潜规则》，载于《中国经济周刊》2009 年第 46 期。

②③ 王祥胜：《首例老鼠仓入刑案追踪》，载于《理财》2011 年第 8 期。

④ 孟庆栋：《基金内部人抢先交易及其法律规制研究》，中国政法大学硕士学位论文 2010 年。

管理业绩如表12－3所示。

表12－3　　黄林管理国海富兰克林基金业绩

管理公司	产品名称	投资类型	任职日期	年化回报（%）
国海富兰克林	国富中国收益	偏债混合型基金	2007.3.20	5.80

资料来源：搜狐基金网站。

2007年3月～2009年4月，黄林在任中国收益基金的基金经理期间，利用职务便利及所掌握的基金投资决策重要信息，操作其控制的汉唐证券上海武进路营业部（现信达证券上海四川北路营业部）荆某账户，先于或同步于自己管理的中国收益基金买入并先于或同步于该基金卖出相同个股，涉及宁波华翔等股票8支，亏损54000.04元[①]。除上述抢先交易行为外，2009年10月30日，黄林将国富基金将要重仓买入个股的信息泄露给黄某，并明示黄某以当前价位买入。以上事实，有国富基金、营业部提供的情况说明，中国收益基金的交易以及荆某账户的下单记录、相关MSN记录等证据证明，足以认定。证监会于2011年4月11日宣布，证监会已依法调查、审理完毕国海富兰克林基金管理有限公司中国收益证券投资基金原基金经理黄林违法违规一案，取消黄林的基金从业资格，对黄林处以30万元罚款，同时对其实施10年市场禁入[②]。

（四）博时精选股票基金马乐"老鼠仓"事件

博时精选股票基金经理马乐，生于1982年，清华大学公共管理硕士，2006年加入博时公司，历任研究员、公共事业于金融地产研究组主管兼研究员、特定资产投资经理，2011年起担任博时精选股票基金基金经理[③]。其任职期间的管理业绩如表12－4所示。

表12－4　　马乐管理博时精选股票基金业绩

管理公司	产品名称	投资类型	任职日期	年化回报（%）
博时基金	博时精选	偏股混合型基金	2011.4.12	－7.34

资料来源：搜狐基金网站。

2011年3月9日～2013年5月30日期间，被告人马乐担任博时基金管理有限公司旗下的博时精选股票证券投资经理，全权负责投资基金投资股票市场，掌握了博时精选股票证券投资基金交易的标的股票、交易时间和交易数量等未公开信息。马乐在任职期

① 张莹莹：《基金硕鼠"列传"》，载于《理财》2014年第10期。

② 《基金老鼠仓大盘点》，载于《股市动态分析》2014年第9期。

③ 肖岳：《马乐：国内最大"老鼠仓"》，载于《法人》2014年第2期。

间利用其掌控的上述未公开信息，从事与该信息相关的证券交易活动，操作自己控制的“金某”“严某甲”“严某乙”三个股票账户，通过临时购买的不记名神州行电话卡下单，先于（1~5个交易日）、同期或稍晚于（1~2个交易日）其管理的“博时精选”基金账户买卖相同股票76只，累计成交金额人民币10.5亿余元，非法获利人民币19120246.98元。2013年7月17日，马乐主动到深圳市公安局投案①。上述事实，有博时精选股票交易流水账单，金某、严某甲、严某乙三人的证券账户交易流水账单，金某、严某甲、严某乙账户情况说明及开户资料，博时基金管理公司人事调整通知，关于基金经理注册通知，基金经理授权表，博时基金管理公司出具的《关于博时精选基金投资指令下达人的说明》，博时精选基金投资指令记录，中国证券监督管理委员会出具的《马乐利用未公开信息交易案案情说明》《关于马乐涉嫌利用未公开信息交易案有关问题的认定函》，中国证券监督管理委员会深圳监管局出具的《关于马乐涉嫌利用未公开信息交易股票案情况的函》《马乐涉嫌利用未公开信息交易股票案案件调查终结报告》，协助冻结财产通知书，马乐书写的《关于主动退缴非法所得的申请书》，深圳市公安局经济犯罪侦查局出具的《投案经过》《马乐投案自首的认定》，李某某的《员工入职表》，马乐出差记录等书证，证人金某、严某甲、严某乙、李某某、曹某等人的证言及被告人马乐的供述等证据证实。② 处罚结果：终审判处有期徒刑3年，缓刑5年，没收违法所得19120246.98万元，并处罚金1913万元，证监会对其实施终身市场禁入。

（五）案例的解读

如上所述，四个基金经理“老鼠仓”案例存在其共同点，也各有各的特点。共同点是这些基金经理都有着良好的教育背景，都经过长期的奋斗才走上了基金经理的位置。在案例中他们都是利用自己的职务便利接触到各种非公开信息，并且利用这些信息，通过操纵自己控制的他人账户先于或同期于管理的基金买入或卖出股票，来获取非法利益。但他们建还存在着一些不同，张野案中张野不仅自己操纵账户违规买卖股票，还将未公开信息泄露给他人进行证券交易；黄林案中黄林进行内幕交易的结果竟然是亏损，但这并不影响对他的行为认定，并且他也存在着将未公开信息泄露给他人的行为；马乐案中马乐先后购买了十几张不记名电话卡，用于电话下单，而且他操纵的股票账户全是他人名字，与此前的老鼠仓相比，马乐的操作手段无疑更加隐蔽，同时马乐也是上述例子中唯一被判处刑事处罚的，因为他的行为发生在2009年《中华人民共和国刑法修正案（七）》颁布之后，利用未公开信息交易罪入刑③。

总体而言，基金经理“老鼠仓”事件频发的主要原因有以下几点：首先，基金经理独特的投资优势，决定了其对信息的独享性。由于基金经理掌握着较多的资源，诸如股票池、仓位调整、资金等，从一定程度上影响着股票的变动。基金经理一时的疏忽大意，或降低对自己的要求，就有可能会造成信息流失。其次是公司治理结构的问题，因

---

①③ 彭飞：《马乐：惊动最高检的股票基金经理》，载于《法人》2015年第3期。

② 肖岳：《马乐：国内最大“老鼠仓”》，载于《法人》2014年第2期。

为现在很多基金公司股东绝大部分都是国有企业，这些国有企业总体任期制才三年至五年，基金经理频繁变动，难免使经理们追求短期。再次，这一现象至少暴露了基金公司存在用人失察、内部风险控制失灵、投资者风险警示机制失灵等三大问题。最后，尽管近年来“老鼠仓”频现是监管层运用大数据监察的结果，但也凸显监管层坚决执法的决心。

1. 理论根源

基金经理“老鼠仓”事件归根结底属于通过内幕交易进行证券欺诈行为，内幕交易直接造成了信息在不同信息使用人间的不对称传递，使宏观股市信息结构和微观投资行为发生巨大变化，从而对证券市场的资配置功效和交易者公平对待产生削弱。

最早提出内幕交易概念是1856年，当时英国发生了关于内幕交易的案例，而后1891年美国也出现了涉及内幕交易的衡平法判例。在后来的司法实践中，资本市场内幕交易的案例可谓是数不胜数，但对内幕交易的概念各国和地区都有不同的说辞，如台湾学者认为，内幕交易乃指“关于有价证券发行公司的影响投资人投资判断之消息，亲自参与其发生，或处于易于知悉之特别地位的人，知悉该消息，而在该消息公开之前，对该有价证券为交易之行为[①]。”在中国大陆相关的法律法规中，对内幕交易的界定为内幕人员或其他非法获取内幕信息的人员，以获取利益或减少损失为目的，自己或建议他人、或泄露内幕信息使他人利用该信息进行证券发行、交易的活动[②]。虽然，对构成内幕交易的要素等方面还没有达成统一，但对其基本的结论是一致的：内幕交易首先必须有交易对手方和出售方，完成证券交易的相关行为。并且内幕交易涉及内幕信息人包括直接内幕信息人和间接内幕信息人，这些人直接或是间接得知内幕消息。交易双方缺乏信息的对等性和交易条件的同等性。同时，内幕交易发生的场所不限于证券交易市场，还包括场外交易。

在内幕交易行为中，对信息资源的滥用乃是其在全世界范围内所呈现的共同特征，但是由于我国的历史文化、经济社会以及法律制度的各种因素的影响，内幕交易在我国还呈现出与其他国家不同的现状和特点。第一，内幕交易行为的普遍性与隐蔽性在证券市场上普遍存在，从事内幕交易时使用非个人及他人账号的情况比较常见。第二，内幕交易的稽查和取证过程是非常困难。第三，内幕交易的主体包括了公司的内幕人员、大股东和高级管理人员，很多情况是内幕信息人直接利用所掌握的内幕信息进行证券交易。第四，内幕交易与其他违法行为相互结合。在证券市场上，内幕交易并不是完全独立的，往往和市场操纵、信息披露等其他形式的违法行为共存，不少上市公司及其内幕人员与操纵股价，形成了较为复杂的证券违规形态[③]。内幕交易者利用内幕信息转变为公开信息前的时间差进行交易并阻碍其如期披露，是为不公开又凭借其非凡地位，通过便利渠道获取信息，并以此与不知情的投资者交易，有悖于公平竞争公平交易的行为准

① 周美芹：《论证券市场的证券欺诈行为》，载于《法制与社会》2001年第4期。

② 张心向：《我国证券内幕交易行为之处罚现状分析》，载于《当代法学》2013年第4期。

③ 何青、房睿：《内幕交易监管：国际经验与中国启示》，载于《经济理论与经济管理》2013年第3期。

则，是为不公平一个公正的证券市场应是信息畅通、完全竞争的市场，所有的投资者都处于“同一起跑线”上，平等、高效、充分地获知信息参与交易或竞争，内幕交易使少数交易者凭借其特权地位牟得暴利，更与“公正”原则背道而驰。因此，禁止内幕交易是公开、公平、公正的证券交易基本原则的必然要求。

2. 解决对策

规避和减少资本市场中的内幕交易问题，必先从严格有序的监督和管理角度进行规范，监督和管理方式通常分为事前预警阶段、事中监督阶段和事后管理阶段三步进行。

（1）事前预警阶段。严格执行证监会和交易所关于信息披露的各种规章和指引信息是证券市场的根本。真实、准确、完整的信息没有及时披露，被少数别有用心的人利用，就转变成内幕消息。2007 年 2 月中国证监会公布的《上市公司信息披露管理办法》规定“披露义务人应当真实、准确、完整和及时地披露信息，不得有虚假记载、误导性陈述或者重大遗漏”[①]。对于有关信息披露的管理，证监会、交易所等出台了很多制度、指引和通知。在配套机制方面，证监会已建立信息披露与市场监管联动，非现场监管与现场监管、常规检查与立案调查联动机制。针对二级市场出现的信息披露和股价异动密切关联问题，证监会、证券交易所和证监会地方派出机构“三位一体、分工协作”，信息披露监管、市场监察、立案稽查等各部门保持监管信息共享和及时传递，建立多层次联动机制，实现快速反应。

建立信息隔离监管制度。建立信息隔离监管制度就是要在证券分析师、基金经理、投资银行部门等之间建立信息隔离制度。我国在证券法 136 条和《证券公司内部控制指引》等部门规章中有对部门业务隔离和“防火墙”规定，但约束性不强，特别是在新的市场环境下，需要尽快统一制度，给予系列参考国外经验，对分析师建立静默期间、公开路面和关联账户的醒目的约束[②]。以第三方独立监管为契机，建立账户规范清理年审制度。内幕交易者要想最后获利出局，一个必备的条件就是掌握多个账户，再大量交易或对倒。如果掌握了账户的真实情况，就能在稽查中获得明了的线索，让“庄家”行踪暴露无遗，取证容易很多。目前各券商正利用银行客户资金三方存管业务，对历史已有的代理关系不明确、虚拟开户、身份对应不一致等不规范账户进行彻底的清理，可以在此基础上，建立账户规范清理年审制度，让每一个账户的真实，都处于监管之下。设定内幕消息甄别的标准，并开发相应的程序控制软件，对有嫌疑股票提前关注介入类似于期货中的程序交易一样，充分考虑内幕交易发生条件和二级市场对应股价表现，设立能监控的参数，一旦市场上某只股票的价格达到系统内设的标准，监管部门就需要及时暗中提前介入，第一时间掌握交易账户的情况，核实上市公司有关基本面的消息。

（2）事中监督阶段。赋予交易所更大的交易监控权利和信息披露检查权，目前深沪交易所已经建立了针对复牌、首发上市等阶段对股价异动的盘中停牌、强制停牌等手

---

① 朱谦：《上市公司突发环境事件信息披露的重大性标准探讨》，载于《法治研究》2012 年第 3 期。

② 林楠：《中国证券公司内部控制制度的再造和完善》，载于《西南金融》2013 年第 4 期。

段，直接变相冻结了内幕交易者的所有资金股票，锁定了身份。在此基础上还可以考虑实现“实时监控、实时询问、及时披露”，如发现媒体报道、市场传闻，或上市公司股价连续异动，将及时询问公司及其控股股东、实际控制人，采取现场检查、采取询问交易席位、市场监控等措施，必要时可向市场公布有关情况等措施。提升如当天电话提醒，要约谈话，风险提示书、媒体公开信息等手段的力度①。强化合理怀疑机制，及时报告证监会并对其立案稽查。对不能充分举证不存在内幕交易行为的，证监会和交易所将在审核中实行冷淡对待。

利用反洗钱法规定，在交易中对大额交易予以监控和必要的限制委托方式措施在证券市场洗钱，第一种是通过二级市场买卖证券，第二种是非法资金注入上市公司参与重组，然后再抽走②。在第一种情况中，根据内幕交易使用者操作股价行为特点，其虽然不会在一个账户上成交很大的资金，但特别是待账户都一一对应以后，可以考虑凡成交在单笔一定金额以上的交易，都需要固定委托方式，并由券商上报日常监管机关，必要时，可对大额交易只能予以现场交易委托或其他能核实身份的委托方式，让内幕交易者完成股票操作的成本增加，身份暴露。加强和媒体合作，正确引导投资者的风险教育，加大对内幕消息的负面报道力度。很多新入市的股民因为没有股票投资知识，所以一味探听所谓消息，而各大媒体的证券财经版成为股民每日投资的信息主要来源，这些报道对股民的影响很大，可以充分利用与媒体合作的力量，正确引导投资者的风险教育，加大对内幕消息稽查和炒消息亏损的负面报道力度，让投资者对内幕消息产生戒心和警惕。充分利用社会各种资源共同发现内幕交易。由于内幕交易的隐蔽性，使得内幕交易的稽查非常困难，同时制止内幕交易需要耗费大量的社会资源，因此，我们不能指望光依靠政府部门的监管就可以彻底消灭内幕交易。内幕交易对股市、上市公司、投资者都产生了很大危害，所以可以充分利用各种社会资源来共同打击内幕交易，形成有效威慑内幕交易违法行为的社会效应。

（3）事后管理阶段。法律上加大处罚力度，让内幕交易者付出惨重的成本代价。首先，在法制层面上，除了应用刑法惩处内幕交易参与者外，还应建立惩处内幕交易的民事赔偿制度。目前我国证券立法没有建立明确的内幕交易民事责任制度，使得内幕交易的受害者无法获得充分的补偿，无法有效保护投资者的合法权益。我国《证券法》对内幕交易的处罚也只是没收违法所得和处以罚款，相对于内幕交易者获得的巨大利润，经济处罚的力度和手段难以达到预期的防范目的。为了更有效地制裁内幕交易，预防与遏止内幕交易行为的发生，可以通过民事责任的方式动员广大投资者来参与对内幕交易的监控，这样可以节省执法机构的人力、物力和财力，又能有效地加强对证券市场的监管。我国近几年针对股市内幕交易已经制定了相对完善的法律制度，内幕交易罪已经进入了《刑法》，但是要想使法律产生威慑力，就必须有法必依，执法必严。

建立高额的举报制度。高额奖励成为促成全民监管的有效措施，在奖励制度刺激之

① 何青、房睿：《内幕交易监管：国际经验与中国启示》，载于《经济理论与经济管理》2013 年第 3 期。

② 高冬成：《谁操纵着这场资本游戏?》，载于《IT 时代周刊》2005 年第 1 期。

下，社会公共的力量都被动员起来加入监管，很多律师会主动通过专业研究来判断是否存在违规交易嫌疑，进而积极举报知道违规操作内情的人员也可能因为奖金巨大而主动揭发违规交易，从而从源头上遏制了“老鼠仓”行为的泛滥。在股市中能够对内幕信息知情人都建立一个诚信档案，并把诚信档案通过网络的形式公布于众。内幕人员一旦发生什么违规行为，就把该行为记录在诚信档案中。[①] 当投资者要对某个上市公司进行投资时，可以查看公司相关人员的诚信档案，如果发现公司内幕知情人员诚信度比较低，投资者可以拒绝投资。当一个上市公司在进行人员招聘时，为了维护自己公司的信誉，就会拒绝聘用诚信度差的人员。采取某种方式在社会中形成一张诚信大网，会增大内幕人员从事内幕交易的诚信成本，降低内幕人从事内幕交易的概率，维护股市公平、公正、公开的“三公”市场原则。

二、蓝田公司神话破灭案例

蓝田股份有限公司善于解读国家政策扶持导向，顺应政策时局，利用支持农业产品化的良好愿景和政策，实现了欺骗广大股东和社会大众的目的。蓝田股份有限公司还拥有一群甘愿跟随做假账的管理者和员工，他们共同炮制了流光溢彩、非常令人心动的年报、中报、配股说明书、上市报告书、招股说明书以及其他对外报告，从而塑造了蓝田虚假繁荣的神话，欺骗了市场和投资者。

（一）“蓝田公司欺诈”事件

蓝田股份有限公司成立于 1992 年，在最初成立的几年里，公司的主业并不突出，直到 1993 年，蓝田股份有限公司下属的洪湖蓝田水产品开发有限公司成立，产业结构转变为经营农副水产品种养、加工和销售。1994 年 8 月，蓝田的 1828 万国家股划归农业部持有，农业部成为蓝田股份的第二大股东。[②] 凭借农业部背景这个行政杠杆，蓝田最终撬开资本市场的大门。农业部将 3000 万股上市额度给了蓝田，1996 年 6 月 18 日，蓝田股票在上交所挂牌交易，号称“中国农业第一股”[③]。蓝田股份的上市成本不高，没有为上市而剥离大量债务和冗员，轻装上市。而且，蓝田股份有优惠政策扶持。其农业产业基地又在物产丰富的洪湖边上，人力成本也相对低廉，还是蓝田创始人瞿兆玉的老家。加之上市融资 2.4 亿元。蓝田可谓占尽天时地利人和，极有可能成为一家具有持续竞争力的上市公司。正因为如此，在蓝田股份的招股说明书中，董事长瞿兆玉抛出一个雄心勃勃的计划，4 年内销售收入达 10 亿元，年税利超过 2 亿元，此时，蓝田股份年销售额仅 3 亿元，年税利仅 3200 万元。从蓝田股份成功上市融资，瞿兆玉领悟到资本市场的力量。他从 1987 年创业到 1996 年上市，整整 9 年时间，公司资产总额仅有 2.77

---

① 张莹莹：《基金硕鼠“列传”》，载于《理财》2014 年第 10 期。

② 陈琇：《从蓝田案探讨中国财务报表品质》，载于《产业经济研究》2003 年第 3 期。

③ 何涛：《与神话较量的人——刘姝威与蓝田股份的事件说明了什么》，载于《发展》2002 年第 5 期。

亿元，净资产仅1.72亿元。而一次上市融资就达2.4亿元①。

由于国家政策对农业的大力扶持，1997年，上市刚满1年的蓝田股份再次获得融资资格，按照每10股配1.5股的比例进行配股，由于当时的蓝田流通盘只有6000万股，此次共募集资金1.1亿元。再次融资的成功，强化了瞿兆玉借助资本市场实现超常规发展的意识。只要把资产规模做得越大，把"中国农业第一股"的金字招牌做得越响，融资机会越大，融资越多则规模扩张越快②。

蓝田股份上市后，每年都要上新项目，瞿兆玉把摊子铺得很大，除了每年都要上新的种养殖项目，而且对产业基地周边地区薄弱的基础设施进行了大量投入。截至2001年，蓝田在瞿家湾共建厂房12万平方米、水泥路46公里、11万伏高压变电站1座、电视电话插转台2个、10万吨级水厂1座、教学楼和科研楼各1座。大兴土木确实为蓝田股份带来美誉。1998年，湖北省一位主要领导在《湖北日报》上发表题为《把蓝田这面农业产业化的旗帜举起来》的文章。地方政府的有力支持，更增加"中国农业第一股"的含金量。③ 大规模的扩张需要大量的资金，蓝田当然寄希望于通过配股进行直接融资。但按照规定，每次配股与上次配股至少间隔1个财年，当配股融资无法支撑扩张时，瞿兆玉启动另一个融资杠杆向银行贷款。1997年配股时融得1.1亿元，因为盘子不大。据规定，公司配股总数不得超过其股本总数的30%。要想多配股只有将总股本做大。1997年和1998年，蓝田股份连续两年以1∶1的比例实施送股。截至1999年，蓝田的总股本由上市时的9696万股猛增到4.46亿股④。

股本是上市公司最珍惜的资源，但蓝田已经不顾一切。随着股本的增大，公司业绩将随之稀释。而业绩的优劣同样会影响到公司的配股资格。据规定，申请配股的公司，最近3年的净资产收益率必须保持在平均10%以上，方能获得批准。因此，盲目增大股本对上市公司而言无异于饮鸩止渴。为了多配股来减轻债务压力，以送股方式猛增股本，但业绩被摊薄有可能使配股受阻。但令人惊奇的是，1997年蓝田股份以1∶1的比例送股后，每股收益为0.64元，比1996年高出0.03元；这就意味着1997年蓝田股份的收益比上年增长1倍多。1998年蓝田股份再次以1∶1的比例送股后，每股收益竟高达0.81元，又比上年增长1倍多。蓝田股份是否具有如此高的成长性，水产品要实现规模效益就不是一朝一夕所能实现，当蓝田股份无法满足报表上的业绩增长时，蓝田总公司替蓝田股份支付了近2亿元巨额广告费⑤。除了母公司为子公司输血外，剩下的手段就只有造假，蓝田股份账面资产猛增，业绩猛增。如果蓝田股份的配股能够如愿进行，其神话还会继续下去。当蓝田再次提出配股申请时，一桩陈年旧案成为蓝田的滑铁卢。

1999年5月，蓝田股份再次向证监会提出配股申请，此次的配股比例为10配3，

---

①② 何涛：《与神话较量的人——刘姝威与蓝田股份的事件说明了什么》，载于《发展》2002年第5期。

③ 陈琇：《从蓝田案探讨中国财务报表品质》，载于《产业经济研究》2003年第3期。

④ 殷越：《论蓝田股份审计失败的案例分析及启示》，载于《中国外资》2013年第3期。

⑤ 宋夏云：《蓝田失败案例研究》，载于《中国内部审计》2005年第3期。

配股价格区间为 9 ~ 12 元。经过两次大比例的送股，当时蓝田股份的流通股本已达 1.99 亿股，按照配股比例将配股 5992 万股。即使按照配股金额的下限 9 元计算，将融资 5.39 亿元，如果按照 12 元计算，融资额将高达 7.19 亿元。如果此次配股融资成功，银行负债将大为减轻①。但此时，证监会正在对蓝田上市时虚增资产的违规事实进行调查。同年 10 月 26 日，蓝田股份接到中国证监会《行政处罚决定书》，证监会查明蓝田股份在股票发行申报材料中，伪造证明虚增资产 3870 万元。受此事件的影响，蓝田的配股申请没有获得批准。配股资格的丧失，使蓝田的财务链条绷紧了。2000 年 4 月，蓝田股份再次将 1999 年的配股方案报证监会复审。为了确保赢得配股资格，蓝田报出 1999 年每股 1.15 元的高收益。如此惹眼的业绩自然很难令投资者信服，2000 年 10 月，证监会再次对蓝田股份进行调查。蓝田股份的配股计划再度搁浅。2001 年 3 月 20 日，蓝田股份的配股方案，再次上报证监会，配股比例仍为 10 配 3，配股价格区间却上调为 12.5 ~ 15.5 元。② 这说明原有的融资额已经不能满足蓝田对资金的需求，也旁证了蓝田此时的财务压力越来越大。按照配股金额的下限 12.5 元计算，将融资 7.49 亿元，如果按照上限 15.5 元计算，融资额将达 9.28 亿元。

蓝田寻求配股的行为已经完全极端化，对此证监会两次派员对蓝田股份进行调查，并迫使蓝田股份发布接受调查的公告，蓝田股份的配股计划第三次落空。2001 年 10 月 26 日，中央财经大学研究员刘姝威在供各银行行长阅读的《金融内参》上，发表题为《应立即停止对蓝田股份发放贷款》的文章。此后，几乎各家银行停止对蓝田贷款。而真正揭开蓝田业绩之谜的是 ST 生态（原蓝田股份）2001 年年报，三年来的财务指标来了一个“大变脸”。主营业务收入，1999 年调整前是 18.5 亿多元，调整后是 2400 多万元，2000 年调整前是 18.4 亿多元，调整后不到 4000 万元，2001 年是 5500 多万元。调整后的主营业务收入不到调整前的零头。净利润，1999 年调整前是 5.1 亿多元，调整后是负的 2200 多万元，2000 年，调整前是 4.3 亿多元，调整后是负的 1000 多万元，2001 年是负的 8000 多万元。每股收益，1999 年调整前是 1.15 元，调整后是负的 0.0049 元，2000 年调整前是 0.97 元，调整后是负的 0.0239 元，2001 年是负的 0.18 元③。净利润和每股收益调整后来了一个“乾坤大挪移”，数据全都由正变负，蓝田股份完全由“绩优股”变成了“垃圾股”。

从 2001 年底到 2002 年 7 月，主要银行停止贷款并要求收回贷款，蓝田股份有限公司因涉嫌提供虚假财务信息，原有高级管理人员和财务人员被公安部门传唤，受上交所谴责，股票因追溯 3 年亏损而停牌，大股东转让股份，重组等，使蓝田股份已经不再是原来的蓝田股份，再次申请复牌的是他人控制的新蓝田——湖北江湖生态农业。传统意义上的蓝田股份已经走完了历程。

---

① 宋夏云：《蓝田失败案例研究》，载于《中国内部审计》2005 年第 3 期。

②③ 殷越：《论蓝田股份审计失败的案例分析及启示》，载于《中国外资》2013 年第 3 期。

（二）案例的解读

蓝田股份两次违规犯法，第一次是违法伪造金融票据银行对账单，伪造国家文件使得资产虚增3870万元就已经令人相当震惊，但是对蓝田股份的处罚也主要是罚款，处罚比较轻微。以至于蓝田股份公司得以有胆量操作更大的虚假账务，终于引发出蓝田股份公司作出惊人的假账。以蓝田股份为核心的“大蓝田”不仅套牢银行贷款十几亿元，而且二级市场上流通市值“蒸发”超过25亿元，商业银行和中小投资者成为蓝田案的最大受害者。蓝田公司的行为属于虚假陈述，也是证券欺诈的一种形式。

蓝田股份堪称最精致的假货，因为这个假货竟然还在很长时间里经得起专家的挑剔，且监管部门难以查到造假的直接证据。据报道，证监会的有关人士承认，虽然证券市场上一直对蓝田股份疑团重重，但是农业专家、农业管理人员对蓝田的经营和业绩一般都没有太多异议。例如，舆论曾对蓝田股份应收账款占主营业务收入比重较低及现金流量过大提出过质疑，而蓝田股份搬出农业问题专家的观点做解释，称农业企业的现金流量过大是不得已而为之的普遍现象。蓝田股份财务造假也确实有一定的特点，如现金交易频繁的农业水产，难以复查盘点的水产品和水下设施及关联交易等。像蓝田股份公司这样两次被处罚，而且一次比一次违法严重，直到行将破产的中国上市公司还是非常少见的。在蓝田股份案中，同样令人吃惊的还有到现在都保持沉默的各中介机构。

蓝田公司神话事件被发现和查处如此滞后，其原因主要有以下三点。

首先，对上市公司违法行为的司法介入滞后。蓝田股份1999年被查出上市时存在严重的造假行为，涉及伪造有关批复和土地证，虚增公司无形资产，伪造银行账户，以及“压缩”公司公开发行前的总股本等违法行为。对此，蓝田股份只是被警告并罚款100万元，瞿兆玉也只是被处以警告并罚款10万元。蓝田股份上市时造假行为涉案数额巨大，对有关责任人追究刑事责任不为过。如果1999年在监管部门给予行政处罚后就把蓝田案移送到检察院，司法介入及时有效的话，蓝田股份的利润造假行为不会直到2001年才被曝光。

其次，现代企业制度只有形式的“空架子”。蓝田股份的前身是沈阳行政学院下属的三家校办企业。1992年，曾经担任沈阳行政学院副院长的瞿兆玉“下海”打造蓝田，第一件事就是对蓝田进行股份制改造。然而，用了十年左右的时间，蓝田股份搭起了建设现代企业制度的“架子”，本质上却演变成为一个家族企业。上市公司董事长是公司实际控制人的亲兄弟，总经理又是同族兄弟，这样的“亲上加亲”已经胜过私企改制上市的公司。现代企业制度最起码具有的产权特征，在蓝田股份恐怕从来就是一个摆设。出资者的所有权与法人财产权应该分离，出资者不能对属于自己的部分资产进行直接支配，是现代企业制度的最低要求。而蓝田股份的公司治理机构根本不存在，董事会被个别人操纵，瞿氏兄弟早已支配公司所有的财产。不可思议的是，这家以股份有限公司为组织形式的家族企业，经寻根溯源发现法律上的实际控制方应该是农业部。蓝田股份称，中国蓝田总公司是公司控股股东的母公司。

最后，控股股东信息披露盲点多。评价资本市场效率的强弱，信息的有效性是一个重要的指标。而蓝田股份能够长期造假未被发现，屡遭舆论质疑都有惊无险，很大程度上“得益”于信息披露制度的缺陷。无法让中小股东认识上市公司的控股股东，及动态掌握控股股东的经营风险，是现行信息披露制度的一大盲点。另外，若信息披露更有效，蓝田股份几乎演变为家族企业也不至于利润造假案的曝光才暴露真相。

三、宝能系姚振华收购深万科案例

万科企业股份有限公司的股权高度分散是其长期存在的问题，这无疑是“宝能系”选择万科集团作为举牌标的的重要考量因素。长期以来，万科第一大股东华润股份有限公司仅持有其股份的 14.94%，公司高管主要是来自华润和万科管理层自身，并且管理层对此问题并没有做任何调整。

（一）姚振华收购万科事件过程

姚振华，1970 年出生于广东潮汕，深圳市宝能投资集团董事长。1988～1992 年姚振华就读于华南理工大学工业管理工程专业和食品工程专业，获双学士毕业。1992 年姚振华进入深圳工作，早年靠卖蔬菜起家，几十年间，就将其掌舵的“宝能系”发展成集地产、保险、物流、小额贷款、教育、医疗、农业等众多产业的庞大而神秘的商业帝国。2000 年成立深圳市宝能投资集团有限公司，注册资本 3 亿元，姚振华是其唯一的股东。2015 年 8 月以来，这位神秘的潮汕大佬姚振华和央企华润集团的“资本决战”，令天下侧目。8 月 26 日晚间，万科一则大股东易主的公告，把此前不太知名的前海人寿及其董事长姚振华推到台前。2017 年 2 月 24 日保监会罗列前海人寿险资金违规的六项罪状，从此姚振华被禁入保险业 10 年①。

宝能系是指以宝能集团为中心的资本集团，深圳市宝能投资集团有限公司，是宝能系的核心，宝能集团成立于 2000 年，注册资本 3 亿元，姚振华是其唯一的股东。宝能集团旗下包括综合物业开发、金融、现代物流、文化旅游、民生产业五大板块，下辖宝能地产、前海人寿、钜盛华、广东云信资信评估、粤商小额贷款、深业物流、创邦集团、深圳建业、深圳宝时惠电子商务、深圳民鲜农产品多家子公司。前海人寿与深圳市钜盛华实业有限公司，是宝能系进行资本运作的核心。工商资料显示，前海人寿 20% 股权由钜盛华持有，而钜盛华则有 67.4% 的股权被宝能集团所持。而前海人寿的其他股东，包括深圳市深粤控股有限公司、深圳粤商物流有限公司等绝大部分皆为宝能系成员②。前海人寿 2011 年 9 月获准筹备。2012 年 2 月获得保监会批准成

① 谢永珍、韩璐：《公司制度亟待创新万科控制权战争警示中国》，载于《董事会》2016 年第 1 期。

② 罗堃：《万宝之战的启示》，载于《潮商》2015 年第 6 期。

立，2013 年度规模保费就突破百亿元，达 143.1 亿元，在全国人身险公司中排名第 13 位。2014 年达到 348 亿元。2015 年前十个月，前海人寿保费规模已达 618 亿元。前海人寿 2014 年公开宣称的目标是，当年（规模）保费达 500 亿元左右，2015 年目标 1000 亿元①。

在宝能控股制定的 2015 ~ 2019 年的五年发展规划中，其对自身的愿景定位是房地产行业综合物业开发和运营的领跑者。将在五年里投资 1200 亿元于地产业，2015 年宝能集团的开发体量总计达到 3500 万平方米。2015 年年末在资本市场上演的这场大战让人眼花缭乱，一方耗资数百亿元人民币在资本市场收购另一方的股票，让万科 A 的股票近日连续拉几个涨停板，直接冲到 24 元以上，近一段时间以来涨幅近七成，表现相当惊艳，给比较平淡的 A 股市场带来一大兴奋点。作为收购方的宝能系在深圳起家，由潮汕商人姚振华掌舵。这一之前在业界籍籍无名的企业，通过旗下的钜盛华、前海人寿等"一致行动人"，从 2015 年开始持续收购万科 A 股票，具体情况如表 12 - 5 所示。

表 12 - 5　　宝能系收购万科 A 股过程

2015 年 7 月 10 日	宝能系持股比例达到 5%，开始第一次举牌
2015 年 7 月 24 日	宝能系第二次举牌，持股比例达到 10%
2015 年 8 月 26 日	宝能系第三次举牌，持股比例达到 15.04%，成为万科第一大股东
2015 年 8 月 31 日	王石首次回应万科遭连续举牌，暗指宝能系为"野蛮人"
2015 年 9 月 1 日	华润增持 15.23%，重夺第一大股东之位
2015 年 12 月 4 日	宝能系再次举牌，持股增至 20.008%
2015 年 12 月 7 日	安邦系突然杀出，耗资百亿举牌万科，持股 5%
2015 年 12 月 10 日	宝能系购入万科 A 约 1.91 亿股，持股 22.45%，成为第一大股东
2015 年 12 月 24 日	宝能系第五次举牌，钜盛华和前海人寿合计持有万科 24.26% 的权益
2016 年 5 月 31 日	钜盛华及其一致行动人持股数占万科总股本的 24.29%，华润股份持股比例升至 15.24%
2016 年 6 月 17 日	深圳地铁获得万科 20.65% 的股权，成万科第一大股东

资料来源：Wind 资讯。

2016 年 7 月 20 日，万科发布公告称，7 月 18 日和 7 月 19 日通过电子邮件、现场提交和邮寄快件等方式将《万科企业股份有限公司关于提请查处钜盛华及其控制的相关资管计划违法违规行为的报告》提交到中国证监会、中国证券投资基金业协会、深交所、中国证监会深圳监管局等四个部门，针对宝能系收购万科所启用的九个资管计划进行全

① 罗堃：《万宝之战的启示》，载于《潮商》2015 年第 6 期。

方位质疑。在万科举报信中，直指钜盛华的九个资产管理计划违反上市公司信息披露规定。“钜盛华单方面披露存在的重大遗漏误导了投资者和社会公众，使得投资者无法判断九个资管计划买入万科A股的目的，无法判断九个资管计划是否可以配合钜盛华举牌万科，无法判断其是否与钜盛华构成所谓一致行动人关系”①。

（二）案例的解读

随着央行货币政策的逐步宽松，一方面大量流动性资金被释放出来，需要寻找新的投资方向；另一方面由于利率的降低和信贷资产质量的整体下降，债券、货币等传统投资方式的投资收益率越发降低，寻求较高无风险投资收益的难度越来越大。A股市场投资环境的变迁并不仅仅限于货币政策，随着注册制的到来，未来中小市值股票的供应量将会出现爆发式增长，“壳资源”的价值会逐步削减。从长期投资的理念来看，经营稳定、治理规范、业绩良好的蓝筹股会逐步成为投资的“稀缺品种”。

1. 市场角度分析。

万科财务状况非常优良且股价被低估，首先公司利润增长的潜力大而且稳定，万科的报表显示，从2012～2014年，万科的净资产回报率分别是21.49%、21.49%、19.08%，而同期房地产业平均的净资产回报率是10.38%、10.84%、5.9%。也就是说，万科的资产回报率比同行业几乎高出一倍以上，尤其在经济形势严峻的2014年，这个差距更扩大到了3倍以上。看其他的财务指标也是，无论是总资产回报率，还是流动性指标，万科都远超同业。再看股市的表现，从2013～2015年的市盈率来看，万科A股的市盈率平均为11.45倍，而同期中信房地产指数的市盈率为18.72倍，也就是说，万科在过去的几年中，比兄弟房地产企业的市盈率低了差不多40%。这样价值被低估的财务优良的股票肯定受资本的觊觎。其实从1994年君安证券谋求入主万科被击退之后，这些年风平浪静，得益于有一个超级大股东②。万亿元级别的央企华润集团，一直站在万科背后，但到近两年，华润集团内部事务繁杂，难免懈怠，门缝开了，即使没有宝能系，也一定会有其他系的资金觊觎。

2. 姚振华收购角度

首先浙宝基金的200亿元资金涉嫌违规，其次浙商银行理财的钱也来源不明。浙宝基金成立于11月11日，这正是姚振华抢收万科股份最后一轮的冲锋阶段。这家神奇的公司，在短短几天内集结了200亿元资金，分别通过不同方式输血钜盛华和前海人寿，甚至直接购买万科股票，为宝能系提供资金③（见图12－1）。

---

① 谢永珍、韩璐：《公司制度亟待创新万科控制权战争警示中国》，载于《董事会》2016年第1期。

②③ 罗堃：《万宝之战的启示》，载于《潮商》2015年第6期。

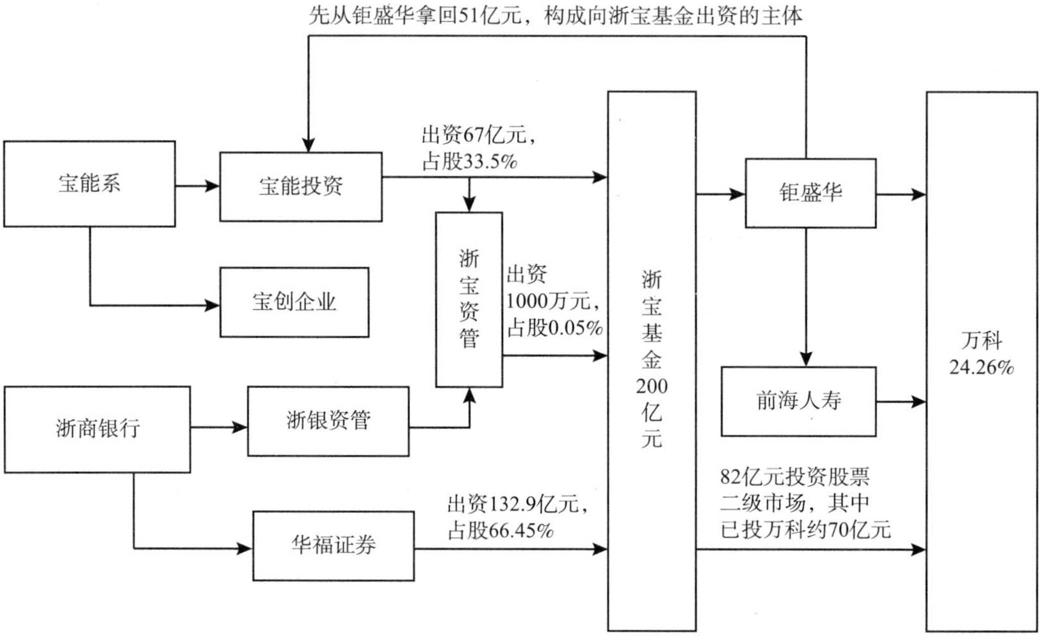

图 12－1　宝能系收购万科的资金流动

资料来源：Wind 资讯。

浙宝基金共有三个股东，深圳市浙商宝能资本管理有限公司是基金发起人，具体操盘，出资最少，仅 1000 万元，认购劣后级。宝能投资为有限合伙人，出资 67 亿元，认购劣后级。也就是说，华福的资金安全和收益主要由宝能兜底。在私募圈里，这样的脏活累活通常都是发起人才干。真正大额度出资人是华福证券，为有限合伙人出资 132. 9 亿元，认购优先级。出资 1/3 的宝能投资，是姚振华宝能系关键的资本运作平台。浙宝资管先于浙宝基金两天设立，目的性非常明显，宝能系通过浙宝资管成为浙宝基金事实上的发起人①。姚振华被罚的另一条直接导火索是万能险，万能险在国内却被赋予了“万能”的定义，由此可见汉语言之博大精深。之所以称为“万能险”，主要是因为其融合了保险保障和投资增值功能。投保人缴纳的保险金分成两部分：一部分同传统寿险一样，进入其保险保障账户，为其提供生命保障；另一部分将进入其个人投资账户，由专家进行稳健投资。相比其他的保险产品，万能险有以下两个优势：一是保本，一般可以保证 2. 5% 及以上的投资收益。如此，投保人既能享有最低的保证收益，还能获得较高的收益回报机会。二是灵活，投保人在缴纳一定量的首期保费后，可以按自己的实际情况，灵活缴纳后续保费。只要保单的投资账户价值足以支付保单的相关费用，投保人可以不再缴费，并且保单继续有效。与此同时，投资人可以主动调节保障账户和投资账户额度，简单来说，想调高保险保障额度，那就从投资账户中多拨点钱买保险，如果想调低保险保障额度，那就少买点保险，多存点钱到投资账户，多产生收益。

① 谢永珍、韩璐：《公司制度亟待创新万科控制权战争警示中国》，载于《董事会》2016 年第 1 期。

万能险是目前市场上最热门的保险品种，受欢迎的缘故主要还是其较高的收益率，一般都在5% ~7%之间，还是很有吸引力的。万能险之所以有较高的收益，在于其可以进入股市进行权益类资产的配置。在资产荒时代，高收益资产越来越稀缺，唯独万能险一枝独秀，允诺投资者5%甚至6%以上的预期收益，如果再加上银行等销售渠道的手续费，万能险负债成本预计在7% ~9%之间。再考虑保险公司自身的运营成本，万能险这一产品要想盈利，投资收益率至少要10%以上，而在资产荒背景下，通过常规手段显然难以实现这一目标收益。① 因此，在高负债成本压力下，扩大风险偏好、举牌低估值的上市公司、加码高风险投资产品就成了突围之道。这本身是没什么问题的，但是姚振华却过于激进，把避险资金当成杠杆资金的来源，在追求高收益的同时，也承担了较高的流动性风险。

参考文献

[1] 张心向：《我国证券内幕交易行为之处罚现状分析》，载于《当代法学》2013年第4期。

[2] 陈汉文：《我国证券市场信息不对称的博弈分析及政策建议》，载于《华东经济管理》2004年第1期。

[3] 何佳、何基报、刘胜军：《规范信息披露制度，打击内幕交易行为》，载于《中国证券报》2002年第5期。

[4] 杨亮：《内幕交易论》，北京大学出版社2001年版。

[5] 胡光志：《内幕交易及其法律控制研究》，法律出版社2002年版。

[6] 袁韬：《我国证券市场内幕交易案例及监管研究》，西南交通大学硕士学位论文2008年。

[7] 杜卫东：《操纵证券市场行为探析》，载于《法制与经济（中旬刊）》2008年第7期。

[8] 张宗新：《证券市场内幕操纵与监管控制》，中国金融出版社2007年版。

[9] 王爽：《证券交易案例》，中国人民大学出版社2003年版。

[10] 刘洪：《中介机构案例》，中国人民大学出版社2003年版。

[11] 叶林：《证券法》，中国人民大学出版社2006年版。

[12] 钟洁：《基金老鼠仓的法律防治》，载于《智富时代》2006年第12期。

[13] 刘国、冯俊文：《沪深股市内幕交易者市场操纵行为研究》，载于《财务研究》2016年第4期。

[14] 何金财、马刚：《家族企业、信息泄露及内幕交易可能性》，载于《重庆工商大学学报（社会科学版）》2016年第3期。

① 谢永珍、韩璐：《公司制度亟待创新万科控制权战争警示中国》，载于《董事会》2016年第1期。